Dictionary of Hotel Management

호텔실무용어사전

박영기 · 하채헌

지식인공동체
지식인

Profile

박영기

경희대학교 경영학석사(호텔경영 전공)

가천대학교 경영학박사(호텔외식경영 전공)

밀레니엄 서울힐튼호텔 지배인 역임

현) 청운대학교 호텔경영컨벤션학과 교수(학과장)

하채헌

경희대학교 경영학석사(호텔경영 전공)

순천향대학교 대학원박사(관광경영 전공)

밀레니엄 서울힐튼호텔 식음료 지배인 역임

현) 밀레니엄 서울힐튼호텔 Sales Marketing Manager

현) 연성대학교 관광학부 겸임교수

Dictionary of Hotel Management

호텔실무용어사전

2015년 2월 5일 초판 1쇄 인쇄
2015년 2월 10일 초판 1쇄 발행

지은이 | 박영기 · 하채헌
펴낸이 | 김종욱
펴낸곳 | 지식인공동체 지식인
등 록 | 제301-2013-134호
주 소 | 서울시 도봉구 도봉로 476, 415호(삼성쉐르빌퍼스티)
전 화 | 02)2266-8606
팩 스 | 02)2266-8607
E-mail | jisikin2013@naver.com

ISBN 978-89-98591-40-3 (91980)

값 18,000원

Dictionary of Hotel Management

호텔실무용어사전

preface

호텔경영의 핵심과제는 고객에게 편리하고 안락한 서비스 제공을 통한 고객중심의 경영이라 할 수 있는데, 호텔을 이용하는 고객들은 숙박, 식사, 연회, 비즈니스, 휴식 등 다양한 목적으로 이용하는 경우가 대부분이므로, 고객 만족을 충족시키기 위해서는 프로정신을 겸비한 실력과 능동적으로 대처할 수 있는 호텔리어가 되어야 할 것이다. 따라서 이 책은 호텔경영실무와 관련된 객실, 하우스키핑, 식음료, 조리, 연회, 마케팅, 교육, 재정 등 호텔의 모든 부서에서 사용되는 전반적인 업무의 특성 및 기능을 중심으로 한, 실무적인 접근방법에 근거하여 호텔실무를 쉽게 이해할 수 있도록 어휘를 풀어 설명한 **『호텔실무용어사전』**이라 하였다.

무엇보다도 이 책은 호텔산업에 대하여 처음 배우는 학생들이 기본적으로 갖추어야 할 기본 어휘와 해설을 습득하여, 호텔리어의 자질 향상에 도움이 되기를 바라는 마음과, 그동안 특1급(1성) 체인호텔에서 오랫동안 근무한 경험을 바탕으로 현실적인 설명을 토대로 지술하게 되었나.
이 책에서는 호텔의 영업부서와 부대시설에서 사용되고 있는 용어가 광범위하고 영어, 프랑스어, 이탈리아어 등 다국적 용어가 쓰이고 있어, 표현과 설명에 술어가 많이 사용되고 있는 것이 특징이다. 이에 본 『호텔실무용어사전』의 구성을 살펴보면 다음과 같다.

첫째, 용어는 알파벳순으로 정리하였다.
둘째, 유사용어는 괄호 안에 첨부하였다.
셋째, 여러 단어로 구성된 용어는 약어로 표기하였다.
넷째, 실무용어로 사용되는 약어는 풀어서 설명하였다.

이 책을 최종 정리하기에는 호텔에서의 오랜 경력과 강의 경험을 토대로 저술하였음에도, 외래어를 한글로 설명하고 표현함에 있어 여러 부문에서 매끄럽지 못하여 내용면에서 미약한 부분이 다수 나타날 수 있어, 향후 지속적으로 수정할 필요성이 제기된다. 그럼에도 이 『호텔실무용어사전』은 호텔경영의 전반적인 이론 및 실무적인 학습에 도움이 될 거라고 판단된다.
끝으로, 이 책이 나오기까지 적극적인 도움을 주신 지식인출판사 사장님과 편집부 직원 여러분에게도 감사를 드립니다.

저 자

contents

호 텔 실 무 용 어 사 전

A

A-1 Sauce {에이 원 소스}

스테이크 소스라고도 하며 바비큐나 닭요리에 사용되는 소스이다. 재료로는 토마토 식초, 설탕, 소금, 양파, 생강 등이 들어간다.

A Card {에이 카드}

제너널 캐셔가 마감 시 현금 수령액과 납입금을 보고하고 기록하는 일지로, 프런트 오피스에서 포스팅 할 때 함께 사용하는 양식이다.

A Jax {에이 젝스}

세면대, 욕조, 파이프, 금속류를 닦는 연마 광택제로, 마른걸레를 이용하여 사용한다.

A La {아 라}

'~식의, ~풍의, ~을 곁들인'과 같은 의미를 내포하고 있다.

A La Bourgeoise {아 라 부케띠에르}

크게 자른 야채를 곁들인 '가족형 요리'를 뜻한다.

A La Broche {아 라 부로셔}

음식을 꼬챙이에 꿰어 만든 요리이다.

A La Carte {아 라 카트}

고객의 주문에 의해 제공되는 일품요리를 말하며, 계절과 조리기술에 따라 다양한 요리가 만들어진다. 아 라 카트는 코스요리, 즉 테이블 디 호트(Table D'hote)와 상반되는 개념이다.

A La Crème {아 라 크림}

드레싱의 한 종류로, 크림과 식초, 레몬즙, 소금, 후추를 가미한 드레싱이다.

A La Goldenrod {아 라 골든로드}

달걀흰자를 거칠게 쪼개어 크림소스에 넣고, 토스트에 올린 다음, 삶아 으깬 노른자와 곁들인 것이다.

A La Holstein {아 라 홀스타인}

송아지고기로 만든 커틀릿에 계란과 토마토소스 위에 올리고, 케이퍼(Caper : 향신료)와 앤초비(Anchovy : 멸치젓)를 곁들인 것이다.

A La King {아 라 킹}

피망, 버섯, 고추 등을 부재료로 하여 화이트 크림 또는 베샤멜소스(Béchamel Sauce)에 육류나 가금류 등을 요리하는데 맛을 돋우며, 닭고기를 요리하면 이를 Chicken A La King이라 한다.

A La Maison {아 라 메종}

가옥의 특수한 형태를 뜻한다.

A La Marengo {아 라 마렝고}

포도주, 토마토, 버섯, 올리브와 함에 삶고 튀긴 닭고기 요리이다.

A La Maryland {아 라 메리랜드}

빵가루를 묻혀 튀겨낸 닭고기를 일컫는 용어인데, 크림소스, 베이컨, 옥수수 튀김과 함께 제공된다.

A La Meyerbees {아 라 메이어비어}

잘게 쪼개 콩팥에 계란을 곁들인 음식의 용어이다.

A La Mode {아 라 모드}

파이나 케이크 위에 아이스크림을 얹어서 제공되는 후식이며, 특별한 요리방식을 나타내기도 한다. 그 밖의 뜻으로 '유행하는, 유행의, ~~양식'으로와 같은 의미를 뜻하기도 한다.

A La Newburg {아 라 뉴버그}

파프리카로 색을 내고, 크림소스 또는 베샤멜소스로 음식 맛을 낸 냉요리이다.

A La Provence Sauce {아 라 프로방스 소스}

프랑스 동남부지방에 있던 왕국 이름을 딴 소스로, 마늘, 토마토, 양파를 기름에 볶은 다음 파슬리를 첨가한 소스이다.

A La Reine {아 라 레인느}

러시아식을 뜻한다.

A La Russe {아 라 뤼스}
러시아식 요리로, 캐비어를 이용한 요리이다.

Abalone {앱어론}
전복의 일종으로, 날전복은 생복, 말린 것은 전복, 찐 것은 숙복으로 불린다.

Abbreviation {업리비에이션}
생략 또는 단축이란 뜻으로, 호텔 내에서 직원 간 또는 부서 간에 서로 약속한 글자를 사용하여 서로 알아볼 수 있도록 한 약어이다.

Absinthe {압생트}
다양한 향초가 들어간 리큐르의 일종으로, 알코올 도수가 높아 희석을 하여 마신다.

Accommodations {어커모데이션스}
여행객이 여행 중 잠을 잘 수 있는 숙박시설을 총칭하는 것으로, Hotel, Motel, Pension 등의 일반적인 숙박시설을 뜻하며, Youth Hostel, Bungalow와 같은 보조적인 숙박시설도 이에 포함된다.

Accommodation Change {Room Change}
호텔 객실의 보수공사와 같은 호텔 측 사정으로 인한 객실 변경을 하는 경우와 고객의 요청으로 객실을 변경하는 경우가 있는데, 객실 변경을 할 경우 객실요금이 변경되었는지를 알려주고, VIP인 경우 교환, 식음료부서, 하우스키핑 등 관련 부서에 통보하여야 한다.

Accordion Door {아코디언 도어 : Folding Doors}
아코디언이란 악기의 아코디언을 뜻하는데, 아코디언처럼 문을 접을 수 있기 때문에 붙여진 이름이다. 호텔의 대형 연회장에서 이용객의 수에 따라 접이식으로 나누어 사용하는 경우가 있고, 천장의 레일을 이용하여 좌우로 움직여서 커튼으로 사용되기도 한다.

Account {어카운트}
호텔에서 고객의 신용거래 계정을 뜻하며, 신용을 바탕으로 하는 지정 거래처, 즉 기업, 여행사, 항공사, 관공서 등을 뜻하기도 한다.

Account Balance {어카운트 밸런스}
고객용 계산서의 차변과 대변 가격 잔액 사이의 차이점을 뜻한다.

Account Card {Guest Bill, Guest Ledger, Folio}
호텔회계에서 사용하는 양식으로, 고객의 원장개념이며 투숙객이 작성한 등록카드에 의하여 정산할 수 있도록 하기 위한 장부이다.

Account Form {어카운트 폼}
고객원장으로 계정계좌와 같이 대차대조표를 좌 · 우 양측으로 나누어, 차변에는 자산의 항목을 대변에는 부채 및 자본의 항목을 설정하여 양측의 합계를 평균시켜 표시한 것을 말한다.

Account Receivable {수취계정}
개인고객이나 단체 또는 거래회사로부터의 외상매출 계정을 뜻하며, 미수금을 의미한다.

Account Receivable Ledger {수취계정원장}
개별 수취계정 기록의 원장을 말한다.

Account Settlement {잔액결산}
미지급된 금액을 현금이나 신용카드로 지급하는 회계수단을 뜻한다.

Accrual Basic {발생주의}
당해 회계기간에 발생한 기업의 수익을 말하는데, 객실수익의 인식기준은 Check Out 시간을 기준으로 한 회계처리라 하겠다.

Accuracy in Menu {메뉴 정가표}
음식메뉴에 각 항목의 기본 설명을 명확히 기술하고자 하고자 함이다.

Acetic {어시틱}
농도가 낮은 알코올이 공기와 접촉하면서 시큼한 식초 냄새가 날 정도로 변한 와인이다.

Acidity {어시디티}
산성도, 신도, 산도를 나타내는 말로 상큼하거나 새콤한 맛과 향의 총체적인 표현이다.

Actual Market Share of Hotel {호텔시장 세분화}
경쟁호텔 시장점유율에 대한 자사 호텔의 시장점유율을 말한다.

Add {애드}
고객이 도착하는 당일 추가적으로 제공되는 총체적인 서비스를 뜻한다.

Add Change {추가요금}
예정출발 시간이 경과된 고객에 대하여 초과시간에 대한 요금을 추가로 부가하는 요금이다.

Adjoining Room {어드조잉 룸}
객실이 같은 방향으로 복도에 나란히 연결되어 있지만(Side by Side), 객실과 객실 사이에 문이 없으며 복도를 통해서만 출입이 가능한 객실이다.

Adjuster {어드저스터 : Adjustor}
조절하는 장치나 사람을 뜻한다.

Advance {어드밴스}
호텔객실이나 연회예약 시 이용 전 또는 매매나 계약을 이행하기 전에 건네주는 대금이나 계약금과 같은 일부 금액을 말한다.

Advanced Deposit {Advance Payment}
호텔을 이용하기 전에 구매나 예약한 상품을 확실하게 보증하기 위하여 지불하는 보증금이라 할 수 있다.

Advertising {광고}
방송매체, 신문, 잡지 등 광고매체를 통하여 상품을 대중에게 알리기 위함을 '광고'라고 한다.

Advertising Budget {광고비용}
특정기간 동안 상품을 광고하는데 소요되는 비용을 뜻한다.

Advocaat {에드보카트}
네덜란드산의 유명한 리큐르로서 일명 계란 브랜디라고도 하며, 마시기 전에는 잘 흔들어야 하며, 개봉 후에는 짧은 시간 내에 마시는 것이 좋다.

Affiliated Hotel {어필리에이티드 호텔}
가맹점 형태로 운영하는 호텔업으로, 우리나라 한국관광공사에서 추진하고 있는 비즈니스호텔 체인 브랜드인 베니키아(BENIKEA) 또는 미국의 베스트 웨스턴 호텔 그룹이 대표적이다.

After Care {에프터 케어}
연회장에서 행사가 끝나고 난 후 거래처를 방문하여, 행사 중에 불편사항이 있었는지를 듣고 행사에 대한 감사를 표시하는 것을 말한다.

After Departure {A/D : Late Charge}
고객이 퇴숙 후 후불계정으로 처리한다는 의미의 용어이며, 연체료와 같은 의미이다.

After Dinner {에프터 디너}
칵테일 이름으로 Liqueur Base Cocktail로 Apricot Brandy, Curacao, 라임껍질을 셰이커에 넣고 흔들어서 만든 달콤하고 향기 있는 것으로, 식후에 주로 마신다.

After Dinner Cocktail {에프터 디너 칵테일}
식사 후 입가심으로 마시는 것으로 감미가 풍부하고 산미가 높으며, Liqueur Base Cocktail로 After Dinner, After Supper 등이 있다.

After Dinner Drinks {에프터 디너 드링크}
식후에 마시는 술로 코냑이나 리큐르가 적당하다. 이 잔으로 코냑을 들 때는 손바닥으로 이것을 따뜻하게 해서 마시는 것이 그 향과 맛을 즐길 수 있다.

After Taste {애프터 테이스트}
술이나 음료를 마신 뒤에 입 안에 남아 있는 향과 맛을 의미한다.

Afternoon Tea {에프터눈 티}
영국인의 전통적인 식사 습관으로 점심과 저녁사이에 밀크 티(Milk Tea)와 시나몬 토스트(Cinnamon Toast)를 먹는 것을 말하며, 최근에는 샌드위치, 초콜릿, 차 또는 와인까지 포함되기도 한다.

Aging {Ageing}
증류주의 숙성되는 기간을 말하며, 포도주의 빈티지와 비슷하다.

Agency Ledger {에이젠시 레저}
호텔에서 여행사와의 거래 시 나타나는 후불계정 중 하나이다.

Agent Account {에이저트 어카운트}
호텔과 객실 사용을 계약한 여행사가 지불을 보증하는 외상매출 계정을 말한다.

Agneau {아뇨}
5개월 이하 된 어린 양고기를 뜻하며, 1～5년생의 양에게서 얻은 고기를 뜻하기도 한다.

AIOD {Automatic Identification of Outward Dialing}
호텔 투숙객들이 이용하는 외부(시내, 국내, 국제) 전화의 전화계산서 발행을 위하여 자동으로 확인하는 기기이다.

Air Chute {에어 슈트}
전산화가 일반화되기 전에 사용하던 것으로 우편물, 서류를 보내는 활송장치이며, 에어 슈터와 같은 뜻으로 사용되기도 하였다. 하지만 최근에는 객실에서 사용한 린넨류를 세탁실로 보내기 위하여 사용될 뿐이다

Air Conditioner {에어 컨디셔너}
실내의 기온을 낮추는 기기로, 제습을 하는 기능도 갖고 있고, 공기의 성화까지 조절하는 장치이다

Air Mail {에어 메일}
항공 우편을 뜻하는데, 호텔에서는 프런트 데스크에서 담당하며, 일정 규모 이상이거나 긴급은 비즈니스센터에서 처리한다.

Air Shooter {Pneumatic Tube}
호텔 내의 각 영업장에서 발행하는 모든 전표를 Front Cashier에 신속히 보내주는 장치로 에어 슈트와 같은 의미로 사용되었으나, 요즈음은 사용되지 않고 있다. 하지만 이와 같은 원리를 이용하여 현재는 객실에서 발생되는 세탁물을 세탁실로 보내기 위해 사용되고 있다.

Airline Account {에어라인 어카운트}
항공사 승무원이나 항공사 고객이 호텔을 이용하는 경우, 항공사가 지급을 보증

하는 외상매출계정을 말한다.

Airport Hotel {에어포트 호텔}

공항 근처에 있는 호텔을 말하며, 에어텔과 같은 뜻이며 승무원 및 항공기 이용 고객이 편리하게 이용할 수 있다.

Airport Representative {에어포트 랩}

공항에 근무하는 호텔 직원이며, 일반적으로 에어포드 랩이라고 부른다. 소속은 Concierge 소속으로 자사의 호텔을 방문하는 일반고객, VIP, 재방문 고객을 대상으로 리무진 서비스 및 픽업서비스를 해주며, 고객이 공항에서 호텔에 도착할 때까지 서비스를 제공하는 직원이다.

Airtel {에어텔}

공항 근처에 있는 호텔을 말하며, Airport Hotel과 같은 뜻이다. 항공기 이용 시 접근성이 좋은 것이 특징이다.

Al Dente {알 덴테}

이탈리안 요리에서 사용되는 음식 용어로 파스타 음식을 중간 정도로 익힌 것으로, 마카로니와 같이 씹는 맛이 나도록 요리하는 방법이다.

Alcoholic {알코올}

술이란 주정과 알코올성분이 1% 이상 포함된 음료를 통칭하며, 하드 드링크라고도 한다. 술은 알코올 이외에 당분과 무기질 등이 포함되어 있으며, 알코올은 위와 소장에서 체내로 흡수되면서 분해된다. 정상인의 경우 간이 1시간에 분해할 수 있는 알코올의 양은 7~8g 정도이다.

Alcoholic Coffee {알코올성 커피}

술이 첨가된 커피로서 어떠한 종류의 술이 첨가되느냐에 따라 명칭을 달리한다. 대표적인 알코올성 커피로는 아이리시 커피(Irish Coffee)와 커피 로열(Coffee Royal)이 있으며, 커피 딜럭스(Coffee Deluxe), 스페니시 커피(Spanish Coffee) 등이 있다.

Alcoholic Content of Liquor {술의 알코올 도수}

알코올 도수의 결정은 일정한 물에 알코올의 함유 농도의 비중을 말한다. 즉 술

속에 포함되어 있는 에틸알코올(Ethyl Alcohol)의 양에 따라 결정된다.

- 미국은 술의 알코올 성분 표시를 Proof로 나타내며, 100 Proof 위스키는 우리나라에서 50도로 환산한다.
- 영국은 도수 표시는 Proof라 부르며 대개 51F에 있어서 통용되며, 이것이 우리나라 도수로 환산하면 57.1도이다.
- 독일은 중량비율(Percent by Weight)을 채택하고 있으며, 100g의 액체 중 에틸알코올이 50g 들어 있으며 50%의 술이라고 한다.

Ale {에일}

영국에서는 맥주를 Ale이라고 통칭하는데, 일반적으로 알코올 도수가 약간 높으며, 홉이 많이 들어가 씁쓸한 맛이 나는 것이 특징이다. 라거 비어보다 비싸나, 포터 비어보다 저렴하다.

All In Method {올인법}

올인법은 유화제인 지방산 에스텔 중자당, 소르비탄, 글리세린, 프로필렌등 4종류의 유화제를 적절히 섞어 빵이나 케이크류에 사용한 것이다.

All In Process {올 인 프로세스}

한 번에 모든 재료를 넣고 반죽을 하는데, 이때 원활한 반죽을 위하여 유화제를 사용한다.

All Spice {올스파이스}

향신료의 산지는 자메이카, 멕시코 등 남미이며, 피망, 자메이카 후추로 알려져 있다. 향신료는 자메이카산이 최고의 품질로 인정받고 있으며, 특히 토마토를 이용한 제품에 많이 사용된다.

All Year Round Menu {올 이어 라운드 메뉴}

대부분의 일품요리 메뉴로서 한 번 작성되면 연중 내내 판매되는 메뉴를 말한다.

Allemande Sauce {알망드소스 : Germany Sauce}

독일식 소스로 베루떼소스에 계란 노른자와 크림을 넣어 만든 화이트소스이다.

Allowance {어라우언스}

Rebate와 같은 뜻으로 사용되며, 고객 불평에 의한 가격 할인과 잘못 기재나 입력으로 금액을 조정 또는 반환하는 경우이다. 예를 들면, 전화 요금, 객실 요금이나 식음료 요금의 조정, 세탁비 환불, 미니바 입력오류 등이 있다. 이때 금액 조정이 있을 경우는 부서 책임자에게 승인을 받아야 한다.

Allumette {알루메트}
조리 시 성냥개비 모양으로 평면은 사각으로 길게 야채를 자르는 방법이다.

Almond {아몬드}
타원형 모양의 땅콩 맛이 나는 열매로, 식음료에서 다용도로 사용된다.

Amabile {아마비레}
와인 맛에서 미디엄 스위트를 표현하는 이탈리아어이다.

Ambrosia {암브로시아}
매우 맛있는 음식을 표현하기도 하고, 코코넛을 곁들인 다양한 과일들을 뜻한다.

Amenity {어메니티}
사전상의 뜻은 '기분 좋은, 쾌적한, 상냥함' 등으로 설명하고 있지만, 호텔에서 Amenity란 고객에게 제공되는 기본적인 서비스 외에 부가적인 서비스 제공을 의미한다. 즉 객실 내 욕실에서 사용되는 비품, 즉 비누, 샴푸, 린스, 면도기, 칫솔, 치약, 헤어드라이기, 빗, 로션뿐만 아니라 반짇고리, 구두닦이 천, 구둣솔, 구두 주걱, 옷솔 등을 포함한다.

Amer Picon {아미아 피콘}
프랑스산 술로 27도의 알코올이 들어가 있으며, 쓴맛과 오렌지향을 내는 진갈색의 술이다.

American Breakfast {아메리칸 블랙퍼스트}
계란요리가 곁들여진 아침식사로서, 계절과일, 주스류, 시리얼, 계란요리, 커피 또는 음료, 케이크류, 빵 종류가 제공되며, 계란요리가 제공될 때 햄, 베이컨 혹은 소시지 등이 곁들여 제공된다.

American Dressing {아메리칸 드레싱}
잉글리시 드레싱과 같은 것으로 기름과 식초를 혼합하여 만들어 설탕을 가미하여 달게 만든 것이다.

American Gin {아메리칸 진}
드라이 진 중에서 아주 드라이한 진이다.

American Hotel & Motel Association {미국호텔 · 모텔협회 : AHMA}
미국호텔보호협회(American Hotel Protective Association; AHPA)가 1910년 설립된 뒤 1962년에 미국호텔협회로 고쳤다가 미국호텔 · 모텔협회로 다시 고쳐 오늘의 현 명칭이 되었다.

American Plan {아메리칸 플랜 : Full Pension}
객실요금에 아침, 점심, 저녁이 모두 포함하는 경영방식으로, 북미에서 처음 발생한 호텔상품으로, 고객이 식사를 하지 않아도 요금을 환불해 주지 않는다. 고객 측에서는 불만이 있을 수 있으나 경영자 측에서는 장점이 있다.

American Service {아메리칸 서비스}
아메리칸 서비스는 일반적으로 주방에서 음식을 접시에 담아 서브되기 때문에 많은 고객을 상대할 수 있으며, 서비스의 실효성, 유용성, 효율성, 속도의 특징을 가지고 있어, 널리 이용되는 서비스의 형태이다. 빠른 서비스를 추구하는 장점도 있으나 음식이 비교적 빨리 식기 때문에 고객의 미각을 돋우지 못하는 단점도 가지고 있다. 아메리칸 서비스는 트레이(Tray)를 이용하는 트레이 서비스(Tray Service)와 음식이 담긴 접시를 직접 이용하는 플레이트 서비스(Plate Service) 두 가지가 있다.

American Whisky {아메리칸 위스키}
미국에서 생산되는 모든 위스키를 말하며, 이 위스키는 오크통에서 착색된 것으로 버번위스키라고도 한다. 이 위스키는 51% 이상의 옥수수를 주재료로 사용하고, 80도 이하의 알코올 도수로 증류하여, 최소한 2년 이상 숙성시킨 후 43도로 희석시켜 병입한다.

Americanne Sauce {아메리카네 소스 : American Sauce}
토마토, 버터를 가한 붉은색 소스이다.

Amount Due {어마운트 듀}
호텔을 이용한 고객이 객실료 또는 식음료, 기타 지불해야 할 금액을 말한다.

Anchovy {앤초비}
화이트 와인에 들어간 소스에 버터를 가미한 멸치젓을 넣은 것이다.

Anchovy Sauce {앤초비 소스}
마요네즈에 토마토 페이스트와 빨간 피망을 넣어 만든 것이다.

Angostura Bitters {앙고스트라 비터즈}
칵테일을 만들 때 사용하는 것으로 쓴맛이 나며, 중남미에서 생산되는 앙고스튜라 나무껍질을 이용하여 만든 일종의 향료이다.

Anis {아니스}
아니스의 열매로 맛을 낸 스페인의 독한 술이다.

Anise {아니스}
양조산업에 천연재료의 향신료로 쓰이며, 파슬리과에 속하는 1년생 풀로 열매에는 아니스유가 들어 있다. 원산지는 스페인, 모로코, 지중해 국가 등에서 서식한다.

Aniseed {아니스의 열매}
아니스의 열매로 향신료로 사용된다.

Anisette {아니스 술}
지중해 지방산 미나리과 식물인 아니스 향을 착향시킨 무색인 술의 일종인 리큐르이다. 식전 혹은 소화를 돕는 것으로 잘 알려져 있으며, 주정도수는 25도에서 30도 정도이다.

Announcement {어나운스먼트}
민방위 훈련이 있거나 호텔 자체의 소방 훈련 등이 있을 경우, 고객들이 놀라거나 불편한 일이 생기지 않도록 사전에 안내방송 하는 것을 말한다. 때로는 정전이나 단수, 공사로 인한 소음 등에도 로비에 안내문을 게시하기도 하며, 투숙 하는 고객의 경우에는 프런트 데스크에서 별도로 안내를 하기도 한다.

Antipasti {안티파스티}
이탈리아어로 애피타이저에 해당하는 말로, 해산물, 육회, 햄, 살라미를 주요 재료로 한 요리들이 많고 양념류 또한 다양하다.

Antipasto {안티파스토}
이탈리아요리 중 하나로 다랑어에 버섯, 피망 등을 곁들여 만든 요리이다.

A.O.C {Appellation D'origine Controlee}
프랑스 와인은 생산지역, 생산연도 그리고 포도의 품종에 따라 와인의 질과 가격이 결정되므로, 프랑스 정부는 우수 포도주 생산업자 및 우수한 질의 와인을 보호하기 위하여 1935년 와인의 원산지 명칭권이라 할 수 있는 브로드와인이 원산지 관리증명시를 법률로 정하였다.

Apartment Hotel {아파트먼트 호텔}
장기체류 고객을 위한 호텔로서 각 객실에는 아파트형 객실과 주방시설을 갖추고 있다. 그러나 객실청소 등 관리는 호텔에서 담당을 한다.

Aperitif {에퍼리티프}
에퍼리티프는 '식욕증진제'라는 의미인 프랑스 언어로 식전주를 뜻하며, 버무스, 캄파리 및 비터스 등이 있다.

Appetizer {애피타이저}
전체요리라고 하며 식사 순서 중 제일 먼저 제공되는 요리로, 식욕촉진을 돋구어주는 요리이다. 전채요리를 프랑스어로 Hors D'Oeuvre(오드블), 영어로 Appetizer(애피다이저), 러시아어로 Zakuski(자쿠스키)라고 부른다. 이 요리의 특징으로는 한입에 먹을 수 있는 분량이어야 하고, 새콤달콤한 맛이 나야 하며, 계절감이 있으면 더욱 좋다.

Appetizer Cocktail {애피타이저 칵테일}
식사 전에 식욕을 증진시킬 목적으로 마시는 칵테일을 말하는데, 단맛이 적고 신맛과 쓴맛이 나는 것으로 마티니, 캄파리 소다, 스크루 드라이버 등이 있다.

Apple Jack {애플 잭}
사과를 발효하여 만든 미국산 사과 브랜디이다.

Apple Strudel {애플 스트루들}
계란, 버터, 설탕과 시네몬 파우다를 주재료로 하여 구운 후식 중 하나이다.

Apple Wine {애플 와인}

사과를 원료로 하여 만든 과실 발효주로 사이다라고 부르는데, 영국과 프랑스에서 대중적인 와인이다.

Application for Exchange {환전 양식}

외화 또는 여행자 수표(Traveler Check)를 환전할 때 기입하는 양식으로, 신청자의 이름, 국적, 주소, 여권번호를 기입하고 교부하는 양식이다.

Application Program {응용 프로그램}

호텔 프런트 오피스 관리, 캐셔, 재정부의 회계관리, 구매부의 재고관리 등과 같은 업무를 수행가기 위하여 만든 소프트웨어이다.

Apprentice {어프런티스}

실습생이나 초심자를 뜻하며, 결원이 있을 때 보조 역할을 하는 직원을 나타내기도 한다.

Apricot {살구}

살구나무 등의 열매로 맛은 시고 달며, 살은 식용하고 씨는 약재로 쓰이기도 한다.

Approval Number {승인번호}

소비자가 신용카드 사용 시 카드회사로부터 사용 한도액 승인을 받기 위한 번호이다.

Apron {에이프런}

일반적으로 앞치마를 뜻하며, 고객이 레스토랑에서 식사할 때 사용한다.

Aqua {아쿠아}

물, 액체, 용액을 뜻한다.

Aquavit {아쿠아비트}

북유럽의 여러 나라에서 생산되는 무색의 주류로서 원료는 감자 및 곡물이다. 물(Aqua)과 생명(Vitae)의 합성어로 '생명수'란 뜻이 있으며, 알코올 농도는 약 45%이며 차게 하여 마신다.

Arak {아라크 : Arrack}

이라크에서 나오는 술이며, 서인도제도에서 야자열매, 당밀 등을 이용해 만드는 독한 술로 알코올 농도는 50% 정도이다.

Arcade {아케이트}
호텔 방문객을 위한 호텔 내의 토산품점, 브랜드 가치가 있는 상점 등을 말한다.

Area Code {에어리어 코드}
전화번호의 앞에 붙여지는 지역의 호출 번호이며, 통신망의 발달로 최근에 와서는 단축되는 추세이다.

Arm Chair {암 체어}
팔걸이가 있는 의자로, 호텔 로비 또는 스위트룸에 있는 경우가 많다.

Arm Towel {암 타월}
레스토랑 직원이 팔에 걸쳐서 사용하는 서비스용 냅킨으로, 핸드 타월이라고도 한다. 사이즈는 다소 차이가 있기는 하지만 보통 40×60cm이다.

Armagnac {아르마냑}
프랑스 보르도 지방 남쪽 피레네 산맥에 위치한 아르마냑 지방에서 생산되는 브랜디의 일종으로, 지역이름이 붙여진 이름이나. 프랑스산의 유명한 브랜디는 코냑(Cognac)과 아르마냑(Armagnac)을 들 수 있다.

Armstrong {암스트롱}
호텔 객실 내 욕실의 바닥을 뜻한다.

Aroma {아로마}
향의 일종으로, 고급 포도주에서 느낄 수 있는 향기를 뜻하기도 한다.

Aromatic Wine {아로마틱 와인}
와인에 약초나 향료를 넣어 그 맛이 배이게 한 와인으로, 보통 와인보다 향이 강하다.

Arrival Change Sheet {어라이벌 체인지 시트}
호텔 투숙객의 객실 변경 또는 도착 예정고객에게 투숙 전 정해 준 객실번호 등을 기록하는 고객의 기록카드이다.

Arrival Time {어라이벌 타임}
고객이 호텔에 도착예정 또는 도착하는 시간을 뜻한다.

Arrowroot {알로루트}

뿌리식물에서 추출한 전분으로 수프와 소스의 재료로 사용된다.

Artichoke {아티초크}

요리재료로 많이 사용되며, 예루살렘에서 생산되는 '뚝감자'라고 하는 식물이다.

Asparagus {아스파라거스}

백합과에 속하는 다년생 식물로, 식용으로 사용되며 서늘한 기후에서 잘 자라며, 어린 순은 서양요리에 사용된다.

Aspic {아스픽}

서양요리의 일종이다. 육류, 생선, 가금류 등의 단백질을 이용하여 만든 빨간 젤리를 말한다.

Assistant Waiter {어씨스턴트 웨이터}

캡틴 및 웨이터를 보좌하며 서비스의 보조 및 테이블 세팅, 청소 정돈의 업무를 수행한다.

ASTA {American Society of Travel Agents}

1931년에 2월에 창설된 미국의 여행업자들 간의 상호 공동이익을 도모하기 위한 단체로 호텔업, 여행알선업, 운송업체 등 상호 불공정한 경쟁을 배제하고 호텔, 관광, 여행서비스의 발전에 기여를 함에 목적이 있다.

Attereaux {아터로, 아트호}

발음은 다르게 불리어지나, 크리스마스 또는 명절에 로스트(Roast)나 터키(Turkey) 요리에 사용하는 '꼬챙이'를 뜻한다.

Au Gratin {오 그라탱}

치즈, 빵가루를 발라 오븐에서 구울 때 엷은 갈색이 되게 구운 요리의 용어이다.

Au Jus {오 쥬}

'평범하게 요리한다'는 뜻으로 Plain Cooked, 즉 자연식품 그대로의 즙이나 고기의 진국을 가미하여 만든 것으로 소스의 기본이 된다.

Au Maigre {오 메그르}

육류가 들어가지 않은 요리를 말하며, 육식을 삼가는 금육일의 채식요리를 뜻하기도 한다.

Au Natural {오 네추럴}

'날 것 그대로의 요리'를 의미한다.

Audit {회계감사}

재정부의 회계감사를 뜻하며, 호텔 프런트 데스크에 근무하는 야간감사자(Night Auditor)의 업무로, 호텔의 하루 동안 운영된 모든 영업장 현황을 기록하고 결산되었는지 확인하는 업무이다.

Auditorium {강당식 배열}

무대로부터 의자를 배열하는데 있어서 최소 3.5m 간격을 두고, 강당의 형식으로 의자를 배열한다.

Auditorium V-shape {V형 배열}

V 자형의 강당식 회의 진행은 많지 않지만, 진행자 중심의 회의를 진행하거나 주최측의 요청에 따라 배열하기도 한다.

Aurore Sauce {아울레 소스}

요리사 베샤멜이 만들었다고 하여 붙여진 베샤멜소스에 크림을 넣어서 만든 크림소스에 토마토 페이스티를 넣어서 만든 소스이다.

Auslese {아우슬레스}

독일에서 사용되는 포도주 용어로, 좋은 포도만을 정선하여 만든 와인을 의미하는데, 베에렌아우스레제(Beerenauselese)는 잘 된 포도알만 골라서 만든 와인이다. 트로켄베렌아우스레제(Trockenbeerenauslese)는 지나치게 익은(Overripe) 포도알로만 만든 포도주를 뜻한다.

Authorization Code {응답코드}

호텔 컴퓨터 프로그램에 발생한 문제 처리 시 신용카드 회사에 승인하게 하기 위한 응답코드이다.

Authorized Money Exchange {환전}

호텔, 여행업자, 은행 등이 여행자에게 외화를 매매하는 장소를 말한다. 호텔에서는 프런트 데스크 캐셔가 이 업무를 담당한다.

Auto Camping {자동차 갬핑}
자동차 이용 여행자를 위해 계획된 캠프장을 말하며, 그의 목적을 위해 특별히 설치된 시설이며, Mobile(자동차)와 Village(마을)의 합성어인 Movillage(모빌리지)라고도 한다.

Automated Dispenser
자동 커피머신과 같이 버튼 또는 손잡이를 한 번 누르면 정해진 양만이 공급되도록 고안된 도구이다.

Aux Croutons {오 크루통}
굽거나 튀긴 작은 빵조각, 일반적으로 수프와 샐러드의 곁들임으로 사용한다.

Available Room {판매가능 객실}
호텔에서 판매 가능한 객실, 즉 고장이 나거나 판매에 문제가 있는 객실을 제외한 제반 객실을 의미한다.

Availability Report {판매가능 객실보고서}
투숙 예정인 예상고객의 도착과 출발에 대한 정보를 바탕으로 판매 가능한 객실에 대한 일반적인 보고서로 야간감사자(Night Auditor)가 준비한다.

Average Cost Method {평균단가 계산방법}
구입원가가 각기 다른 재료를 보유하고 있을 때, 그날의 평균 구입단가를 소비가격으로 간주하여 평균단가를 계산하는 방식이다.

Average Daily Room Rate {일일 평균 객실단가}
호텔이 보유한 객실 중에서 이미 판매된 객실의 총금액을 판매된 객실수로 나누어 구한 값을 말한다.(당일 총객실 매출액 / 판매한 총객실수)

Average Rate Per Guest {고객 당 평균요금}
당일 객실판매 금액을 호텔의 투숙객수로 나눈 것으로, 고객수에 대한 객실판매의 평균 요금이다.(공식 = 객실 매출액 / 투숙한 고객수)

Average Room Rate {평균 객실가격}
일정기간(1주 또는 1개월) 판매한 총객실 매출액을 판매했던 총객실수로 나눈 값(객실 매출액 / 판매한 총객실수)이다.

Avocado {아보카도}
열대 아메리카산 녹나무과의 과실로 비타민이 풍부하며, 양질의 지방을 포함하고 있다. 칵테일, 샐러드, 디저트 재료로 많이 이용된다.

Baby Bed {Baby Cot; 어린이용 침대}

어린이용 침대로 베이비 크립(Baby Crib)이라고도 하며, 12개월 이하의 어린이가 사용가능한 작은 침대이다. 침대의 사각에는 어린이가 떨어지지 않도록 가름대가 있으며 요금은 부과되지 않는다.

Baby Sitter {베이비 씨터}

호텔을 이용하는 고객들의 자녀를 돌보아 주는 사람을 말한다. 일반적으로 외부의 검증된 업체에 의뢰를 하기도 하지만 하우스키핑의 객실 정비원 중 외국어가 가능한 직원이 돌보아 주며, 요금은 시간당 계산을 받는 것이 일반적이다.

Bacardi {바카디}

럼(Rum)주의 일종으로 쿠바 혹은 푸에르토리코산이 많으며 다양한 종류가 있다. 이 중 바카디 골드는 위스키처럼 참나무통에 6년을 숙성시킨 제품이며, 15년 숙성된 프리미엄급 골드로 일반적으로 40도로 이루어진 다른 제품보다 훨씬 높은 알코올 도수(75도) 때문에 우리나라에서는 바텐더가 '불쇼'를 할 때 애용되는 술이기도 한다.

Baccara {바카라}

바카라는 카지노 게임의 왕이라고 불리며, 뱅커(Banker)와 플레이어(Player)의 어느 한쪽을 택하여 9 이하의 높은 점수로 승부하는 카드 게임이다.

{Baccaret의 기본용어 해설}

- Baccaret : Card 3장의 합이 Zero(0)를 뜻한다.
- Scoop : 손이 미치지 않는 먼 곳에 카드를 보내거나 회수를 하는데 사용하는 기구이다.
- Scooper : Scoop를 사용하여 Dealing 하는 사람이다.
- Pay Man : Money 및 Chips를 다루는 사람이다.
- Sgueeze : 카드를 Open 하는 행위(손님)이다.

• Discard Cylinder : 한 게임이 끝난 후 게임에 사용된 카드를 넣는 통이다.

Back Bar {백 바}

바텐더가 서비스를 위하여 편리하게 위치해 놓은 저장용 캐비닛이다.

Back Elevator {Service Elevator}

호텔 직원들만이 사용하는 승강기로, 룸서비스, 객실청소 등을 위한 직원전용 승강기를 말한다.

Back Office {백오피스; Back of the House}

호텔에서 사용하는 명칭으로, 일반적으로 고객과 직접 접촉하지 않는 부서 전체를 의미한다. 영업담당 부서를 보조하는 관리부서라 할 수 있다.

Back to Back {백 투 백}

호텔에서 입실과 퇴숙이 지속적으로 이루어지는 현상을 말하고, 단체객의 도착과 출발이 계속적으로 일어나는 상태이다.

Back-up {백업}

저장된 메모리 장치기 고징 닐 깃을 대비하여 별도로 저장해 놓는 것을 말한다.

Back-up System {백업 시스템}

백업을 위한 시스템이다.

Bacon and Eggs {베이컨과 계란}

아메리칸 아침식사로는 일반적으로 계란 2개와 베이컨이 함께 제공하는 것이다. 때에 따라서는 햄이나 치즈가 제공되는 것이 보통이다.

Bagel {베이글}

이스라엘의 대표적인 빵으로, 물에 한 번 삶았다가 오븐에 구워내는 방법으로 만든다. 반으로 잘라서 훈제 연어와 크림치즈를 함께 곁들여 먹기도 한다.

Baggage {짐, 수화물}

여행 시 소지하는 개인용 수화물로, 서류나 간단한 소지품이 들어가는 브리프케이스와 옷 등 다양한 용품이 들어가는 대형 여행가방인 슈트케이스가 있다.

Baggage Down {베기지 다운}

고객이 퇴숙 시 벨맨이나 포터가 수화물을 호텔 현관으로 내려주는 서비스이다.

Baggage in Record {베기지 레코드}
수화물을 기록하는 대장으로 객실번호, 수량, 시간, 담당자 이름 등을 기록하는 장부이다.

Baggage Net {베기지 네트}
호텔을 방문한 고객의 짐이 많을 경우나, 장시간 보관 시 로비에 내려다 놓고 분실을 막기 위해 망(그물)을 씌워 놓는다.

Baggage out Record {베기지 아웃 레코드}
벨 데스크에 보관했던 수하물을 내주고 기록하는 장부이다. 이때 수령자의 서명을 받거나 연락처를 받아 놓는다.

Baggage Stand {수하물 받침대}
호텔 객실 안에 있는 가구로서 배기지 래크(Baggage Rack)라고도 하며, 옷가방이나 비교적 큰 수화물을 두는 받침대를 말한다.

Baggage Tag {수화물 택}
수화물의 소유자를 확인하기 위한 인식표로 똑같은 2장으로 되어 있어, 1매는 수하물에 부착하고, 1매는 고객이 보관한다. 러기지 택(Luggage Tag)이라고도 한다.

Bain Marie {벵 마리}
음식을 데우지 않고도 뜨겁게 하기 위하여 사용되는 뜨거운 물이 들어있는 중탕기를 말한다.

Bake Blind {베이크 블라인드}
설탕반죽 또는 파이반죽을 타트 또는 타틀렛 틀에 씌워서 콩이나 팥을 넣고 구워낸 껍질을 뜻한다.

Bake Off {베이크 오프}
베이커리에서 빵 재료를 오븐에 넣고 굽는 과정을 가리킨다.

Baked {굽기}
식품을 오븐에 넣고 조리하는 것을 뜻한다.

Baked Alaska {베이크 알라스카}
머랭(계란 흰자, 설탕 등으로 만든 쿠기류)으로 덮어 입힌 케이크 등에 브랜디와

같은 알코올을 뿌려, 불을 붙여 갈색이 되면 즉석에서 손님에게 서비스하는 것을 말한다.

Baked Beans {베이크 빈스}

찐 콩이나 베이컨 등을 구워서 하는 요리를 뜻한다.

Bakery {베이커리}

베이커리 숍에서 판매한 각종 제과제빵을 만들며, 식음료부서의 각 영업장에서 필요한 빵류를 생산하는 곳이다.

Balance {밸런스}

사전 상 의미로는 균형과 조화, 차액, 차감 잔액을 뜻하는 것으로, 차변과 대변에 나타난 금액을 뜻한다.

Balance Sheet {대차대조표 : B/S}

일정시점에서 기업의 자산과 부채, 자본의 상태를 명확하게 하기 위하여 작성하는 일람표로 기업의 재무 상태를 표시한다. 기업의 경영 상태를 보는 가장 기본이 되는 열람표이다.

Ballroom {볼룸}

호텔의 여러 연회장 중 대연회장 또는 그랜드볼룸과 같은 의미로 사용되기도 한다.

Balsam {발삼}

방향성 수지로, 서인도산 바나나 리큐르의 일종이다.

Bamboo Shoot {죽순}

대나무의 어린 순이며, 비늘 모양의 껍질에 싸여 있는 싹으로 식용으로 사용되고 있다.

Bank Card {뱅크 카드}

대부분의 은행에서 발행하는 신용카드와 같다.

Bank Settlement Plan {뱅크 서트맨트 플랜}

여행사가 호텔 예약 시 요금을 당 호텔에 바로 지급하는 창구방식이다. 이러한 방식은 호텔과 여행사 사이에 숙박비 결제관계 문제와 노쇼 방지, 커미션 문제 등을 원천적으로 방지할 수 있는 기능이 있다.

Banne Femme {본 팜}
수프 또는 스튜를 가정용으로 만든 것이며, 양파, 계란노른자, 크림 등을 재료로 만든 소스이다.

Banquet {연회장}
연회장의 어원은 프랑스 고어인 'Banchetto'가 지금의 연회장으로 되었다. 연회란, 파티나 회의를 하면서 식음료 판매를 목적으로 가변시설을 갖춘 구별된 장소인데, 최근에 들어서는 호텔경영에서 홍보, 매출 등 여러 부문에서 중요한 부분을 차지하고 있다.

Banquet Bill {연회장 계산서}
연회장 등에서 사용하는 계산서로 단체고객에 대한 계산서를 말하며, 빌링(Billing)의 편의 및 효율성 때문에 한 장의 계산서에 주문 전체 내용을 작성하는 경우를 말한다.

Bar {바}
바는 프랑스어의 'Bariere'에서 온 말로, 고객과 직원 사이에 가로질러진 널판을 'Bar'라고 하던 개념이 현대에 와서는 술을 파는 곳을 총칭한다. 즉 바는 아늑한 분위기에서 바텐더에 의해 고객에게 음료를 판매하거나 제공하는 장소를 말한다.

Bar Boy {바 보이}
바(Bar)에서 필요한 주류, 얼음, 과일, 주스 등과 같은 품목을 바텐더에게 공급하는 직원을 말한다.

Bar Charge {바 차지}
주장부문에서 발생하는 매출의 합계이다.

Bar Cloth {바 클로스}
바(Bar)에서 사용하는 것으로 각종 린넨류를 뜻한다.

Bar Code {바코드}
상품의 데이터가 저장된 표시로 막대줄무늬 모양으로 되어 있으며, 판매와 동시에 제품의 종류, 가격, 제조회사가 입력되어 상품의 매출현황을 쉽게 파악할 수 있다.

Bar Spoon {바 스푼 : Long Spoon}
손잡이가 길어 롱 스푼이라고도 하며, 칵테일 재료를 저을 때 사용한다. 한쪽은 포크로 되어 있는 것도 있어 레몬 등을 찍을 때 이용된다.

Bar Trolley {바 트롤리}
각종 주류를 왜곤(Wagon)에 진열하고 필요한 얼음, 글라스, 부재료, 기물 등을 비치하여 고객 앞에서 주문 받아 즉석에서 조주하여 제공하는 운빈하는 차이나.

Barbecue {바비큐}
고기류나 가금류를 불에 통째로 굽는 요리이다.

Barbecue Sauce {바비큐 소스}
바비큐를 할 때 들어가는 소스로, 식초, 야채, 조미료, 향신료를 섞어 만든 소스이다.

Barde {바드 : Bard}
베이컨으로 가금류나 생선을 싸서 로스트 하는 조리방법이다.

Barquette {바르켓 : Boat Shaped}
밀가루 반죽으로 배 모양 간이 작게 만들어 생선 일이나 고기를 채워서 만든다.

Barrel {배럴}
액체의 양을 나타내는 뜻으로 쓰이고, 술을 제조하여 숙성시키는 나무통을 의미한다.

Barsac {바르삭}
포도와 와인이 생산되는 지역 명으로, 바르삭 와인은 가볍고, 상쾌한 감미를 즐길 수 있는 특징이 있다.

Bartending {바텐딩}
바텐딩이란, 칵테일을 만드는 전문 직종이다. 바텐더는 칵테일 레시피, 글라스류의 선택, 장비 및 기구를 선택 등에 많은 지식을 숙지해야 한다.

Base {베이스}
칵테일을 주조할 때 가장 많이 사용하고 기본이 되는 술(Base Liquor)을 말하며, 우리말로 나타낸다면 '기주'라고 부를 수 있다. 일반적으로 칵테일의 기주로 많이 사용되는 위스키, 브랜디, 럼, 진, 보드카, 테킬라 등이 있다.

Basic Cover {기본 차림 : Standard Cover}
대개 레스토랑에서는 고객이 요리를 주문하는데, 최소한의 기준을 두고 기본적으로 갖추어야 할 기물의 차림을 말한다.

Basil {바실 : Sweet Basil}
향료의 일종으로 이란과 인도가 원산지이고 이탈리아, 남프랑스, 아메리카가 주산지이다. 주로 어린잎을 적기에 따내어 사용하는 일년생 식물로 엷은 신맛을 낸다. 이것은 토마토 페이스트 식품, 스파게티 소스, 야채, 계란요리의 맛을 돋우는데 사용된다.

Baste {베이스트}
고기를 구우면서 타거나 마르지 않도록 버터나 기름, 물, 소스 등을 끼얹어 바르는 것을 말한다.

Bath Mat {베스 메트 : Rubber Mat}
고무판으로 되어 있으며, 고객이 목욕할 때 욕조 안에서 미끄러지는 것을 방지하는 것이다.

Bath Room Tray {베스 룸 트레이}
욕실에서 양치질 컵 등을 올려놓는 쟁반을 뜻한다.

Bath Tub {베스 터브}
객실 욕실 내에 설치되어 있는 욕조를 뜻하기도 하는데, 최근에는 자꾸지와 같은 욕조를 설치하기도 한다.

Bath Towel {베스 타월}
목욕 후 몸을 닦고 감싸는데 사용할 수 있는 대형 타월이다.

Bathrobe Hook {베스로브 훅크}
목욕 가운을 걸어 놓는 욕실 안에 있는 고리이다.

Batonnet {바토네}
성냥개비보다 굵게 야채를 자르는 방법 중 하나이다.

Batter {베터}
소맥분, 설탕, 달걀, 우유 등을 넣고 반죽하는 것을 뜻한다.

Baumkuchen {바움쿠헨}
바움은 '나무'라는 뜻이고, 쿠헨은 '케이크'라는 의미로 독일의 대표적인 과자인데, 이 케이크를 자르면 나무결 모양으로 되어 있는 것이 특징이다.

Bavarian Cream {바바리안 크림}
후식의 하나로 젤라틴, 크림, 계란이 주재료가 되어 만들어진 것이다.

Bay Leaf {베이 리프}
월계수의 말린 잎으로, 월계수는 녹나무과에 속하는 상록 관목나무이고, 원산지는 지중해 연안이며 잎사귀를 건조시켜 요리에 사용한다.

Bearnaise Sauce {베아르네즈 소스}
파, 후추, 식초, 백포도주, 타라곤 잎 등과 함께 끓여서 계란노른자 위에 버터를 넣고 진한 고깃국을 조금 넣어서 만든 황색 소스로 홀랜다이즈소스의 일종이다. 샤토브리앙 스테이크, 그릴드 스테이크, 그릴드 생선에 제공된다.

Beat {비트}
반복으로 저어서 혼합물을 부풀게 하고 내용물을 부드럽게 하는 것을 말한다.

Beater {비터}
반죽할 때 부드럽게 하기 위하여 사용하는 기구로, 믹시의 일종이다.

Bechamel Sauce {베샤멜소스}
베샤멜소스는 요리사 Bechamel이 만들었다고 하여 붙여진 이름으로, 주로 생선이나 야채가 많이 사용되는 소스이다.

Bed {베드}
일반적인 침대를 뜻하며, 매트리스와 스프링박스와는 구별된다.

Bed Board {베드 보드}
침대를 견고하게 하기 위하여 매트리스 밑에 까는 받침대이다. 때에 따라서 척추환자가 사용하기도 한다.

Bed and Board House {베드 앤 보드 하우스}
숙박시설을 뜻하며, 숙박요금에 아침식사가 포함되어 있는 호텔운영 방식이다.

Bed and Breakfast {B & B}

호텔의 운영방식 중 하나로 객실요금에 아침식사가 포함된 숙박 형태이다.

Bed Chair {베드 체어}

소파를 대신할 수 있는 긴 소파 겸용침대라 할 수 있다.

Bed Occupancy {베드 어큐펜시}

판매 가능한 침대수에 대한 판매침대수의 비율을 뜻하는 것으로, 객실경영에서는 중요한 자료이다.

Bed Pad {베드 패드}

침대사용 시 쿠션을 주기 위한 '요'라고도 할 수 있지만, 매트리스를 보호하기 위한 '요'라고도 할 수 있다.

Bed Side Table {베드 사이드 테이블}

일반적으로 사이드 테이블이라고도 하며, 나이트 테이블 반대편의 침대 옆에 위치하여 전화기 또는 메모패드, 리모컨 등을 놓을 수 있는 작은 테이블을 말한다.

Bed Spread {베드 스프레드}

침대커버라고도 할 수 있으며 완성된 객실 상품을 보여주기 위한 것으로, 미관상, 위생상 이불과 베개까지 전부 덮는다. 실크와 같은 천으로 만들어지며, 가장자리를 늘어뜨려 아늑한 분위기를 만든다. 잠을 잘 때 사용하는 것은 아니며, 턴다운 서비스 시에 베드 스프레드는 접어서 옷장에 넣어둔다.

Beef {고기}

비프란, 사육된 소로부터 얻어진 각 부위의 고기이며, 용도에 따라 다양하게 분류되어진다.

Beef Stock {스톡}

소 뼈나 무릎 뼈에 야채를 넣고 3~4시간 서서히 끓여 찌꺼기를 걸러낸 국물이다.

Beer {맥주}

맥주는 맥아, 홉, 물을 주원료로 효모를 섞어 만든 탄산가스가 함유된 양조주이다. 병에 넣어 열을 가하여 발효시킨 맥주를 라거 맥주(Lager Beer)라 하고, 저온살균하여 효모 활동을 정지시킨 후 맥주통에 담은 것이 생맥주(Draft Beer)이다.

그리고 에일(Ale) 맥주는 보통 맥주보다 고온에서 발효시킨 것으로 홉(Hop) 향이 강하며, 스타우트(Stout) 맥주는 6%의 알코올이 함유되어 있으며 아일랜드에서 유명한 맥주이다.

Beet {비트}

식재료로 쓰이는 뿌리식물에 속하는 붉은 순무(Red Turnip)로 속이 매우 단단하여 장시간 물에 삶아야 하며, 피클이나 샐러드에 사용한다.

Beignet {베이네}

베이네는 튀김에 가까운 요리로 한 번 불에 직접 익힌 뒤에 버터로 튀긴다. 주로 생선, 닭, 새우 등을 주재료로 한다.

Bel Paese {벨 파아제}

이탈리아산 연질치즈로 원반형으로 포장되어 있으며, 속은 결이 곱고 크림 모양으로 맛이 부드럽다.

Bell Captain {벨 캡틴}

벨 데스크에 근무하는 벨맨 중 벨 데스크의 책임자로, 현관 및 로비의 전반적인 입무를 관할하면서 벨맨의 활동과 업무를 감독하는 사람이다. 최근에는 벨 캡틴이 컨시어지 업무를 함께 하기도 한다.

Bell Desk {벨 데스크}

프런트 데스크로부터 가깝고 잘 보이는 곳의 로비에 위치한 벨맨의 데스크이다. 호텔을 방문하는 고객에게 다양한 정보와 안내를 하는 접점서비스 직이라 할 수 있다.

Bell Desk Logbook {벨 데스크 로그북}

벨 데스크에서 일어나는 모든 일들을 기록하고, 벨맨의 활동과 업무일지, 인수인계 등을 기록 보고하는 장부이다.

Bell Man {벨 맨}

호텔의 객실부서의 소속으로 현관에 근무하는 직원으로서 호텔 프런트로부터 고객과 동반하여 고객의 객실까지 안내하고 객실 내부를 설명해주는 업무를 담당한다. 또한 퇴숙하는 고객의 짐을 운반하고 고객의 세탁서비스 및 메시지 전달을 하는 일 등의 다양한 업무를 담당한다.

Bench Time {벤치 타임}
밀가루 반죽을 한 다음 비닐로 덮어 발효시키는 과정인데, 벤치타임을 주는 목적은 글루텐 조직을 강화하기 위해서이다.

Benedictine {베네딕틴}
1510년경부터 제조되기 시작되어 가장 오래된 리큐르 중의 하나로, 베네딕틴 수도원의 한 수도사에 의하여 만들어진 것으로 알려져 있으며, 여러 가지 약초를 착향시켜 만든 것으로 아직도 그 조제법은 비밀로 되어 있다.

BENIKEA {베니키아 : Best Night in Korea}
한국형 비즈니스 호텔급 체인브랜드로 문화체육관광부의 지원 하에 한국관광공사의 사업 가운데 하나이다. 한국을 방문하는 해외여행객, 특히 개별여행객(FIT : Free Independent Traveler)에게 서비스를 제공하고, 한국 내 비즈니스호텔 경영 활성화를 도모하며 숙박 인프라 개선을 통한 국내 관광산업 경쟁력 강화에 기여하고자 개설되었다. 현재 베니키아는 대한민국 소재 관광호텔 및 해외소재 호텔이 가입되어 스탠다드, 프리미어(특급), 가족호텔(취사 가능)로 구분되며 서울, 인천, 부산, 강원, 제주, 후쿠오카 등 전국 주요 관광지에 고르게 분포되어 있다.

Bercy {베르시}
백포도주를 원료로 만들어진 소스로서 고기나 생선과 함께 제공된다.

Bermuda Plan {버뮤다 플랜}
호텔 숙박요금제도의 하나로, 객실요금에 미국식 조식이 포함되어 계산되는 방식이다.

Berth {버스}
숙소를 뜻하기도 하고, 열차나 선박 내의 침대를 의미한다.

Berth Charge {버스 차지}
침대요금을 뜻하며, 'Bed Rate'라고도 하고 열차나 선박 등의 침대요금을 말한다.

Best Available {베스트 어베일러블}
단골이나 VIP 고객을 위한 호텔서비스로, 'Up Grade Service'라고도 하며, 예약한 객실보다 더 좋은 객실을 제공하는 서비스이다.

Between Heat {비트윈 히트}

육류를 조리하는 방법 중 하나이며, 열선이 상 · 하로 설치된 오븐에 재료를 넣어 익히는 조리법이다.

Beverage {베버리지}

음료를 총칭하는 것으로, 크게 알코올성 음료와 비알코올성 음료를 모두 포함한다. 알코올성 음료는 증류주, 발효주, 혼성주로 구분되며, 비알고올싱 음료에는 청량음료, 영양음료, 기호음료 등으로 구분된다.

Beverage Bring In {음료 반입}

연회행사 시 주최자 측에서 필요한 음료를 연회장 내에 가지고 오는 것을 말한다. 일반적으로 반입이 금지되어 있지만, 호텔과 주최 측과의 합의하에 일정부분 들여오는 경우도 있다.

B.G.M {Back Ground Music}

호텔로비 등에서 들을 수 있는 음악을 뜻하는데, 일반 제조업 현장에서는 배경음악으로 생산능률의 향상이나 권태 방지용 같은 단순 작업장에시 나오는 음악이다.

Bianco {비앙코}

이탈리아어로 화이트 와인의 의미하다.

Bidet {비데}

위생용 국부 세척기를 비데라고 하는데, 최근에는 일반화되어 있어 호텔뿐만 아니라 가정집에서도 많이 설치되고 있으며, 냉 · 온수 조절이 가능하도록 되어 있다.

Big Six {빅 식스}

게임의 한 형태로, 손으로 큰 바퀴 모양 기구를 돌려 가죽 막대에 걸려 멈추는 번호에 돈을 건 사람이 당첨금을 받는 게임이다.

Bill {빌}

호텔의 객실, 식음료, 기타 부대시설 이용 시, 이용 내역에 대한 고객의 영수증이다.

Bill Clerk {빌 클락}

재정부에 소속된 직원으로 고객이 이용한 요금청구서의 계산을 하는 직무를 담당한다.

Bill of Fare {메뉴}

영국에서는 레스토랑에서 제공되는 차림표, 메뉴를 이와 같이 표현한다.

Billboard Advertising {광고 게시판}

대로변이나 고속도로변 등에 있는 대형 광고판, 표지, 광고 게시판을 말한다.

Bin {저장소}

컵을 끼워 놓는 컵 보드를 뜻한다. 얼음을 담는 그릇일 때는 아이스 빈이라고 한다.

Bin Card {품목별 재고 카드 : Perpetual Inventory Card}

저장고에서 입고와 출고 현황에 따른 기록카드로서 품목에 대한 기록이 되어 있으며, 창고 또는 물건이 비치되어 있는 장소에 비치된 재고현황 카드를 말한다. 예를 들면, 와인 등의 적정 재고량을 확보하는데 사용되는 것으로 와인의 품목별 카드의 기록은 와인 타입, 와인 이름, 포도 수확 연도, 공급 회사명, 최종 주문일자, 주문된 수량, 입고일자, 최종 점검일자, 재고량 수 등이 기록된다.

Biscuit {비스킷}

베이킹파우더로 부풀게 하여 만든 작고 둥근 즉석 빵을 뜻하며, 비스킷으로 불리어진다.

Biscuit Roule {비스킷 룰레}

계란 노른자, 설탕, 바닐라 등으로 기포를 낸 후 소맥분을 넣고 반죽을 한 후 녹인 버터를 섞인 것을 철판에 종이를 깔고 말아 감은 것을 구운 것이다.

Bisque {비스크}

새우, 게, 가재, 등 어패류를 사용하여 만든 진한 크림수프를 뜻한다.

Bitter {비터}

칵테일이나 기타 드링크류에 향을 가하기 위하여 만든 착향제이며, 쓴맛이 나는 음료이다. 알코올 성분이 48%이며 서인도제도에서는 말라리아 예방제로 사용되고 있으며, 강장제, 해열제로도 사용되는 리큐르의 일종이라 하겠다.

Bitter Bottle {비터 병}

칵테일 조주 시 레시피에 향료를 드롭(Drop; 방울)하는데 용이하도록 만들어진 유리제 향료 용기이다.

Black Berry Brandy {블랙 베리 브랜디}
검은 딸기를 재료로 만든 술로서 주정 도수가 25도 정도로, 소화 촉진에 효과가 있는 리큐르의 일종이다.

Black Coffee {블랙커피}
일명 카페 느와르(Café Noir)라고도 하며, 크림이나 밀크가 가미되지 않는 커피를 말한다.

Black Death {블랙 대드}
캐러웨이(미나릿과에 속한 풀)의 열매로 착향시킨 유명한 아쿠아 비트(Aqua Vit)로 아일랜드의 국민주이다.

Black List {블래 리스트}
거래중지자 명단으로 불량카드의 정보자료이다. 도난이나 분실 또는 연체 등으로서 카드 회사에서 작성한 불량거래자 명단을 뜻한다.

Blackjack {블랙잭}
블랙잭은 딜러와 플레이어가 함께 카드의 숫자를 겨루는 것으로, 이 게임의 목적은 52장으로 된 카드 중 2장 이상의 카드를 꺼내어 그 합계를 21점에 가깝도록 만들어 딜러의 점수와 승부하는 카드게임을 말한다. 플레이어의 처음 두 장만으로 합계 21이 되면 블래잭이 되어 붙여진 이름으로, 이때 플레이어는 베팅한 돈의 1.5배(150%)를 받는다.

Blade Box {브레이드 상자}
사용한 면도기 날을 버리는 상자를 뜻한다.

Blanc {블랑}
흰색을 뜻하는 것으로, Blanco(스페인어), Bianco(이탈리아) 등 와인 라벨에 자주 사용된다.

Blanching {블랜칭 : Blanchir}
재료와 물 또는 기름을 1 : 10 정도의 비율로 하여, 끓는 물(기름)에 순간적으로 넣었다가 건져내어 흐르는 찬물에 헹구어 내는 조리방법으로, 야채 등을 조리할 때 쓰인다.

Bland Method {블랜드방법 : Blanding}
두 개 이상의 성분을 혼합하는 것을 뜻한다.

Blender {블렌더}
전동 믹서기로 회전속도 조절장치가 부착되어 있으며, 쉐이크를 만들 때 사용한다.

Blending {블렌딩}
두 개 이상의 재료를 믹싱한 혼합물을 뜻한다.

Blind Cheese {브라인드 치즈}
치즈공의 숫자가 적어 제품의 저가품인 치즈를 뜻한다.

Blind Curtain {브라인드 커튼}
속을 들여다 볼 수 없는 커튼으로, 호텔에서는 드래퍼리 커튼이라 하며, 속을 들여다 볼 수 있는 커튼을 시어 커튼이라고 한다.

Blind Receiving {무작위 검수}
무작위 검수방법으로 검수원에게 사전에 정보가 주어지지 않고 무작위로 검수하면서 구매한 상품의 질 등을 확인하는 방법이다.

Blanket {담요}
객실에서 Bed Make Up 시 사용하는 것으로, 최근에는 오리털이나 거위털을 이용한 이불을 사용한다. 하지만 깃털 알레르기 손님일 경우는 담요를 사용하기도 하는데, 담요의 규격은 싱글의 경우는 170×230cm 이상, 더블은 200×230cm 이상이다.

Blanquette {브랑켓}
흰색 살코기에 연한 색 소스를 뿌려 만든 요리로, 흰색 스튜로 '삶은 요리'를 뜻하기도 한다.

Blended Whisky {블랜디드 위스키}
블랜디드 위스키는 몰트 위스키와 그레인 위스키를 적당한 비율로 혼합한 것인데, 우리가 접하는 대부분의 스카치위스키는 이 타입의 위스키이다.

Block {블록}
호텔의 객실을 예약과 동시에 투숙 전에 미리 객실을 배정하는 것을 블록이라 한다.

Block Book {블록 북}

그룹을 위한 예약방법으로 호텔, 항공기, 극장 등 단체가 들어갈 수 있는 시설을 한꺼번에 예약하는 행위를 뜻한다.

Block of Ice {블록 오프 아이스}

대형 연회 등에서 펀치볼에 넣어 화려하게 장식하는 1kg 이상의 얼음 덩어리를 뜻한다.

Block Room {블록 룸}

호텔의 객실을 특정 단체, 국제회의 참석자, VIP를 위해 사전에 지정해 놓은 객실을 말한다.

Block Pass {블록 패스}

호텔, 항공기, 극장, 기타 시설에 대하여 희망하는 좌석이나 위치를 단체로 한꺼번에 예약하는 것을 뜻하는데, 번거로움을 덜 수 있다.

Boarding House {보딩 하우스}

일반적으로 '하숙집, 기숙사'를 뜻한다. 여행객을 대상으로 한 숙박시설을 의미하는 말로 쓰여질 경우에는 시설이나 서비스의 내용이 간소한 것을 뜻하며, 그런 점에서는 'Inn'에 가깝다.

Boarding Pass {보딩 패스}

항공기 탑승권으로 탑승게이트 번호, 좌석번호와 위치가 표시되어 있고 탑승 시 승무원에게 보여준다.

Bock Beer {복 비어}

일반 맥주보다 알코올 도수가 높으며, 독한 맥주를 뜻한다.

Boiled Eggs {보일드 에그}

계란을 껍질 채 삶은 것으로, 주문을 받을 때는 삶는 정도를 3분, 5분, 7분 정도에서 택일한다.

Boiling {끓임}

재료를 용기 속에 넣고 끓여서 조리하는 방법이지만, 생선을 조리할 때에는 주로 물이나 생선 스톡에 넣고 약한 불로 끓여낸다.

Bonne Femme Sauce {본 팜 소스}
본 팜이란 '현모양처'라는 뜻인데, 요리에서는 양파, 계란노른자, 크림 등을 혼합한 홈스타일 소스이다.

Book {예약}
호텔을 이용하고자 하는 고객들에게 미리 객실을 예약 받거나 판매하는 것으로, 부킹(Booking)이라고도 한다.

Booth {부스}
호텔 연회장에서 상품전시회 또는 홍보 등 참가자가 일정 계약기간 동안 할애받은 특정지역을 말한다.

Borage {보리지}
지중해 연안에서 나는 지칫과에 속하는 서양지치의 일종으로 다년생 풀이며, 뿌리는 굵고 자색을 띤다. 현재는 관상수로 재배되고 있는 향신료이기도 하지만 샐러드용으로 많이 사용된다.

Bordelaise Sauce {보르드래즈 소스}
육류에 사용하는 소스로 양파, 당근, 샐러리, 다임버터와 월계수 잎을 사용하여 만들며, 주산지는 프랑스 남서부 보르드이다.

Bordure {보르뒤르}
프랑스어로 '가장자리 또는 장식'이라는 뜻이 있지만, 고리 모양을 한 야채와 함께 나오는 요리이기도 하다.

Borsch {보오시 : Borch}
소고기, 육수, 비트, 달걀과 설탕 등 각종 양념을 곁들여 만든 러시안 수프의 일종이다.

Botel {보텔}
보트를 이용하여 여행하는 관광객이 주로 이용하는 숙박시설로, 보트를 정박시킬 수 있는 부두나 해변 등지에 위치한 호텔을 말한다.

Bouillabaisse {브이아베스}
다양한 생선류를 원료로 하여 야채, 올리브유를 넣어 끓인 지중해식 수프이다.

Bouillabaisse a La Provencale {브이야베스 알라 프로방샬}
생선을 주재료로 만든 프랑스의 수프 중 하나이다.

Bouillon {부용 : Broth}
소고기를 재료로 만든 진한 고깃국물 같은 스톡이다.

Bouquet {부케}
일반적으로 부케나 꽃다발로 알려져 있기도 하지만, 질이 좋은 포도주에서 나는 냄새인데, 포도주를 마실 때 혀와 목으로 느끼는 향이며, 와인에서만 느낄 수 있는 향이다.

Bouquet Garnis {부케 가니}
수프 등에 향을 더하기 위해 넣은 파슬리 따위의 작은 다발을 나타내기도 하고, 스톡을 끓일 때 첨가하는 여러 가지 향료의 총칭이다.

Bourbon Whisky {버번위스키}
버번이란, 미국 캔터키주 동북부의 지명으로, 옥수수를 주원료로 사용하여 만든 미국인이 선호하는 대표적인 위스키이다 이것은 사용하지 않은 새 오크통의 안쪽을 그을린 것에 넣어 4년 이상 숙성시키는 것이 특징이다.

Bow Tie {보타이}
나비넥타이의 대표적 이름으로, 외국에서는 연회에 참석 시 애용하는 타이 중 하나이다.

Box {박스}
호텔 등에서 예약 시 사용되는 용어로, 일정기간 동안 예약이 허용되지 않는 기간을 의미한다.

Box Lunch {박스 런치}
여행 중 휴대하기 간편하도록 포장한 도시락이라 할 수 있다.

Braised {브라이스}
열을 가하서 조리하는 과정 중 하나로, 재료를 뜨거운 기름에 약간 익힌 후 브래이징 팬에 물이나 스톡을 넣고 완전히 익을 때까지 열을 가하되, 재료의 표면이 마르지 않도록 국물을 계속하여 발라준다.

Bread Basket {브래드 바스킷}

베이커리 등에서 사용하는 빵을 담는 바구니이다.

Btandy {브랜디}

브랜디는 양조주를 증류하여 만들어진 알코올 도수가 높은 술로, 일반적인브랜디는 와인을 증류하여 만들어진 것이다. 브랜디는 보통 8통의 와인에서 1통 정도의 브랜디가 증류된다. 와인을 이용한 브랜디의 대표적인 것은 프랑스 코냑 지방을 중심으로 하는 코냑 브랜디와 아르마냑 지방산의 아르마냑 브랜디가 유명하다. 코냑의 등급은 별(Star)로 표시하는데, 별 하나(2~5년), 별 둘(5~6년), 별 셋(7~10년), 별 넷, 별 다섯(10년 이상) 등으로 표시되고, 숙성 정도에 따라V.O (Very Old)는 12~15년, V.S.O(Very Superior Old)는 15~25년, V.S.O.P.(Very Superior Old Pale 25~45년), X.O(Extra Old)는 45년 이상, X(Extra Napoleon)는 75년 이상 저장 숙성했다는 표시이다.

Break Down {브레이크다운}

레스토랑에서 판매된 품목을 분석하는 것으로, 원가계산을 위해 예산 견적에 의한 종류와 수량을 조정하여 예산 범위를 넘지 않게 하는 것이다.

Break Even Point {BEP}

손익분기점이라고 하며 좌표 상에서 총수익선과 총비용선이 교차되는 점을 뜻한다. 즉 일정기간의 총수익의 합계로부터 총비용의 합계를 차감한 금액이 0(Zero)이 된다.

Breakage {브레이키지}

패키지 프로그램에 포함된 식사 또는 기타 서비스를 고객이 이용하지 않음으로써 발생되는 호텔 측의 소득이며, Breakage Profit이라고도 한다.

Breakfast {아침식사}

아침식사로 제공되는 모든 요리를 말한다. 아메리칸 조식(American Breakfast)은 계란 요리에 햄과 소시지가 곁들여진 아침식사로서, 빵 종류, 과일, 주스류, 시리얼 등이 곁들여 제공된다. 콘티넨탈 조식(Continental Breakfast)은 계란요리를 곁들이지 않은 아침식사로, 빵류, 커피나 차 종류가 제공된다. 비엔나식 조식(Vienna Breakfast)은 계란 요리와 롤 빵 그리고 커피 정도로 간단한 식사가 제공되며, 잉글리시 조식(English Breakfast)은 미국식 조식과 같으나 생선요리가 포함되는 아침식사이다.

Bridge the Bed {브리지 더 베드}
두 개의 트윈 침대를 붙이기 위해 매트리스를 붙이는 것을 말한다. 호텔에서는 단체 또는 개인 고객의 비율에 따라 매트리스를 붙이고 떼었다 하는 경우가 많다.

Brine {브라인}
절임용으로 사용되는 소금물을 뜻하는 단어로, 소금과 식초의 혼합물은 붉은 색 고기의 빛을 유지시키기 위하여 첨가된다.

Brine Tank {브라인 탱크}
치즈의 가염방법의 일종인 습염법에서 사용되는 식염수통을 말한다.

Brioche {브리오슈}
일종의 빵으로 버터, 계란이든 롤 모양의 빵 위 표면에 배꼽 같은 혹이 붙어 있는 것을 뜻한다.

British Proof {브리티시 프루프}
영국식 알코올 도수의 표시이며, 시이그(Syke)가 고안한 알코올 비중계에 의한 사이크 프루프라고 부른다. 영국은 '51°F에 있어서 동용적의 증류수 12/13의 중량을 가진 스피릿'을 알코올 함유 음료의 표준강도라고 한다. 이러한 강도를 가진 술을 프루프 스피릿(Proof Spirit)이라고 부르며, 이것을 한국의 도수로 계산하면 57.1도가 된다.

Broccoli {브로콜리}
야채의 일종으로 겨자과에 속하는 2년생 풀이며, 양배추의 한 품종으로 관상용으로 재배했던 것이다. 중심 줄기는 딱딱하므로 버리고 잎줄기를 먹는데, 다른 푸른 채소보다 비타민C를 풍부하게 함유하고 식탁에서 쉽게 볼 수 있다.

Brochette {부로쉐}
일반적으로 꼬치구이라고 알고 있으며, 육류나 야채류를 쇠꼬챙이에 끼워 구워내는 요리방법을 말한다.

Brochure {브로셔}

고객에게 호텔의 광고나 홍보를 목적으로 만든 소책자를 말하며, 팸플릿이라고도 한다.

Broiled {브로일드}

열로 조리하는 방법으로 육류나 생선을 프라이팬에서 어느 정도 익힌 다음 일정 거리를 두고 직접 열을 가하여 조리하는 방법이다.

Broth {브로스}

살코기나 물고기의 묽은 수프로, 부용과 같은 뜻으로 사용된다.

Brown Stock {브라운 스톡}

소뼈나 송아지 뼈에 당근, 양파, 야채 등을 넣고 3~4시간 정도 끓이면 진한 갈색으로 변하는데, 이때 건더기를 걸러낸 국물을 말한다.

Brunch {브런치}

아침과 점심 사이에 먹는 식사로 조식의 BR과 런치의 UNCH로 만들어진 합성어이다.

Brunoise {브로노와즈}

야채를 주사위 모양으로 네모나게 자르는 방법이다.

Bucket {버킷}

프런트 데스크에서 객실번호 순으로 고객원장(Guest Folio)을 철하여 두는 것을 말한다.

Budget {버짓}

호텔 등 기업에서 일정기간 동안(대개 1월 1일~12월 31일) 사용할 예산으로, 예산수립 과정에서 나타나는 예산이다.

Budget Hotel {버짓 호텔}

호텔의 경영 형태 중 하나로, 저렴한 호텔 이용을 희망하는 고객을 대상으로 하며, 간단한 부대시설을 두고 숙박시설을 제공하는 경영방식의 호텔이다. 주로 객실 위주로 영업을 하며 식음료 시설은 1곳을 두고 그곳에서 아침, 점심, 저녁 식사는 물론 바(Bar) 형태로 운영한다.

Buffet {뷔페}

일정한 요금을 지불하고 준비된 음식을 마음대로 먹을 수 있는 식당을 말한다. 음식은 셀프서비스이지만 주류를 제공하거나 때에 따라서는 직원이 제공하는 경우도 있다. 뷔페는 Open Buffet와 Closed Buffet로 나누어지는데, Open Buffet는 우리가 흔히 접할 수 있는 뷔페로 음식이 떨어지면 계속적으로 공급하는 형태를 말하고, Closed Buffet는 예약된 인원에 맞추어 제공되며, 음식이 떨어지면 더 이상 추가 제공되지 않는다.

Build {빌드}

칵테일 기법 중 하나로, 칵테일 재료를 잘 섞기 위하여 젓는 방식이다.

Bulk Purchase {벌크 퍼처스}

대량 구매를 뜻하며, Buy in Bulk와 같은 뜻을 의미한다.

Bungalow {방갈로}

열대지방의 건축양식 중 하나로 휴양지의 숙박시설이나 쉼터로 사용되며, 지붕은 야자나 갈대 잎으로 하여 통풍이 잘 되도록 되어 있다. 우리나라에서도 해수욕장이나 유원지에서 쉽게 볼 수 있으며, 간단한 시설물을 설치하여 단기 숙박객을 대상으로 판매되기도 한다.

Bus {버스}

레스토랑에서 식탁 위의 기물 등을 정리하기 위해 사용하는 바퀴가 달린 운반기구를 뜻하며, 카트와 같은 의미로 사용되기도 한다.

Bus Station {버스 스테이션}

연회장이나 레스토랑에서 여분의 기물이나 글라스, 테이블클로스 등을 잠시 보관하고, 사용된 기물을 주방으로 가져가기 전에 잠시 올려 두는 곳이다.

Business Center {비즈니스센터}

상용고객을 타깃으로 한 호텔의 한 부서이며, 대부분 객실부 소속으로 되어 있다. 비즈니스 고객이 많이 사용하기 때문에 비즈니스 고객을 위한 비서업무, 복사, 팩스, 항공권 확인, 회의실 대여, 관광지 안내 등 다양한 서비스를 제공하는 부서이다.

Business Hotel {비즈니스호텔}
상용고객을 타깃으로 한 호텔로, 비즈니스를 하기 위한 서비스가 제공되며 커머셜호텔(Commercial Hotel)이라고도 한다.

Bussing System {버싱 시스템}
고객들이 사용한 기물이나 접시류 등을 치워주는 시스템이다.

Bus Boy {버스 보이}
레스토랑에서 웨이터를 돕는 접객보조원(Assistant Waiter)으로, 현장실습생의 의미하기도 한다.

Butcher {뷰처}
호텔에서 사용될 고기류 등을 분류하는 곳, 즉 정육점이나 푸줏간으로 이해될 수 있고, 각 영업장에서 사용하기 편리한 크기로 준비하는 곳이다.

Butchering Test {뷰처링 테스트}
원가계산을 하기 위하여 1인분 분량의 재료를 기준으로 표준원가계산을 하기 위한 테스트이다. 이러한 원가계산은 비용 대비 이익에 대한 비율을 산출할 때 사용되기도 한다.

Butler {버틀러}
귀빈층(Executive Floor Lounge; EFL)에서 식음료를 서비스하는 직원을 뜻하기도 하고, 주류관리자를 나타내기도 한다.

Butter Spreader {버틀러 스프레더}
버터를 빵에 바를 때 사용하는 일종의 버터나이프와 같다.

Buy in Bulk {바이 인 벌크}
대량구매로 Bulk Purchase와 의미가 같으며, 원가절감의 효과를 얻을 수 있기 때문에 기업에서 많이 사용하는 구매방식 중 하나이다.

C

CAB {Civil Aeronautics Board}

미국 내 항공사 요금과 항로를 규정하는 '항공위원회'를 뜻한다.

Cabana {커바나}

호텔 본관으로부터 분리되어 수영장이나 해변가에 위치한 호텔 객실을 뜻하며, 침대가 없을 수도 있고 오두막과 같은 뜻으로 해석할 수 있다. 그리고 특별한 목적이나 행사를 위하여 사용되는 임시 구조물도 이에 포함된다.

Cabaret {카바레}

음악과 춤을 즐길 수 있는 시설을 갖춘 서양식 고급 술집을 뜻한다.

Cabbage {캐비지}

일반적으로 양배추라 불린다. 겨자과에 속하는 2년생 채소로 원산지는 유럽이나 현재는 전 세계에서 널리 재배되어 가정용으로도 많이 사용되는 채소이다.

Cabin Attendant {항공기 승무원}

항공기 내 고객이 편안하고 안전하게 여행할 수 있도록 보살펴 주는 사람으로, Cabin Crew라고도 한다.

Cacao {카카오}

겉모양은 오이와 비슷한데, 속에 있는 씨를 말려 가루로 만든 것이 코코아이다. 이것은 초콜릿이나 과자의 원료로 사용된다.

Cacciatore {카시아토래}

닭고기를 뜻하는 이탈리아 용어로, 버섯이 들어간 토마토소스로 요리한 닭고기 요리이다.

Cadamon {카다몬}

주산지로는 인도, 스리랑카, 중앙아프리카 등이 주산지이며, 생강과 같은 식물로 특유의 향을 내며 빵, 파이, 커피 등에 사용된다.

Café Alexander {카페 알렉산더}

커피, 브랜드, 카카오의 향이 어우러진 전통적인 커피 메뉴인데, 냉커피를 만들어 브랜디와 크림 드 카카오를 넣은 후 생크림을 얹는다.

Café au Lait {카페오레}

커피와 우유가 들어간 프랑스 풍 커피로, 보통 커피의 40% 정도 진하게 추출한 후 설탕과 커피, 우유를 부어 만든 커피의 한 종류로, 화이트 커피라고도 한다.

Café Cappuccino {카페 카푸치노}

시나몬(계피) 향이 들어간 이탈리아의 대표적인 커피로 시나몬 커피라고도 부르며, 추출한 커피에 설탕 시럽을 넣고 위에 계핏가루를 뿌린 것이다.

Café Espresso {카페 에스프레소}

이탈리아 전통 카페로 크림 카페라고도 하며, 주로 식후에 즐겨 마시며 지방이 많은 요리를 먹은 후에 적합한 커피이다.

Café Filtre {카페 필트러}

여과한 커피를 총칭한다.

Café Kahlua {카페 칼루아}

칼루아란, 리큐르의 술 종류 중 하나로, 멕시코의 테킬라의 일종이다. 칼루아의 향기와 커피의 맛이 어우러진 커피의 일종이다.

Café Mexicana {카페 멕시카나}

뜨거운 스페니시 커피에 브랜디와 칼루아 크림과 함께 얹은 것을 말한다.

Café Napoliano {카페 나폴리아노}

이탈리아에서 모닝커피를 이렇게 표현하며, 뜨거워야 제 맛을 느낄 수 있다.

Café Noir {카페 느와르}

크림이나 밀크가 가미되지 않는 커피, 즉 블랙커피로 불린다.

Café Royal {카페 로열}

나폴레옹이 즐겨 마셨던 커피라고 하여 붙여진 이름으로, 진하게 추출된 커피 위에 각설탕과 브랜디를 넣은 스푼을 걸치고 브랜디에 불을 붙이면 브랜디의 불꽃이 환상적인 분위기를 연출한다.

Cafeteria {카페테리아}
최근에는 Cafe'라고 불리며, 간단한 식사와 커피나 차를 마실 수 있는 레스토랑이다.

Cage {케이지}
카지노에서 현금을 담당하는 창구를 뜻하고, 직원의 호칭을 캐셔라고 하며, 케이지는 재정 또는 회계부서에 속한다.

Cake {케이크}
베이커리에서 판매하는 빵의 한 종류이다.

Cake Hoop {케이크 후프}
구멍이 나 있는 케이크를 만드는 틀을 말한다.

Cake Tins {케이크 틴스}
케이크를 만들 때 사용되는 다양한 틀을 뜻한다.

Calf {카프}
태어난 지 1년 이하의 송아지를 뜻한다.

Call Accounting System {전자교환시스템}
호텔정보 시스템, 즉 HIS(Hotel Information System)과 연결되어, 고객이 호텔 내에서 사용 발생하는 다양한 요금 또는 전화요금이 프런트 데스크의 고객 폴리오가 자동 입력되는 시스템이다.

Call Book {콜 북}
벨 데스크에서 사용하는 로그 북과 같다.

Call Sheet {콜 시트}
교환실에서 사용하는 서식으로, 모닝콜을 요청한 객실번호와 시간을 기록하기 위한 서식을 의미한다.

Calolines {칼로리느}
조그마한 통을 만들어 밀가루 반죽을 넣은 다음 익히는 것이다.

Calvados {칼바도스}
프랑스 노르망디 지방에서 생산되는 사과 브랜디로 알코올 함유가 43%이다.

Casserloe {캐서롤}
식탁에 올리는 뚜껑 있는 찜 냄비, 자루 달린 냄비를 뜻하기도 하고, 음식을 담는 손자루 달린 냄비를 뜻하기도 한다.

Comp Grounds {캠프 장소}
야영을 희망하는 사람들을 위하여 상 · 하수도, 화장실, 주차 등 시설을 갖추고 있는 특별한 장소이다.

Camp on {캠프 온}
객실 또는 구내전화 연결 시 통화 중일 때 캠프 온을 작동한 후 기다리면 통화 중이던 전화가 끝남과 동시에 자동 연결되는 시스템이다.

Campari {캄파리}
이탈리아 전통 식전주로 붉은색을 띠며, 온더락 또는 오렌지주스, 소다수에 넣어 마신다.

Canadian Whisky {캐나디언 위스키}
캐나다에서 생산되는 위스키를 말하며, 캐나다 주정부에서 관리한다. 맥아 51%와 곡류를 혼합한 다음 오크통에 보관한다. 알코올은 40% 이상이어야 한다.

Canape Tray {카나페 트레이}
간단한 안주류를 서브할 때 사용하는 작은 쟁반으로, 스탠딩 파티를 할 경우 많이 사용된다.

Cancellation {예약취소}
고객이 예약한 객실 또는 레스토랑 등을 고객의 요구에 의해 사전 취소하는 것을 말한다.

Cancellation Bulletin {예약취소 공시}
예약 취소에 대한 고시, 공고, 게시판과 같은 뜻으로, 요주의 인물명부(Black List)라고도 표현한다.

Cancellation Charge {취소요금}
고객이 예약한 호텔객실 또는 영업장을 일방적으로 취소하여, 호텔에 피해를 입힐 것을 대비하여 일정비율 취소요금을 징수하는 것을 말한다. 객실의 경우 하

루 전 취소 시는 객실요금의 20%, 당일 오전 50%, 당일 오후는 80% 지급을 규정하고 있다(1994년 7월 1일 이후). 하지만 최근에는 예약고객이 투숙하지 않더라도 고객관리 차원에서 위약금을 요구하지 않는다.

Cancelloni {카넬로니}

이탈리아요리로 연한 파스타에 크림치즈, 생선, 시금치 등을 채워서 토마토소스를 위에 올리고 그라땅(Gratin)하여 제공한다.

Candied {켄디드}

과일이나 껍질을 설탕에 조린 것으로, 제과 재료로 사용한다.

Candying {캔딩}

과일과 야채를 걸쭉하고 달콤한 시럽을 만들어 요리하는 것이다.

Canopy {캐노피}

건물 현관입구 위의 차양 모양의 덮개를 뜻하기도 하고, 비행기 조종석의 투명한 덮개를 의미하기도 한다.

Cantal {캉탈}

프랑스산의 경질치즈로 압착하여 만든 대형의 원추형이며, 겉 표면은 회색에 가깝고 속은 엷은 황색이다.

Canteen {캔틴}

구내식당이나 구내매점을 뜻하며, 스태프 캔팅(Staff Canteen)은 종업원 식당을 뜻한다.

Canvas Wagon {캔버스 웨곤}

비품이나 린넨 등을 실어 나르는 카트의 일종이다.

Capacity {수용능력}

어떤 시설물을 그대로 유지하면서 이용에 제공될 수 있는 수용한계를 말한다.

Caper {케이퍼}

지중해 연안국가에서 생산되는 향신료로 이탈리아와 마조르카 지방이 원산지이다. 소금물에 저장했다가 물기를 빼서 식초에 담가 놓았다가 사용한다.

Capital Arrangement {캐피탈 어레인지먼트}
대차대조표의 계정 배열방법의 하나로, 유동성 배열법과 반대의 순서를 택하는 방법이나 이연계정은 자산의 맨 끝에 기재되는 것이 보통이다.

Capital Surplus {캐피탈 서플러스}
자기자본의 증감을 가져오는 자본거래에서 생긴 잉여금을 말한다. 자본잉여금에 속하는 것은 주로 주식발행 초과금, 고정자산평가 차액, 감가 또는 합병 차액, 재평가 적립금 등이 있다.

Cappuccino {카프치노}
카페 카프치노와 같은 뜻이며, 시나몬(계피)향이 들어간 이탈리아의 대표적인 커피로 시나몬 커피라고도 부르며, 추출한 커피에 설탕 시럽을 넣고 위에 계핏 가루를 뿌린 것이다.

Captain {캡틴}
선박이나 항공기의 선장 또는 기장을 의미하지만, 레스토랑에서 접객 조장, 현관서비스 분야에서 벨 캡틴을 통상 캡틴으로 호칭한다.

Captain's Order Pad {주문서}
호텔 레스토랑에서는 캡틴이 주문을 받게 되는데, 이때 고객으로부터 주문을 받아 기록하는 주문서이다.

Car Jockey {카 조키}
호텔이나 대형 공공장소에 다량의 차량이 들어오게 되면 대신 주차를 해주는 주차대행 요원을 말한다.

Carafe {카라페}
마개가 있는 식탁용 유리병으로, 하우스와인을 담아 제공하는 디캔터(Decanter)이다.

Caramelize {캐러멜라이즈}
요리 시 첨가물이나 색소로 사용하기 위해 굵은 설탕을 황갈색으로 녹여 만든 다.

Caramelizing {캐러멜라이징}
설탕 넣은 음식물을 갈색으로 변하게 될 때까지 열을 가하여 특유의 향내가 나

오게 하는 것이다.

Caravansary {캐라반서리}
고대 동양의 실크로드의 중앙에 큰 안뜰이 있는 숙박시설로 커다란 여관을 의미한다.

Caraway {캐러웨이}
원산지가 유럽과 시베리아, 북페르시아와 히말리아로, 이곳에서 재배되는 향신료는 은은한 맛과 향을 가지고 있으며, 빵이나 치즈, 구운 과자에 사용하며, 특히 계피와 혼합하여 사용하면 식품의 악취를 제거한다.

Carbonated Drink {탄산음료 : Carbonated Beverage, Sparkling Beverage}
탄산가스를 함유하고 있는 음료를 총칭하며, 탄산가스 때문에 마실 때에는 청량감을 준다. 최근에는 감미료, 착향료 등을 넣어 맛이나 향기를 나게 한 탄산음료가 상품화되어 시판되고 있다.

Cardinal Sauce {카디널 소스}
붉은색의 소스로 카디널(Cardinal)은 '가톨릭교의 추기경'이라는 뜻으로, 추기경의 붉은색 법의와 모자를 비유하여 이름 지은 소스이다. 베샤멜소스에 생선을 조려서 나온 즙을 섞고 새우, 버터를 가미한 것이다.

Car Jockey Service {대리주차 서비스}
호텔의 현관서비스의 하나로, 호텔고객의 차가 도착하면 직원이 직접 운전하여 전용주차장에 주차해 주는 서비스이다. 또한 고객의 신속한 호텔 출입을 위한 주차대행 서비스로 Valet Parking Service이라고도 한다.

Carp {잉어}
흐르는 물이나 연못에 서식하며 등뼈 물고기로 분류되며 종류에는 Mirror, Scale, Leather 3종이 있다. 육질은 부드럽고 소화가 잘되며 겨울철에 좋다.

Carpet Filter {카펫 휠터}
카펫의 탄력을 위하여 밑에 넣은 휠터를 뜻한다.

Carpet Guard {카펫 가드}
카펫이나 소파세트의 천을 보호하고 탈색을 방지하는데 사용한다.

Carrier {커리어}
항공기로 고객을 수송하는 항공사로, 이전에는 Airline 대신 이 용어를 사용하였다.

Carrot {당근}
미나리과에 속하는 1년생 또는 2년생인 당근은 다양한 용도로 쓰이는 야채로서 다른 식품과 요리하거나 단독으로 사용되기도 하며, 비타민A가 풍부하여 많은 음식에 색과 맛을 더해주며 고당분을 함유하고 있다.

Carry on Luggage {수하물}
손으로 운반하기 어려운 대형화물을 탑승시 화물로 붙이고, 가볍거나 작은 화물은 고객에 의하여 기내에 반입되는 수하물이다.

Carry Over Cooking {케리 오버 쿠킹}
음식을 조리할 때 뜸을 들이는 것을 말한다.

Cart {카트}
호텔의 벨 데스크에서 많이 사용되며, 연회장 등에서 사용하기도 하는 것으로, 짐을 나르는데 사용되는 두 바퀴 달린 수레를 뜻한다.

Cart Service {카트서비스 : Weagon, Trolley, Gueridon}
카트서비스는 주방에서 고객이 요구하는 종류의 음식과 그 재료를 카트에 싣고 고객의 테이블까지 와서 고객이 보는 앞에서 직접 조리하여 제공하는 서비스 형태이다. 일명 프렌치 서비스라고도 하는데, 가장 호화롭고 쇼맨십도 요구된다.

Carte {카르트}
식사의 메뉴 또는 식단을 의미한다.

Carte De Jour {카르트 드 조르}
당일 특별 메뉴를 뜻한다.

Carver {카버}
고기를 써는 사람 또는 아이스 카빙과 같은 조각사를 의미한다.

Carving {카빙}
조각을 뜻하기도 하며, 통째로 익힌 고기를 같은 크기로 잘라 서브하는 것을 뜻하기도 한다.

Casein {카세인}
염소 젖 속의 주요 단백질로서 치즈의 주재료가 된다.

Cash Bar {캐쉬 바}
고객이 술값을 현금으로 지급하는 연회장 내의 임시적으로 설치하는 간이 바를 의미한다.

Cash Disbursement {현금 지출금}
고객에게 빌려주는 현금을 말하며, Cash Paid-out과 같은 의미로 쓰인다.

Cash Desk {캐쉬 데스크 : Cashier Table}
계산대를 뜻하며, 캐쉬 카운터라고도 한다.

Cash Drawer {금전등록기 : Cash Register}
프런트 데스크에서 캐셔 업무를 담당할 때 카드영수증, 주화, 지폐 등을 종류별로 넣는 서랍을 뜻한다.

Cash on Delivery System {Self Service System}
메뉴를 주문하고 요금을 선납하는 경우 메뉴 항목을 등록한 후, 프린터기에서 주문서와 영수증을 출력시켜 영수증은 고객에게 전달하고, 주문서를 주방 또는 바 카운터에 제시하여 음식을 제공받아 고객이 직접 운반하는 방식이다.

Cash Out {캐쉬 아웃}
호텔 캐셔는 근무 종료 시 당일의 업무를 마감하여 매출 및 결산을 보고하고, 직무를 마치는 것을 말한다.

Cash Over and Short Account {현금과부족 계정}
이것은 내부통제 제도의 일부로서 감사자에 의해 즉시 현금보유 상태가 파악되는데, 현금 보유액과 서류상 잔고가 일치되어야 한다. 현금이 부족되는 경우가 있는데, 이것을 현금 과부족이라 한다.

Cash Paid-out {현금지출}
고객에게 현금을 빌려주는 경우이다. 물론 고객의 계좌에 빌려준 현금과 일정 수준의 커미션을 고객원장에 차지(Charge)한다.

Cash Register {캐쉬 레지스터}
프런트 데스크에서 현금거래를 등록하는데 사용되는 기계이다.

Cash Sheet {캐쉬 시트}
현금수급에 대한 보고서로서 원장이 아닌 오피스 수납원에 의해 통제 보관되는 현금수급 기록표인데, 프런트 오피스 캐쉬 시트(Front Office Cash Sheet)라고도 한다.

Cash Transactions {현금거래}
현금거래는 현금의 수입이나 지출이 수반되는 거래이다. 현금거래는 수입을 가져오는 입금거래와 지출을 하게 되는 출금거래로 구분된다.

Cashier {캐셔}
호텔 또는 레스토랑 등에서 서비스 또는 상품에 대한 금액을 받는 사람으로, 현금이나 화폐를 교환하거나 보유하고 있는 사람을 뜻하기도 한다.

Cashier Drop {캐셔 드롭}
각 영업장 회계원은 영업 마감 시 당일 매출액을 프런트 데스크에 위치한 별도로 예치하는 금고이다.

Cashier Report {출납 보고서}
각 영업장 종료 시 캐셔에 의해서 작성되는 입금액 명세서로, 현금입금 봉투에 입금 내역을 미리 인쇄하여 사용함으로써 내용을 정확하고 신속하게 파악할 수 있게 되는데, 이를 캐셔 엔벨로프(Cashier Envelope)라고도 한다.

Cashier Well {캐셔 웰 : Tub Bucket, Pit}
계산이 정산되지 않은 고객폴리오 파일철을 뜻한다.

Casino {카지노}
어원은 중세 이탈리아의 귀족 별장에서 비롯된 단어로 18세기경 도시나 해변 등지의 호텔이나 별장에서 도박, 춤 등 사교를 위한 오락시설이었다. 현재 이용 형태는 각 국가마다 차이가 있는데, 우리나라의 경우는 정선에 있는 강원랜드 카지노를 제외한 모두 외국인 전용 카지노이다.

Casino Bar {카지노 바}
카지노에 입장하는 고객에게 주류, 음료, 식사 등을 무료로 제공하며, 이곳에 종

사하는 직원으로는 바텐더, 조리사, 웨이트리스 등이 있다.

Casino Floor Person {카지노 플로워 퍼슨}

카지노의 게이밍 테이블의 배열에 따라 정해진 담당지역 안에서 직원 또는 고객 사이에 일어날 수 있는 환경을 책임지는 지배인을 뜻한다.

Casino General Manager {카지노 GM}

카지노 운영의 최고 책임자로서 각 고용부서와 카지노 실비 등 운영에 대한 전반적인 책임자를 말한다.

Casino Hotel {카지노 호텔}

카지노 호텔이란, 호텔 내에 부대시설로서 일종인 갬블링 시설을 갖추어 놓고 영업을 하는 호텔을 말한다.

Casserole {캐서롤}

식탁에 올리는 뚜껑 있는 찜 냄비, 자루 달린 냄비를 뜻하기도 하고, 음식을 담는 손자루 달린 냄비가 있다.

Caster Set {캐스터 세트 : Boat Set}

양념 세트로 소금, 요지, 후추 등의 세트를 말하며, 센터피스라고도 한다.

CAT {City Air Terminal}

도심에 위치한 공항터미널로, 화물을 공항까지 운반할 필요가 없어 이용자들이 증가하는 추세이다.

Catalonia {카탈로니아}

카탈로니아는 스페인의 지중해 연안에 위치하고 있는 지역 이름이며, 드라이 화이트 와인이기도 하다.

Cater {케이터}

음식물을 조달 또는 장만하거나 준비하다는 뜻이다.

Caterer {커이터러}

서비스를 위한 목적으로 음식을 조리하거나 공급하는 사람을 뜻한다.

Catering {케이터링}

최근에는 Catering Industry이라는 산업도 생기고 협회도 있을 정도인데, 케이터링은 지급 능력이 있는 고객에게 조리되어 있는 음식을 제공하는 것을 뜻한다. 실질적으로 호텔에서는 파티나 음식료서비스를 위하여 테이블, 의자, 기물 등을 고객의 가정이나 특정 장소로 이동하여 서비스를 하는, 즉 출장서비스를 뜻한다.

Cauliflower {콜리플라워}
양배추꽃이다. 즉 양배추과의 식물로 기호도가 높으며, 종류로는 Paris Caulifower, Dutch Cauliflower 등이 있다.

Caviar {캐비아}
철갑상어의 알로, 소금에 절이고 물기를 뺀 알젓을 말한다.

Cayenne {카이엔}
고추, 고춧가루를 뜻하며, 원산지는 열대 아메리카이며, 잎은 무쳐서 나물로 먹고 열매는 빻아 주로 조미료로 사용한다.

C.C.TV {유선 텔레비전}
폐쇄회로 TV로 Closed Circuit Television의 약자이다.

Celeriac {셀러리아크}
미나리과에 속하는 채소의 하나로 샐러리의 변종이며, 살은 희고 향기가 있는데 생식에는 적당하지 않고 수프 또는 스튜에 넣어 맛을 낸다.

Celery {샐러리}
미나리과에 속하는 풀로, 유럽의 해안지방이나 토양 수분이 풍부한 지방에 야생하였으나 전체에 향기와 단맛이 있어서 재배하여 식용으로 쓰이는데, 렐리시, 샐러드, 생선요리에 사용된다.

Celery Stalks {셀러리 줄기}
샐러리의 독특한 맛과 향은 줄기, 잎, 씨에 휴발성 기름이 함유되어 있고, 그 내부의 섬유질은 상당히 부드럽다.

Cellar Man {샐러 맨}
호텔의 식음료창고 관리인으로, 와인 등 주류를 관리하는 관리자이다.

Center Piece {센터 피스}
식탁 세팅 시 중심이 되는 집기로 소금, 후춧가루, 꽃병, 촛대, 소스병 등이 있다.

Center Table {센터 테이블}

소파와 안락한 의자 중간에 놓은 테이블이다.

Central Processing Unit {CPU}

중앙처리장인 CPU는 명령어들의 해석 및 실행을 통제하는 회로가 있는 컴퓨터 시스템의 일부로서 중앙처리장치라 부른다.

Cereal {시리얼}

주로 조식에만 제공되는 곡물요리로서 뜨겁게 제공되는 Hot Cereal과 차게 제공되는 Cold Cereal이 있다. 찬 시리얼은 콘플레이크와 같이 건조한 상태의 식재이므로 드라이 시리얼이라고도 한다. Hot Cereal에는 Oatmeal, Cream Wheat가 있고, 드라이 시리얼에는 Conflakes, Puffed Rice가 있는데 우유가 함께 제공된다.

Chafing Dish {채핑 디쉬}

음식을 계속 보온할 수 있도록 만들어진 용기로, 보통 뷔페식당에서 더운 음식물을 제공할 때 쓰인다.

Chain Hotel {체인호텔}

일반적으로 2곳 이상의 숙박시설을 한 기업이 운영할 때 체인 시설이라 부르며, 세계 체인호텔의 발달은 1907년 리츠 개발회사가 뉴욕시의 리츠칼튼호텔에서 리츠라는 이름을 사용하는 프랜차이즈 계약을 효시로 시작되었다. 1949년 힐튼 인터내셔널이 미국 힐튼 본사로부터 독립하여 미국 이외의 나라에 있는 힐튼을 자회사로서 독립경영하면서 오늘날의 체인 호텔경영의 개념을 설정한 창시자가 되었다. 체인호텔은 운영방식에 따라 다양하게 분류되는데 다음과 같다.

첫째, 경영 협약체인(Management Contract)은 호텔의 모든 경영을 책임지는 것으로, 계약자는 총지배인과 관리자들을 배치하여 호텔의 경영을 감독하고 실제로 운영하도록 되어 있으나 자본은 투자하지 않으며 위험이나 손실에 대해서도 책임을 지지 않는다.

둘째, 프랜차이즈는 특허권 사용이란 뜻으로, 호텔 체인본부로부터 체인에 가입한 다음 일반체인의 호텔과 동일한 등록상표를 사용하며 영업하는 방식이다. 경영계약과 비슷하나 이 방식은 경영기법, 마케팅 등 관리를 받지만, 투자는 하지 않으며 경영에 대한 책임은 투자자가 맡는다.

셋째, 리퍼럴 그룹은 중소기업이 대기업의 환경에서 살아남기 위해서 자구책으로 체인 경영식을 조직한 경영방식이다.

넷째, 임차경영(Lease Management)은 토지 및 건물의 투자에 대한 자금조달 능력이 충분하지 않은 기업이 제3자의 건물을 임차해서 호텔기업을 경영하는 경우인데, 초기투자가가 많이 들어가지 않는 장점이 있다.

체인호텔의 장점과 단점을 살펴보면 다음과 같다. 첫째, 체인호텔 경영의 장점은 대량구입으로 인한 원가절감이 가능하고, 공동선전에 의한 효과적인 광고 효과, 체인예약 프로그램의 효율적 활용, 전문가의 양적 · 질적 활용, 둘째, 체인호텔 경영의 단점은 로열티의 과다한 지급, 경영의 불간섭, 부당한 인사, 인건비 및 기타 경비의 과다 지출, 최소한의 수익이 보장되어 있지 않다는 것이다.

Chair Bed {체어 베드}

긴 의자로 침대겸용으로도 사용 가능한 소파를 뜻한다.

Chalet {샬레}

피서지에서 산장이나 별장을 말하기도 하지만, 본래 뜻은 방갈로와 같은 숙박시설로서, 스위스의 시골에 많으며 차양이 길게 있는 특색 있는 농갓집을 의미한다.

Chamber Maid {챔버 메이드}

호텔객실의 청소와 정돈을 담당하는 룸 메이드를 뜻한다.

Chamber-pot {챔버포트}

실내용 변기를 뜻하는데, Lavatory라고도 한다.

Chambraise {샴브레이스}

야생딸기를 원료로 만든 프랑스산 리큐르이다.

Champagne {샴페인}

와인을 1차 발효 후 효모를 넣어, 재차 발효시킨 포도주이다. 프랑스 샹파뉴 지방에서 생산되는 것만을 샴페인으로 불리며, Sparkling Wine(천연 발포성 포도주)은 축배용으로 이용되는 대표적인 술이다.

Change Booth {체인지 부스}

교환과 관련된 여러 가지 의미로 사용될 수 있으나, 화폐 교환소를 뜻한다.

Chandelier {샹델리아}

호텔이나 대형빌딩의 로비나 설치된 것으로, 팬던트 램프(Pendent Lamp)라고도 한다.

Channel {정보 흐름}

데이터의 출처와 목적지 사이에 전송신호를 위한 통로라고 할 수 있다.

Charcoal Broiler {차콜 브로일러}

석쇠 밑에 용암을 깔고 위에 숯불을 피워 사용하거나 가스를 사용한다. 주로스테이크나 바비큐 조리 시 많이 사용한다.

Charet {샤레트}

최상급의 보르도 와인을 부를 때 사용되는 용어이다.

Charge {요금}

지불해야 할 금액 또는 외상의 뜻을 내포하고 있는 단어로, 요금을 부과하거나 지급을 청구한다는 뜻이다.

Charge Collect {차지 콜렉트}

요금을 지인 또는 거래처 등 상대방이 지급하는 제도이다.

Charter {차터}

일반적으로 항공기나 버스 등 대형인 것을 대여 또는 전세를 할 때 Charter를 사용하며, 승용차와 같은 것을 대여할 때는 Rent라고 한다.

Charter Plane {차터 플레인}

항공기 대절을 원하는 사람이 원하는 장소 또는 원하는 시간에 닿을 수 있도록 하는 전세비행기를 뜻한다.

Chartreuse {샤르트르즈}

약초와 향료를 사용하여 만든 프랑스산 리큐르의 명칭은 샤르트스라는 수도원의 이름을 그대로 사용하고 있다. 조제법은 공개되지 않고 있으며, 리큐르(45~55도)의 여왕이라 불릴 정도로 유명한 술이다.

Chaser {체이서 : 독한 술 뒤에 마시는 음료}
뒤쫓는 자란 뜻으로, 독한 술 따위를 직접 스트레이트(Straight or on The Rocks)로 마신 후 뒤따라 마시는 물 혹은 청량음료를 뜻한다.

Chateau {샤또}
프랑스 보르도 지역에서 와인을 생산, 저장할 수 있는 시설을 갖춘 와이너리에 붙여진 이름이다. 또한 다른 뜻으로는 숙박시설로 Mansion이라고도 하며, 빌라보다는 규모가 크고, 관광지에 위치한 소규모의 숙박시설로 보통 100실 이내를 말하며, 건축양식이 복고적 중세풍의 지붕양식이나 프랑스의 성과 같은 저택으로 주변에 골프장과 승마장 시설을 갖추고 있다.

Chateau Briand {샤또 브리앙}
안심 스테이크를 뜻하며, 파슬리를 곁들인 갈색 또는 Spainish Sauce와 함께 제공되는 두터운 허릿살을 뜻한다.

Chateau Wine {샤또 와인}
프랑스 보르도 산의 유명한 포도주로, 여기서 Chateau는 성을 뜻한다.

Chantilly Sauce {찬틸리 소스}
베샤멜소스에 휘핑크림을 첨가하여 만든 소스이다.

Chaud Froid {쇼 프로와}
젤리 모양의 흰색 소스로, 전시용의 특정요리를 장식하는 데 사용한다.

Check Room {체크 룸}
호텔에서 고객의 수하물(모자, 외투, 가방, 책 등)을 보관 해주는 장소이다.

Check-in {체크인}
호텔 객실예약과에 예약된 손님이 호텔 프런트 데스크에 도착하면, 룸 클럭(Room Clerk)은 투숙 업무가 진행된다. 고객이 도착하면 고객의 인적사항을 등록카드에 기록한 후 고객을 객실로 안내하기까지의 모든 행위를 투숙이라고 한다.

Check-out {체크아웃}
프런트 데스크에서 고객과의 마지막 접점 서비스는 퇴숙 절차이다. 퇴숙은 고

객의 정산을 마치고, 객실을 비우며 객실 열쇠를 반환한 후 호텔을 떠나는 것을 말한다.

Check Out Time {퇴숙시간}

고객이 객실을 비워야 하는 시간(Check Out Time)이 되거나 추가요금이 부과되는 시간의 한계점으로 정오(12 : 00)를 기준으로 삼고 있다. 그러나 최근 호텔의 귀빈층(Executive Floor) 고객들에게는 퇴숙 시간을 오후 3시까지 연장되고 있는 경우도 있다.

Check Out Procedure {퇴숙 절차}

고객이 퇴숙을 하기 위한 것으로, 호텔 내에서 사용한(객실, 식음료, 세탁물 등 기타) 것을 결재하는 과정을 뜻한다.

Checker's Sheet System {체커스 시트 시스템}

식음료 회계시스템으로, 식음료 매출기록을 하고 관리하는 시스템이다.

Checking Machine {체킹 머신}

호텔의 식음료 매출기록 및 관리의 방법을 용이하게 하기 위하여 식음료 회계시스템에서 사용하는 금전등록기의 일종이다.

Cheddaring {체다링}

치즈제조 공정 중 엉겨 굳어진 것(Curd)을 Cutting한 뒤, 치즈의 양쪽으로 쌓아 올려놓은 조각을 말한다.

Cheddar Cheese {체다치즈}

원산지는 영국이지만 세계에서 가장 많이 만들어지는 치즈로, 미국에서는 그냥 치즈라고 말할 때에는 체다치즈를 가르킨다. 살균한 우유를 이용하여 만들며 색깔을 크림색, 상아색, 천연의 식물성 색소인 붉은색을 띠기도 한다.

Cheese {치즈}

우유나 산양유 등을 유산균을 발효시켜 지방, 유당 및 무기물 등과 함께 응고 시킨 후 발효하여 만든 것을 일반적으로 치즈라고 한다.

Chef {주방장}

레스토랑의 주방장(Kitchen Chief or Chef de Cuisine)을 일컫는다.

Chef de Partie {조리장}

직속상관은 주방장이며, 그의 주된 임무는 자기 주방요원들의 근무스케줄을 작성하고, 기술적인 면에서 소속 조리사들을 교육 훈련시켜 요리를 제대로 조리할 수 있도록 하여야 한다. 영업전에 최종적으로 준비점검을 실시하고, 종료 후 마지막 점검도 한다.

Chef de Rang {쉐프 드랭}

프렌치서비스 형태로 쉐프 드랭은 스테이션 웨이터(Station Waiter) 근무조의 조장으로, 2~3명의 웨이터와 더불어 자기 스테이션에 배정된 테이블서비스를 책임진다.

Chef de Vin or Sommelier {쉐프 드뱅 혹은 소믈리에}

소믈리에는 고객으로부터 음료에 대한 모든 주문(Wine, Whisky, Beer, Soft Drink)을 직접 받고, 바에 주문하여 테이블에 서브하는 임무를 띤 직원이다.

Cherries Jubiles {체리 주빌레}

약간 걸쭉하면서 진한 색의 달콤한 체리주스이다.

Cherry {체리}

벗나무과의 열매로 검붉고 까만색을 띠고 있으며, 맛은 달콤하다.

Cherry Hearing {체리 히어링}

체리를 원료로 만든 덴마크산 빨간색의 리큐르를 뜻한다.

Chervil {체르빌}

서부아시아 또는 러시아 코카서스가 원산지인 미나리과 향초이다.

Chest of Drawers {서랍장}

객실에 있는 여러 가구 중 서랍이 달린 옷장을 뜻한다.

Chicken Broth {치킨 브로드}

닭고기와 야채를 치킨 부용에 넣고 끓인 수프이다.

Chicken Cutlet {치킨커틀릿}

닭고기에 달걀을 바르고, 밀가루 또는 부침가루를 버무려 기름에 튀긴 것이다.

Chicken Gumbo {치킨 감보}
치킨 부용(맑은 고기 수프)에 닭고기와 오크라(야채이름)를 넣고 야채를 잘게 썰어 놓은 수프이다.

Chicory {치커리}
잎은 주로 샐러드로, 뿌리는 얇게 썰어서 말려 볶아 음식 재료로 사용한다.

Chili {칠리}
매운 고추이며, 칠레 고추(열대 아메리카가 원산지)로 불리기도 한다.

Chili Powder {칠리 파우더}
열대 아메리카의 고추의 일종으로 매운 맛과 약간의 단맛이 돈다. 멕시코요리에서는 기본으로 쓰이는 조미료이다.

Chili Sauce {칠리소스}
칠레 고추를 넣은 토마토소스이다.

Chilicon Cane {칠리콘 카네}
칠레 고추를 넣은 고기 및 콩 스듀로 한 멕시코요리이다.

Chilled Water {음료용 냉각수 : Potable Water, Cold Water, Cool Water}
남미 쪽이 호텔을 보면 세면대에 냉 · 온수 수도꼭지 외에 제3의 수도꼭지를 설치한 곳이 많다. 이 수도꼭지는 냉 · 온수 수도꼭지보다 길고 가늘며, 옆 부분에 버튼이 부착되어 이 버튼을 누르면 냉각수가 나온다.

Chilling {냉각}
음식물이나 포도주 글라스 등을 차게 하여 냉각시키는 것을 뜻한다.

China Ware {도기류}
도기류는 대부분의 경우 주방에서 취급되지만, 요즈음에는 레스토랑 지배인 또는 기물관리 담당자 주관 하에 취급된다. 도기류도 서비스를 담당하는 부서의 철저한 관리와 청결이 확인된 후 사용되어야 한다.

Chiness Cabbage {차이니즈 캐비지}
속이 단단하게 차 있으며 샐러리와 비슷하며, 우리나라에서는 물김치를 담그는데 사용한다.

Chit {치트}

식음료용 계산서로 레스토랑 등에서의 청구전표를 뜻하며, Check, Restaurant Bill로도 불린다.

Chit Style {치트 스타일}

식음료의 계산서를 영어로는 Check, Chit 또는 Restaurant Bill이라 부른다. 이 계산서 전표 4Copy는 주문용과 계산용으로 분류되기도 하고, 개별적으로는 수납용, 청구겸 증빙용, 주방 주문용, 웨이터 확인용으로 쓰인다.

Chit Tray {치트 트레이}

고객에게 잔돈을 거슬러 줄 때 사용하는 작은 쟁반이다.

Chivry Sauce {치브리 소스}

생선에 쓰이는 소스로 베루떼(Veloute)에 타라곤(Tarragon : 사철쑥), 파슬리(Parsley) 등을 다져 넣어서 만든 소스이다.

Chopping {챠핑}

칼이나 예리한 도구로 음식물을 잘게 써는 방법이다.

Chou {슈}

구워진 형태가 흡사 양배추 같다하여 프랑스어로 슈라고 부르는 케이크이며, 속에 여러 가지 크림을 채운 것으로 디저트로 매우 유명하다.

Chowder {차우더}

부용(Bouillon : 맑은 고기 수프)에 조개, 새우, 게살을 넣고 끓여 제공할 때 크랙카를 곁들여 서비스하며, 진한 수프의 일종이다. 이와 같은 종류로는 Corn Chowder, Crab Chowder, Ouster Chowder, Clamchowder 등이 있다.

Chutney {처트니}

인도의 달콤하면서 매운 양념으로, 카레요리와 함께 차려 낸다.

Cider {사이다}

사과를 발효시켜 만든 사과주로, 사과즙을 발효시키지 않은 것은 Sweet Cider, 발효시킨 것은 Hard Cider라고 한다. 우리가 '사이다'라고 하는 청량음료의 일종, 탄산수에 시럽, 과즙 등을 넣어서 만든 것과는 의미가 다르다.

Cidre {시드르}

시드르는 사과주라고도 부르는데, 특히 영국과 프랑스에서는 대중적인 주류로서 널리 음용되고 있으며, 현재 시드르는 요리 및 디저트에 이용되기도 하고 아페리티프 등 폭넓게 쓰이고 있으며 발포성인 것과 비발포성의 두 종류가 있다.

Cinnamon {시나몬 : 계피}

스리랑카, 중국, 인도네시아, 인도차이니가 원산지로, 상쾌한 방향과 매운 맛이 도는 약간의 감미향료이다. 정확히는 스리랑카 산이 시나몬이라고 불리며, 타지역 것은 카시아(Cacia)라고 칭한다.

Cinnamon Toast {시나몬 토스트}

설탕과 계피를 바른 버터 토스트를 시나몬 토스트라고 한다.

CIP {Commercial Important Person}

CIP는 상업적인 거래상으로 중요한 영향력이나 역할을 하는 귀빈을 말하는데, VIP와 같은 의미로 표현하기도 한다.

Citron {시트론}

레몬과 비슷한 식물로, 인도가 원산지로 온대 남부와 열대에서 재배하며, 열매는 살이 희고 신맛과 쓴맛이 나며, 열매껍질은 과자의 원료로 사용한다.

Citron Café Royal {시트론 카페 로열}

카페 로열의 형태를 바꾼 것으로, 노란 레몬색과 파란 불꽃의 조화로 신비로운 분위기를 연출한다.

City Hotel {시티호텔}

시티호텔은 도시 중심지에 위치한 호텔로, 비즈니스와 쇼핑 등이 원활히 이루어지고 있어 주로 비즈니스, 상용, 공용 또는 도시를 방문하는 관광객들에게 많이 이용되고 있다.

City Journal {시티저널}

호텔에 대한 거래의 분개장을 뜻한다.

City Ledger {CL : 미수금원장}

호텔의 외상매출장으로, 비투숙객에 대한 신용판매로부터 발생된 수취원장으로 후불원장 또는 미수금원장이라고도 한다.

City Ledger Journal {미수금 분개장}
미수금원장에 기장될 것을 분개, 기록하는데 사용하는 회계장부이다.

Claim Reservation {크레임 레저베이션}
사전 예약을 하지 않은 상태에서 예약을 하였다고 주장하며 객실을 요구하는 고객 또는 예약을 하고 고객이 도착했으나, 호텔의 실수로 Over-booking(초과예약) 되어 고객에게 객실을 줄 수 없어 고객이 불평을 하는 경우이다.

Claim Check or Stub {물품 보관표}
비행기를 이용한 고객이 도착하여 자신의 짐을 찾기 위해 사용하는 수화물 보관표(2매 1조로 구성) 중 한 부분이며, Claim Tag과도 같은 뜻이다.

Claim Tag {수하물 보관증}
하물을 맡겼을 때의 짐표 또는 수하물 보관표이다.

Clam {크램}
백합과에 속하는 대합조개로, 속살은 맛이 좋아 여러 가지 요리에 쓰인다.

Claret {붉은 포도주}
프랑스 보르도 지방에서 생산되는 진홍색의 적색 포도주를 뜻한다.

Claret Cup {청량음료}
포도주에 브랜디, 향료 따위를 섞어 얼음으로 차게 한 음료이다.

Class {등급}
호텔에서 제시한 통상기준으로서 평균 객실료와 관련된 호텔의 질적 수준을 나타내는 기준이라 할 수 있다.

Clean Up Room {판매가능 객실}
손님의 퇴숙 후 청소가 끝난 객실을 뜻하며, 객실관리 부서의 수퍼바이저 확인 후 판매 가능하다.

Clip Joint {클립 조인트}
카지노에서 속임수 등으로 플레이어를 기만하거나 불법 게임으로 바가지를 씌우는 경우이다.

Clip-ons {삽입카드}

메뉴에 덧붙이거나 삽입하는 조그마한 카드로서, 남는 재료를 이용하여 특별 메뉴를 홍보 판매하기 위하여 짧은 시간에 사용하거나, 그 메뉴가 다 팔리면 즉시 제거하며, 때로는 매진된 품목을 가리는데 사용되기도 하는데 Tip-ons와 같은 의미로 쓰인다.

Cloak Room {휴대품 보관소}

투숙객, 식사, 연회장 방문 등으로 인한 방문고객의 휴대품을 맡아두는 장소를 말한다.

Closed Dates {만실 날짜}

객실예약이 모두 만실(Full Date, Full House)이어서 예약판매가 불가능한 일자를 말한다.

Closet {옷장}

객실 내 벽에 부착된 옷장으로 이동이 불가능한 붙박이 장이다.

Clove {크로브}

목서과에 속하는 낙엽 교목으로 빨갛게 된 꽃봉오리를 따서 말린 것을 정향이라 하여 약재 및 정자유의 원료로 쓰이며, 피클에 사용한다.

CND {Calling Name Display}

고객의 이름과 객실번호가 표시되어 나타나는 전화기로서, 객실이나 외부에서 고객이 호텔로 전화를 하게 되면 등록된 손님 성함과 객실번호, 전화번호가 나타나므로 서비스센터에서 응답 시 항상 이름을 불러주어 서비스의 질을 높일 수 있다.

Coaster {코스터}

컵 밑에 받치는 깔판, 일명 글라스 매트 혹은 텀블러 매트로 불리며, 다양한 제품이 있으나 용도의 특성을 볼 때 수분을 잘 흡수하는 것이 좋다.

Coat {코트}

한 요리를 다른 요리로 덮는 것이다.

Cobbler {코블레}

과일 파이의 일종으로 속이 깊은 접시 파이를 뜻한다.

Cocktail {칵테일}

칵테일이란, 일반적으로 알코올성 음료에다 과즙류 혹은 비알코올성 음료 및 각종 향을 혼합하여 만드는 음료이다. 칵테일은 레시피에 의한 재료를 일정한 분량으로 혼합하여 조주하여야 한다.

Cocktail Basic Technique {칵테일 조주방법}

칵테일에서 사용되는 조주방법의 기본법은 빌드(Build), 스티어(Stir), 쉐이크(Shake), 브랜드(Blend)와 같이 4가지 방법이 있다. 빌드 방법은 서브될 용기나 글라스 안에다 한 가지 재료를 넣어 섞는 방법이고, Stir Method or Mixing Glass (휘젓기 방법) 비중이 가볍거나 잘 섞이는 두 가지 이상의 술을 믹싱 글라스에 넣고 롱 스푼으로 골고루 저어서 스트레이너를 믹싱 글라스에 끼우고 서빙글라스에 걸러 제공하는 방법이다. 그리고 Sake Method(흔들기 기법)는 셰이커 안에 혼합물을 넣어 흔들어서 제공하는 방법인데, 핸드 쉐이킹(Hand Shaking)은 조주기법 중에서 꽃이라고 할 수 있으며 쇼맨십이 필요한 기법이다. Blend Method(블랜드 기법)은 계란, 크림 등 잘 섞이지 않고 거품이 많이 필요한 펀치류와 같은 종류를 만들 때 사용한다.

Cocktail for All Day {올 데이 칵테일}

식전이나 식후에 관계없이 어디서나 어울리는 레저드링크로서 신맛을 동시에 가지고 있으며, 비교적 산뜻하고 부드러운 맛을 내는 것으로 치치(Chee Chee), 마이타이(Maitai), 브랜드사워(Brandy Sour) 등이 있다.

Cocktail Garniture {칵테일 장식물}

칵테일의 기주에다 부재료를 사용하여 색과 맛 그리고 향기를 첨가하는 것으로, 마시는 사람에게 만족을 준다. 과즙으로는 레몬(Lemon), 라임(Lime), 오렌지(Orange), 시럽류로는 플레인 시럽(Plain Syrup), 그리나딘 시럽(grenadine Syrup)과 과실류에는 레몬, 오렌지, 라임, 파인애플, 체리(cherry), 올리브(Olive)가 있다. 그리고 향료로는 박하(Mint), 시나몬(Cinnamon : 계피), 너트메그(Nutmeg : 육두구), 클로브(Clove : 정향)와 청량음료로는 소다수, 광천수, 콜라, 토닉워터, 사이다, 진저에일(Ginger Ale)이 있으며, 기타 부재료로는 생크림, 커피, 계란,

설탕, 꿀, 소금, 후추, 핫 소스가 있다.

Cocktail Lounge {칵테일 라운지}

라운지 옆에 바를 설비하여 양주에서 소프트 드링크까지 음료를 마시면서 담화하는 곳을 라운지라 한다. 대부분의 호텔에는 로비에 위치해 있다.

Cocktail Measuring {칵테일 도량형}

칵테일을 보다 맛있게 제조하여 고객들에게 제공하기 위해서는 정해진 재료를 정량대로 사용하지 않으면 안 된다.

Cocktail Pick {칵테일 피크}

칵테일을 제공시 열매나 과실을 장식용으로 꽂을 때 사용하는 것으로, 목제 및 플라스틱 제품이다.

Cocoa {코코아}

카카오나무의 종자를 말린 가루를 이용하여 음료, 약재, 과자로 이용한다. 단백질, 지방, 무기질 등을 포함하고 있어 영양가가 높으며 소화가 잘 된다.

C.O.D {씨오디 : Collect On Delivery}

대금 교환, 대금 상환을 뜻한다.

Cod {대구}

흰살생선으로, 육식성으로 날카로운 이를 가지고 있다.

Code {코드}

데이터를 전달하는 방식을 나타내는 일련의 규칙 또는 데이터의 의미를 전환할 때 사용하는 규칙으로, 프런트 데스크에서는 다양한 Special Code를 사용한다.

Coddle {코들}

끓는점(100℃) 이하에서 일정시간 동안 삶거나 요리하는 것을 뜻한다.

Coffee {커피}

커피역사에 대한 정학한 문헌은 없으나 커피의 원산지는 에티오피아로 알려져 있다. 에티오피아 원산지의 커피나무 열매는 음료보다는 곡류나 콩 종류같이 분쇄하여 식용으로 사용하면서부터 점차 아라비아 각 지방으로 분포 재배되던 중 의학자들에 의해 커피는 위장의 수축을 부드럽게 해주고 각성제로도 좋은 약이라고 하여 음용되기 시작하였는데, 특히 술을 마시지 못하는 회교국에서는 술 대신 자극성 있는 커피를 마시게 되었다고 한다. 1517년 터키의 세팀1세가 이집트 원정차 방문하였다가 커피를 수입해 들여오게 되었고, 1554년에는 콘스탄티노플에 커피숍이 등장하게 되었다. 그 후 당시에 동서양의 무역 중심지였던 터키에 들린 상인이나 관광객들에 의해 점차 세계적으로 전파하게 되었다. 우리나라에서는 고종32년 을미사변으로 인하여 러시아 공관에 피신중인 고종황제가 처음으로 시음하였다고 한다. 커피를 서브할 때는 한 잔의 양은 10㎖ 정도이고 적정온도는 80~83℃이며 설탕과 크림을 넣었을 때 60~63℃가 적정온도이다.

Coffee Conquest {커피 콘퀘스트}

설탕을 팬에 녹인 다음 커피를 붓고 사과처럼 깎은 오렌지를 넣는다. 오렌지향이 빠지고 난 후 포크와 레들로 껍질을 들어 올려 럼이 흘러내리게 한 뒤 불을 붙인다. Grand Manier를 넣어 오렌지향을 첨가한 휘핑크림을 얹어 제공하는 커피이다.

Coffee Float {커피 플로트}

유리컵에 커피를 붓고 얼음을 넣은 다음 아이스크림을 덮은 후 생크림으로 덮은 커피를 말한다.

Coffee Punch {커피 펀치}

황란과 꿀을 개어 커피를 넣고 잘 저어 브랜디를 휘핑크림으로 덮는다.

Coffee Quality Institute {CQI : 커피품질기구}

커피품질기구는 Coffee Quality Institute의 약자로, 커피 등급을 판정하는 큐 그레이더(Q-grader) 시험을 주관하는 기관이다.

Coffee Run {커피 런}

커피를 데우기 위해 쓰이는 열을 가할 수 있는 전열기이다.

Coffee Shop {커피숍}

고객이 많이 출입하는 장소에서 주로 커피 또는 음료를 판매하면서 고객이 요구하면 간단한 식사도 곁들여 판매하는 카페테리아이다.

Cognac {코냑}

프랑스 코냑지방에서 생산되는 브랜디 명이며, 타 지역에서 생산되는 브랜디는 코냑이라는 이름을 붙일 수 없다.

Cointreau {코인트로}

오렌지향을 가미한 주정 도수가 40도인 프랑스산 무색 리큐르이다.

Cola {콜라}

벽오동과에 속하는 상록 교목으로 원산지는 서부 아프리카이며, 열매는 15cm 가량의 긴 타원형이고, 속에 4~10개의 씨를 갖고 있는데, 카페인과 콜라닌 성분을 함유하여, 콜라 음료의 원료가 되며, 가공처리 하여 레몬, 오렌지, 시나몬, 바닐라 등의 향료를 첨가하여 만든다.

Cold Room {냉동고}

고기, 생선, 과일, 야채 등을 보관하는 장소로서 온도의 차이에 따른 분류로 나누어진다. 최강 냉동고(-18~-25℃)는 식품냉동, 급속냉동을 하며, 일반 냉동고(-1~-13℃)는 신선한 고기나 생선보관을 하게 되며, 냉장고(4~6℃)는 일반 식자재품, 달걀 등을 저장한다.

Collation {간식}

가톨릭에서 단식 일에 점심 또는 저녁 대신에 허용되는 간단한 식사나 간식을 말한다.

Collect Call {수신자 요금부담}

전화요금을 수신자가 지불하는 통화제도로, 교환원은 통화를 연결하기 전 수신자가 지급할 것을 승인받아야 한다.

Clollected Bill {콜렉티드 빌}

식음료 계산서 처리 시 아무 이상 없이 정산이 완료된 계산서이다.

Collection Manager {컬렉션 매니저}

비교적 새로운 직종으로서 카지노 지배인을 직접 보좌하며 수금하는 역할을 한다.

Collerette {코레르트}

조리에서 야채를 손질하는 방법으로 둥근 문고리 모양으로 자르는 방법이다.

Commercial Hotel {커머셜 호텔}

커머셜 호텔이란, 사업상의 목적을 가진 투숙객을 대상으로 하는 상용호텔이다.

상용호텔은 비즈니스호텔이라고도 하는데, 특성상 주로 도심지 및 상업지역에 위치한다.

Commercial Rate {커머셜 요금}

기업체나 사업을 목적으로 하는 비즈니스 고객에게 일정한 율을 할인해 주는 것이다.

Commie {꼬미}

프랑스 레스토랑에서 웨이터를 돕는 보조원을 말하며, Commie 1, Commie 2와 같은 등급으로 나눈다.

Commissary Kitchen {커미서리 키친}

호텔의 각 업장의 조리장이 필요한 식재료를 구입 또는 주문하는 경우, 식재료를 세척하고 가공 처리하여 각각의 주방에 식재료를 공급하는 곳이다.

Commis de Barrasseur {콤미 디바라슈 : Clearing Assistant Waiter, Bus Boy}

버스 보이와 같은 뜻으로 쓰이고 있다.

Commis de Rang {콤미디랭}

일명 Commis de Suite라고도 하며 쉐프 디랭을 보좌하며, 게리동 서비스나 프람베 서비스 때는 쉐프 디랭이 조리하여 분배한 접시를 손님 테이블에 서비스한다.

Commission {수수료}

여행사나 예약을 전문으로 하는 회사에서 호텔에 고객을 예약해 준 경우, 이들에게 일정비율의 수수료를 지급하는 것을 말한다.

Common Language {통용 용어}

여러 나라 사람들에 의해 사용되는 공용어로, 호텔용어 중 Front Desk, Door Man, Bell Man, Check in/out과 같이 모두가 사용해도 불편함이 없이 통용되는 언어이다.

Company Made Reservation {회사 보증예약}

호텔에 투숙하는 고객의 관련회사가 투숙객이 투숙할 것을 보증하는 예약을 말한다.

Compatible Room {컴퍼터블 룸}

여러 개의 객실로 이루어진 스위트를 문(Connecting Door)으로 구분하여, 상황에 따라 각각 독립된 객실로 판매가 가능한 객실을 말한다.

Competition Report {경쟁 리포트}

경쟁 호텔에 대한 전체 매출, 부서별 매출, 객실점유율, 평균가격 등의 정보를 토대로 자사에 대한 경영을 관리하고자 하는 것으로, 부서장 이상에게 보고하는 리포트이다.

Complaint {컴프레인}

호텔에서 제공했던 제반 서비스에 대하여 만족스럽지 못했었다고 느꼈던 점을 호텔 직원에게 표현하는 것을 말한다.

Complimentary {무료}

호텔에서 고객에게 접대를 하거나 판매촉진을 목적으로, 호텔의 편의시설 및 식음료, 객실, 판촉 선물, 상품에 대하여 요금을 받지 않고 제공하는 것으로, 직원 간에는 'Comp'라고 간단히 표현한다.

Concession {컨세션}

호텔의 시설과 서비스를 임대하는 것으로, 임대인을 'Concessionaire'라고 한다.

Concierge {컨시어즈}

컨시어즈란, 프랑스 루이11세 시내에 이르기까지 고도의 궁궐 안에 살며, 다양한 권리와 특권을 누리며 궁전의 일정한 구역 내에서 사법권을 행사하며 왕의 저택을 관리하는 집사였지만, 현재의 신분으로는 공무원의 성격을 띠고 있었다. 호텔에서 컨시어즈는 벨 서비스를 담당하고 있기도 하지만 호텔에 관한 정보나 고객 우편물 처리, 호텔 밖의 클럽, 레스토랑에 관한 정보, 연극이나 극장표 예약, 여행에 필요한 정보 및 교통편 제공 등의 포괄적 서비스를 제공 처리한다. 또한 현관서비스 관리자로서 안내원, 도어 맨, 그리고 여행사 고객과의 관계에 관한 모든 업무를 총괄 처리한다.

Condominium {콘도미니엄}

요즈음은 콘도미니엄이 일반화되어 있지만, 초기에는 유럽의 중소기업들이 직원의 후생복지와 국민의 관광차원에서 시작되었는데, 어원을 살펴보면 일정한 토지를 두 나라 이상의 특별 공동기관을 설치하여 행하든지, 지배의 범위를 당

사국에 위임하여 행하는 2개국 이상의 공동지배 통치 또는 공동소유권을 의미하는 라틴어에서 유래되었다. 콘도미니엄이란 공공건물을 개별적으로 소유권을 행사하면서 저당설정과 양도가 가능하며 그 시설물 관리와 서비스는 별도의 회사에 의해 관리되는 숙박 형태이다. 콘도미니엄의 특징은 소유와 경영관리가 분리, 개발자금은 회원을 모집하여 충당, 전매와 전속이 가능하고 객실의 경우 일반인도 사용이 가능, 연간 사용일수를 제한하고 관광시설로 인정된다.

Conductor Free {컨덕터 프리}

단체객 15인당 한 사람에게 객실을 무료로 제공하는 혜택을 말한다.

Conference Call {컨퍼런스 콜}

외부에서 걸려온 전화로 객실 또는 회의실로 연결하여, 3인 이상 이동시에 통화하면서 회의 가능한 것이 특징이다.

Configuration {구성}

상호 연관되어 하나의 시스템으로 동작하도록 한 집합체를 뜻한다.

Confirmation Slip {예약 확인서}

호텔 객실을 예약한 고객에게 예약에 이상 없음을 알려주는 확인서로서, 투숙자명, 도착일, 출발일, 요금, 객실 종류, 고객의 요구사항 등 필요한 사항을 기입하여 고객에게 예약사항을 확인해 주는 것이다.

Congress {콘그레스}

보통 국제적으로 열리는 회의를 지칭하며 실무회의로서 대규모적이다.

Connecting Door {커넥팅 룸}

인접해 있는 객실로서 Connecting Door(연결도어)가 있는 객실을 말한다. 이를 Side by Side Room이라고 하는데, 도어를 열면 2실 또는 그 이상의 객실을 연결하여 사용할 수 있다.

Consent {콘센트}

전기배선과 코드와의 연결을 위해 플러그를 끼우는 물건이다.

Consent Box {콘센트 박스}

객실에서 책상 뒤나 나이트 테이블 뒷면에 설치된 전기선이 많아 이를 깨끗하게 정리하기 위한 상자를 뜻한다.

Consommé {콩소메}

수프의 일종이다. 육류, 야채, 따위를 삶아 만든 것이다.

Consmme A La Royale {콩소메 알 라 로열}

달걀의 노른자위와 흰자위를 3 : 1의 비율로 콩소메를 약간 넣고 버터를 발라 15~20분가량 오븐에 넣어 찐 다음 조그마한 다이아몬드 모양으로 잘라 낸 곳에 콩소메에 넣은 것을 말한다.

Consommé Brunoise {콩소메 브루노아이스}

야채, 즉 당근이나 무, 셀러리 같은 것을 네모난 주사위 모양으로 잘라서 버터에 살짝 볶아서 소고기 콩소메에 넣는 것을 말한다.

Consommé Celestine {콩소메 셀레스틴}

식용녹말을 약간 놓은 콩소메인데, 밀가루에 달걀과 우유, 소금과 후추를 넣어 잘 반죽하여 크렙(Crepe)을 만들어 살짝 구운 다음 작게 잘라 넣는다.

Consommé En Tasse {콩소메 앙 타즈}

콩소메를 컵에 담아 제공하는 컵 콩소메를 가리킨다.

Consommé Julienne {콩소메 줄리엔느}

당근, 양파, 셀러리, 무, 양배추와 같은 야채를 가늘고 길게 썰어서 버터에 살짝 볶아서 콩소메에 넣는다.

Consommé Paysanne {콩소메 페이잔느}

야채를 은행잎 모양으로 잘라 버터에 볶아 놓은 것이다.

Consommé Printanier {콩소메 프린타니에르}

치킨 콩소메에 신선한 야채를 잘라 버터에 살짝 익혀 넣는 것이다.

Consumer Satisfaction Management {CSM}

고객만족경영이란, 고객 중심적 사고를 바탕으로 모든 경영활동을 전개해 나가는 새로운 마케팅이다. 즉 고객만족경영은 시장점유율 확대와 원가절감이라는 경영 목표에서 벗어나 고객이 희망하고 만족하는 궁극적 경영 목표로 시장변화에 흔들리지 않으면서 장기적이고 안정적인 수익기반을 바탕으로, 자사의 시장을 확보해 나가려는 경영방식이다. 고객만족이 지속되다 보면 충성고객층이 넓어지고, 긍정적인 구전효과를 통해 신규고객 확보도 가능해지기 때문에 자연적으로 시장점유율도 늘어나게 된다는 마케팅의 기본원리라 하겠다.

Consumer's Transaction Service {CTS}
신용카드 회원의 신용도를 온라인 단말기를 이용하여 알려주는 서비스이다.

Continental Breakfast {콘티넨탈 조식}
계란요리를 곁들이지 않은 아침식사라고 할 수 있으며, 빵류, 주스나 커피, 홍자 등이 제공되며 간단히 먹을 수 있는 아침식사이다.

Continental Plan {대륙식 요금제도}
콘티넨탈 플랜은 유럽에서 일반적으로 사용되는 제도로서, 객실요금에 조식만 포함되어 있는 객실요금 지급방식이다. 경영자 측에서는 저비용으로 Continental Breakfast를 객식료에 포함시킴으로써 고객에게 큰 부담을 주지 않으면서 매출을 향상시킬 수 있고 고객은 큰 부담 없이 아침식사까지 할 수 있다는 느낌을 받을 수 있다.

Contract Buying {계약 구매}
매일 혹은 1주일에 몇 번씩 구매해야 할 재료를 특정한 기간을 정하지 않고 공식적인 혹은 구두에 의해 구매하게 되는데, 이것을 계약 구매라고 한다.

Control Chart {컨트롤 차트}
객실 또는 연회예약에 대하여 알기 쉽게 나타내기 위한 조정 및 상황표이다.

Control Folio {통제 폴리오}
각 영업부서를 위해 개설되어 있고 다른 폴리오들을 개인별, 고객별, 종업원 등 모든 거래들을 추적할 때 이용된다.

Control Tower {컨트롤 타워}
공항에서 항공기의 교통을 통제하는 곳으로 관제탑이라고 하며, 기업에서는 모든 사항을 결정짓는 최고 지휘자라고 할 수 한다.

Convection Oven {컨벡션 오븐}
전기를 이용하여 열을 발생시킨 후 이 열기를 이용해 로스팅 하는 전기 오븐으

로 단시간 내 내용물을 익힐 수 있지만 수분 증발로 인하여 딱딱해지는 경우가 있다.

Convenience Food {인스턴트식품}

음식을 데워서 바로 먹을 수 있거나 먹기 전 최후 조리단계만 남겨 놓고 준비해 둔 음식을 뜻한다.

Convention {국제회의}

일반적으로 3개국 이상의 나라에서 참여하는 회의를 총칭하는데, 회의분야에서는 가장 많이 쓰이는 용어로서 정보전달을 주목적으로 하는 정기집회에 많이 사용된다.

Convention Bureau {컨벤션 뷰로우}

컨벤션을 개최하기 위해서는 다양한 분야(유치, 숙박, 운송, 회의장, 리셉션, 동시통역, 여행, 관광의 준비 업무)의 전문가들이 준비를 해야 하기 때문에 그러한 회의의 종합적인 준비를 하는 업체를 말한다. 미국이나 유럽에서는 제2차 세계대전 후 발달되었고, 현재 미국의 경우는 각 주마다 컨벤션 뷰로우가 있으며, 우리나라에서는 한국관광공사가 1989년부터 컨벤션 뷰로우 기능을 국제협력부에서 수행하고 있다.

Convention Service Manager {CSM}

컨벤션을 담당하는 전문직종으로 다양한 컨벤션 활동의 유치와 모든 제반사항을 총괄하는 컨벤션서비스 매니저이다.

Conventiona Hotel {컨벤션 호텔}

각종 회의나 연회를 유치하기 위해 지어진 호텔로 일반적으로 규모가 큰 호텔이다. 따라서 회의를 위한 큰 규모의 회의장 및 동시통역 시설은 물론 회의참가를 위해 투숙하는 고객들을 수용할 수 있는 충분한 객실이 확보되어 있어야 하고 객실 크기도 다양화되어 있어야 한다.

Conversion Table {환산표}

환전 시 교환율이 적혀 있는 표지판으로서 환율표라고 하고, Money Exchange 라고도 한다.

Convertible Bed {컨버터블 베드}

용도에 따라 전환 가능한 침대를 말하며, 소파 베드 개념으로 보면 된다.

Cook Helper {요리사 보조원}

조리사를 보조하는 Kitchen Helper라고 할 수 있으며, 야채다듬기, 식자재운반, 조리기구의 세척 등 다양한 업무를 담당한다.

Cook Out {야외요리}

야외에서 요리하여 식사를 하는 것을 말한다.

Co-owner Chain Hotel {합자경영 체인호텔}

호텔경영 형태 중 하나로, 체인 형식이면서 본사와 개인 투자자가 합자에 의한 소유 형식을 취하는 것이다.

Copy Bill Printer {원장 인쇄기}

원장 인쇄기를 말한다.

Copy Key {카피 키}

투숙객 인원수 추가의 경우 처음 발행한 New Guest Key와 같은 열쇠를 고객수 만큼 발행하여 주는데, 이것을 Duplication Key 또는 Copy Key라고 한다.

Coquilles {코킬}

조개구이 요리를 뜻하며, 조개껍질 속에 어류, 새우, 게, 닭고기, 계란 등의 재료를 넣어서 만드는 요리인데, 주로 소라껍질을 많이 이용한다.

Cordial {감로주}

당분이 2.5% 이상 함유된 음료로서 유럽에서는 Liqueur라고 부른다.

Core Concept {핵심개념}

소비자로부터 관심이나 매력을 끌기 위해 특이한 설계 전략을 계획하는 것으로, 호텔로비, 기타 지역에 기업이 추구하는 조형물 설치하거나 혹은 중앙에 투명 엘리베이터를 설치하는 등이 이에 포함된다.

Coriander {코리엔더}

미나리과에 속하는 1년생 풀로서 지중해 연안이 원산지이고, 후추알 크기의 씨가 생기는데 열매는 양념, 소화제로 사용되고, 여러 가지 요리에 사용되는 향료 또는 카레 원료에 들어가는 향료이다.

Cork {코르크}

코르크는 와인의 병마개로서 와인이 숙성과정에서 진행되면 와인이 좋아지게 하는데 절대적인 기능을 하고 있으며, 코르크는 기공이 있어 와인숙성에 도움을 주고 있다. 이 코르크를 최초로 사용한 사람은 돔 페리용(Dom Perignon)이고, 가장 질이 좋은 것은 60년 정도의 콜크 오크(Cork Oak)의 껍질로 만든 것이다.

Cork Screw {코르크 스크류}

코르크 마개병을 따는 기구이다.

Corkage Charge {코르키지 차지}

고객이 외부로부터 반입된 술 또는 음료(Beverage Bring In)를 직원이 서비스하고, 그에 대한 서비스 대가로 받는 요금이다. 일반적으로 고객이 가지고 온 술 가격의 40% 정도를 받는 것이 상례이다.(Corkage Charge = 판매가의 1/3 + VAT)

Corn {콘}

옥수수를 뜻하며 수프나 샐러드에 사용된다.

Corn Bread {콘 브레드}

옥수수 분말과 옥수수를 잘게 부순 두 종류를 주재료로 하여 만드는 무가당 빵의 일종이다.

Corn Flakes {콘플레이크}

옥수수를 눌러 바삭바삭하게 말린 것으로, 시리얼 종류의 하나이다.

Corn Whisky {콘 위스키}

위스키 원료 중 옥수수의 비율이 80% 이상인 것을 말한다. 버번 위스키는 안쪽을 그을린 통에 저장하여 착색하는데 반해, 콘 위스키는 그을리지 않고 한 번 사용한 통을 재사용하며 착색되지 않은 것이다.

Corner Room {코너 룸}

호텔 건물의 각 층 구석에 위치해 있는 객실을 말한다.

Cornet {코넷}

야채를 나팔이나 피리와 같이 둥글게 모양으로 만드는 방법이다.

Corporate Guarantee {코퍼레이트 개런티}

상용 여행자의 No Show를 줄이기 위한 방법으로, 호텔과 예약자가 이에 관해 재정적 책임을 계약상으로 동의한 예약보증 형태이다.

Correction Sheet {매출 정정표}

프런트 오피스에서 실수로 입력한 금액을 Night Auditor가 정정하거나 수정하고자 할 때 금액의 일치 여부를 확인하고자 사용한다.

Corsage {코사지}

결혼식, 회갑, 생일 등 파티 때 주빈 앞가슴에 다는 꽃을 의미한다.

Cost {원가}

판매가격의 기준이 되는 것이 원가이며 재료비, 인건비, 비용을 원가의 3요소라고 한다.

Cost Analysis System {원가분석제도}

원가분석 방법으로 원가요소 분석, 원가부분 분석, 단위제품 분석의 3가지로 구분하여 분석할 수 있는데, 원가차이 또는 원가변동의 원인과 정도를 분석하는 것이다.

Cost Center {비용 중심점}

비용 중심점은 고객과의 접촉이 거의 없고 비용만을 발생시키는 부서들이다. 부처 자체가 영업을 하여 수익을 올리지는 않지만 서비스를 제공하고 영업을 잘할 수 있도록 지원하는 기능을 갖는 부분으로 인사, 회계, 홍보, 시설부서이다.

Cost Factor {비용인자}

키친 테스트 후에 매입 재료에서 조리완료 상태(Ready to Eat) 가격을 킬로그램당 매입가격으로 나눈 수치이다.

Cot {어린이용 침대}

어린이용 침대로 Baby Bed 또는 Baby Crib이라고도 하며, 12개월 이하의 어린이가 사용가능한 작은 침대이다. 침대의 사각에는 어린이가 떨어지지 않도록 가름대가 있으며 요금은 부과되지 않는다.

Cotelettes {커틀릿 : Cutlet}

얇게 저민 고기나 생선에 밀가루, 빵, 계란, 빵가루 등을 묻혀서 프라이드 한 요리이다.

Cottage {코티지}

남태평양 관광휴양지에 있는 초가 형태의 소규모 단독가옥 형태로 그 지역 특유의 건축양식을 한 휴양 숙박시설을 말한다.

Couch Bed {코치 베드}

코치는 잠자는 소파라는 뜻으로, 스튜디오 베드(Studio Bed)와 같은 개념으로 사용되며, 주간에는 소파로 야간에는 침대로 사용한다.

Counter Service Restaurant {카운터 서비스 식당}

식당을 Open Kitchen으로 하여 앞의 카운터를 식탁으로 하여 요리를 제공하는 것이다. 이 카운터 서비스 식당은 가격도 저렴하고 팁을 주지 않아도 된다.

Country Hotel {컨트리 호텔}

컨트리 호텔은 교외라기보다 산간에 지어지는 호텔로 마운틴 호텔이라고 부를 수 있는 시티 호텔과 반대되는 개념의 호텔이다.

Cover {커버}

레스토랑에서 서비스를 할 수 있는 고객 입장 한도수를 말한다.

Cover Charge {커버 차지}

레스토랑에서의 자리값, 즉 음식값과는 별도로 테이블서비스에 대한 봉사료를 받는 것으로, 프랑스에서는 Night Club이나 Cabaret 등에서 무대를 잘 볼 수 있는 좌석에 Cover Charge가 첨부된다.

Cover Dish Supper {커버드 디쉬 서퍼}

미국인들이 고안해 낸 파티이다. 이를 포트럭 디너(Potluck Dinner)라고도 하는데, 각자 일품식사를 지참하여 한자리에 모여 다 같이 즐기는 파티로서 이를 코퍼레이팅 파티(Cooperating Party)라고도 한다. 주최자가 음식 목록을 작성하여 주 요리, 샐러드, 디저트로 분류하고 참석자들에게 그 중 한 가지의 음식을 지참케 하는 것이다. 이러한 파티는 주로 개인적인 성격의 파티로서 서로의 친분이 두터운 것을 전제로 가능하다.

Cozing System {코우징 시스템}
호텔에서 종류별 기물이나 집기를 적재하는 방법으로, 안전하게 운반하거나 세척 시 안전을 유지하기 위한 시스템이다.

CPU {중앙처리장치}
중앙처리장치는 Central Processing Unit(CPU)의 약자로, 명령어들의 해석 및 실행을 통제하는 회로를 가진 컴퓨터 시스템의 일부로서 중앙처리장치라 부른다. CPU에는 연산논리(Arithmetic-logic)와 제어 기구가 있다.

CQI {커피품질인증서}
커피품질인증서는 Coffee Quality Institute의 약자로, 커피 등급을 판정하는 큐-그레이더(Q-grader) 시험을 주관하는 기관이다.

Crab {게}
육식을 하는 갑각류로서 식욕이 왕성하고, 종류는 다양하며 양쪽에 각각 5개의 다리가 있고, 몸체는 칼슘 분비로 딱딱한 껍질로 덮여 있으며 성장하는 과정 동안 계속 껍질을 벗는다.

Cracked Ice {크랙드 아이스}
잔 얼음 부숴 깬 얼음, 분쇄얼음이다. 즉 큰 얼음덩이를 Ice Pick으로 깨서 만든 얼음조각으로, 칵테일 할 때 셰이크나 스터를 사용하므로 모서리가 없는 것이 이상적이다.

Cradle {크래들 : Holder}
레드 와인을 제공할 때 사용하는 철로 된 바구니이다.

Crap {크랩}
크랩은 Dies라고 불리기도 하며, 카지노게임 중에서 속도가 빨라 가장 재미있는 게임 중 하나이다. 손님이 던진 두 개의 주사위를 굴려 나오는 점수에 따라 승부하는 게임이다.

Crayfish {가재}
강, 연못, 호수 등의 칼슘이 풍부한 얕은 물에 서식하며, 다리는 양쪽에 각각 5개

씩 달려 있고 긴 수염을 가지고 있다. 가재의 육질 결장은 물의 청결과 가재가 먹는 먹이의 종류에 따라 좌우된다.

Cream Cheese {크림치즈}

크림이 첨가된 우유를 사용하여 만든 것으로 숙성시키지 않는 치즈이다. 크림치즈는 45% 이상의 유지방을 함유하여야 하고 수분함량은 55%를 넘어서는 안 된다. 이 치즈는 주로 음식물에 발라먹으며 분해되기 쉬우므로 조리용으로는 사용치 않는다.

Cream Cocktail {크림 칵테일}

칵테일 중에서 진한 농도의 크림을 써서 리큐르와 혼합하여 만드는 칵테일 종류의 총칭이다.

Cream de Ananas {크림 드 애너네스}

리큐르의 일종으로 파인애플을 사용하여 만든 것이다.

Cream de Cacao {크림 드 카카오}

브랜디를 기수로 하여 코코아, 바닐라 등을 사용해 만든 진갈색의 리큐르이다.

Cream de Cassis {크림 드 캐시스}

씨가 없고 알이 작은 건포도 종류를 사용하여 만든 진한 적색의 리큐르로서 약간 신맛이 난다.

Cream de Menthe {크림 드 민트}

박하 향이 강한 리큐르이며 초록, 빨강, 무색의 세 종류가 있다.

Cream de Moka {크림 드 모카}

진한 커피맛이 나는 리큐르이다.

Cream de Rose {크림 드 로즈}

장미꽃잎을 이용하여 착향시킨 리큐르이다.

Cream de Vanilla {크림 드 바닐라}

바닐라 향이 나는 리큐르이다.

Cream de Violette {크림 드 바이올렛}

바이올렛 꽃향기를 착향시킨 바닐라와 카카오로 만든 엷은 자색의 리큐르이다.

Creaming {크림잉}

기름과 설탕을 믹스할 때 쓰이는 용어로, 음식물을 부드럽게 하기 위함이다.

Credit {대변, 신용}

계정상 감소(-)를 나타낸 회계용어로 차변의 반대용어이다. 호텔에서의 대변 기입거래를 살펴보면 선납금의 Paid한 경우 외상, 접대비 대체, 에누리, 대손처리비, 부과된 각종요금을 현금으로 받은 경우이다.

Credit Card {신용카드}

신용카드는 1894년 미국 'Travel Letter System'에서 소개되었다. 이것은 오늘날 신용카드와 같이 신분을 증명하는 확인편지였다. 1920년까지는 'Credit Coin'이 백화점에 통용하다가 후에 석유회사에서 'Courtesy Card'를 발행하였다. 가맹점에서는 그 대금을 선지급하여 주고, 회원으로부터 일정한 기일 후에 징수하는 제3의 화폐로 볼 수 있다.

Credit Card Authorization Service {신용카드 거래승인서비스 : CCAS}

신용카드 회원의 카드 거래 시 가맹점이 신용카드 조회기를 통해 거래승인을 요청하면, 해당 카드의 불량여부 및 이용한도 초과여부 등을 검증하여 거래승인 결과를 온라인으로 신속, 정확하게 제공하는 서비스이다.

Credit Check {크레디트 체크}

프런트 직원이나 캐셔가 호텔 고객의 지급 능력을 조사하기 위해 고객이 소지한 신용카드를 체크하는 업무, 즉 유효기간 등을 확인하는 것이다.

Credit Limit {크레디트 리미트}

소비자가 신용카드를 사용할 수 있는 신용한도를 의미한다.

Credit Manager {여신관리자}

호텔의 후불담당 책임자로서 개인고객, 회사 및 단체의 후불조건 예약신청 등을 승인하고 관리하는 책임자이다.

Credit Memorandum {Credit Memo}

구매에서 검수과정을 거치게 되면 입고되어 저장을 하게 되는데, 약간의 하자가 발생하게 되면 반품까지는 하지 않더라고 현품이 구매 청구서 또는 거래약정기준과 차이가 발견되었을 경우 이를 확인시켜 차후의 똑 같은 문제가 발생되지 않도록 신용유지를 관리할 목적으로 작성하는 것이다. 이 메모는 3가지로 작성, 영업장, 구매부, 회계부 등에 보낸다.

Crepe Suzette {그레이프 수제트}
얇게 구어 낸 팬케이크로, 시럽 소스와 함께 제공되는데 디저트용이며, 보통 술을 약간 넣어 데워 브라운 색으로 만든다.

Crepinettes {크레피네트}
돼지고기, 날짐승고기 등을 다져서 돼지의 내장에 싸서 구운 것으로, 우리나라의 순대와 비슷한 요리이다.

Crew {크루}
항공기 내에서 일하는 사무직 종사원을 제외한 모든 항공 승무원을 Crew라고 하며, 기내에서 서비스하는 직원을 Cabin Crew, 조종사를 Cockpit Crew라고 한다.

Crib {크립}
어린이용 침대로 Baby Cot, Baby Bed라고도 하며, 12개월 이하의 어린이가 사용 가능한 작은 침대이다. 침대의 사각에는 어린이가 떨어지지 않도록 가름대가 있으며 요금은 부과되지 않는다.

Crinkle Sheet {크링클 시트}
특수하게 직조된 아마포와 유사한 시트로 담요를 씌워 보호하는데 사용된다.

Crisping {크리스핑}
바삭바삭하게 굽는 정도를 뜻하기도 하며, 습기를 제거하기 위해 크래커나 곡물 같은 음식에 열을 가하는 것이다.

C.R.M {Customer Relationship Management}
일반적인 고객관계 관리를 뜻하며, 호텔에서도 매우 중요하게 여긴다.

Crockery & Cutlery {크로커리 앤 커트러리}
도자기류 및 칼 붙이 등의 식탁기물을 뜻한다.

Croissant {크루아상}
초승달 모양의 빵으로, 1686년 강국 터키의 침공을 받아 농성 중이던 부다페스

트의 한 제과사가 새벽에 일어나 아침 빵을 만들던 중 땅굴을 파고 침공하려는 터키군의 땅굴 작업소리를 듣고 곧바로 신고하여 적을 퇴치시켰다. 제과사의 공로를 기념하기도 하고 군사들의 사기를 높이기 위행 터키 국기 속에 그려 있는 초승달 모양의 빵을 만들어 식사를 했다는 유래를 가지고 있는, 그 후 프랑스에서 더욱 개발된 아침식사용 빵이다.

Cromesquis {크로메스키}
원래 네덜란드(Holland)의 요리에서 조류, 생선, 새우, 게 등을 재료로 크로켓과 비슷한 조리법이지만 가루를 반죽하는데 차이점이 있다.

Croquettes {크로켓}
잘게 다져 요리한 음식물을 혼합한 것으로서 밀가루, 달걀, 빵가루를 묻혀 기름으로 튀겨낸 것이다.

Cross Rate {제3국 환시세}
제3국 통화와의 환율을 말하며 우리나라 원과 미국의 달러는 링크되어 있으므로, 달러와 파운드 간의 환율은 우리의 입장에서 Cross Rate이다.

Cross Selling {크로스 셀링}
크로스 셀링은 일괄 판매를 뜻하며, 끼워 팔기와 같은 뜻이다.

Cross-training {크로스 트레이닝}
부서간의 원만한 업무 협조를 위한 목적 또는 하나의 직무 이상을 충족시키기 위한 직원의 교육훈련이다.

Croutons {크루톤}
수프와 함께 제공되는 프라이 된 버터로 구운 정육면체의 빵이다.

Crowd Sourcing {크라우드 소싱}
이 제도는 경영기법 중 하나로 소비자의 머리를 빌려 신제품을 개발하고자 하는 '혁신의 씨앗'이라고 하는 방식인데, 호텔에서도 직원이 새로운 아이디어를 제안하여 매출이 발생하거나, 원가절감이 발생되는 경우 일정비율을 아이디어 제공자에게 지급하는 제도이다.

C.R.S {Central Reservation System}

호텔 중앙 예약시스템을 뜻한다.

C.R.T {Cathode-Ray Tube}

지금은 사용하지 않지만 2000년대 초까지 사용했던 브라운관으로 전자적 진공관으로 화면의 영상을 볼 수 있다.

C.R.T Monitors {영상기 : Cathode-Ray Tube Monitors}

이용자에게 메시지와 정보를 전달하는 TV와 같은 모니터이다.

Crumpets {크럼피트}

버터로 굽는 일종의 케이크로 핫케이크의 일종이다.

Crushed Ice {크러시드 아이스}

크러시드 아이스란, 분쇄 제빙기에서 만들거나 얼음을 타월에 싸서 두들겨 깨어 잘게 부순 얼음이다.

Cube Sugar {각설탕}

각설탕은 무색투명한 당액을 가해서 일정한 삭형으로 압축하여 약한 열로 건조시킨 것이다.

Cubbyhole {커비홀}

호텔 프런트 데스크에서 고객을 위한 메시지, 작은 우편물과 같은 전달사항과 객실 열쇠를 보관하는 적은 밀폐 공간을 뜻한다.

Cubed Ice {큐브드 아이스}

큐브란 정육면체를 말하는 것으로, 큐브드 아이스란 냉장고나 제빙기를 만들 수 있는 칵테일용 정육면체의 얼음이다.

Cucumber {오이}

오이를 뜻하며, 박과에 속하는 1년생 풀이다.

Cuisine {꾸이신}

요리 또는 요리법을 뜻한다.

Cuisine Minceur {퀴진 민저르}

녹말, 설탕, 버터, 크림의 사용을 억제한 저칼로리의 프랑스 요리법이다.

Cumin, Cummin {커민}
미나리과 식물로 커민이라고 하며 인도, 이란, 지중해 연안, 멕시코가 원산지이다.

Cup {컵}
Punch와 비슷한 방법으로 만들어 Water Jug에 넣어 Tumbler로 마시는 Wine, Brandy, Liqueur, Soda Water, Fruits 등으로 만든 Long Drink이다.

Cupper {커퍼}
커피의 맛과 향을 결정짓는 원두의 등급을 결정하는 사람이며, Q-grader라고 한다. 또는 커피의 품질과 등급을 정한다 하여, 커피 감정사라고도 한다.

Curacao {큐라소}
중남미 서인도제도에서 자라는 큐라소 오렌지 껍질로 착향시킨 오렌지 리큐르이다.

Curd {커드}
치즈를 만들기 위해 염소젖과 지방을 함께 응고시키기 위한 젖산균이다.

Curd Cheese {커드 치즈}
원료유를 응고시켜 만든 연질치즈의 총칭으로, 지방함량은 4~8%이다.

Curd Cutting {커드 커팅}
유장의 배출량을 조절하기 위하여 치즈의 종류에 따라 절단용 칼로 Curd의 표면을 크기별로 자르는 것을 말한다.

Curd Formation {커드 포메이션}
살균처리 된 원료유를 Curd 형성을 위해 Cheese Bat에 넣은 것을 말한다.

Curd Knife {커드 나이프}
양조통에서 유장을 배제하고 치즈 응유를 꺼내기 위한 기구로, 커드 절단에 사용되는 칼은 수평선 칼과 수직선 칼이 있다.

Currant {커런트}
알이 작고 씨가 없는 건포도를 말한다.

Currency Exchange {환전소}
우리나라의 돈을 일본이나 미국과 같은 다른 나라의 돈으로 교환할 수 있는 곳을 말하거나, 외국 돈을 우리나라 돈으로 교환하는 곳을 말하는데, 호텔에서는

프런트 캐셔라고 할 수 있다.

Current Liabilities {유동부채}
유동부채란, 고정부채와 상대되는 개념으로 결산일로부터 1년 이내에 그 결재일이 당도하는 부채이다. 이에 해당하는 예로서는 외상매입금, 지급어음, 당좌차월, 단기차입금, 미지급비용, 선수금, 기타 미지급금 등이 이에 속한다.

Curried Rice {카레라이스}
인도요리의 일종으로, 고기와 야채 등을 넣고 끓인 국물에 카레가루를 섞어 쌀밥에 얹은 요리이다.

Curry {커리}
소스를 뜻하는 남인도의 타밀(Tamil)어에서 나온 말로 향신료의 일종이다. 강황, 새앙, 고추 등을 섞은 노란색의 자극성이 강한 가루이다.

Curtain {커튼}
일반적으로 커튼에는 2종류가 있는데, 그 중 얇고 미치는 커튼을 레이스 커튼 또는 망사 커튼이라고 하며, 햇빛이 비치지 않는 두꺼운 커튼을 드레퍼리 커튼(Drapery Curtain)이라고 한다.

Curtain Pin {커튼 핀}
커튼을 걸기 위하여 커튼에 꽂는 핀이다.

Curtain Rail {커튼레일}
커튼을 열고 닫기 위하여 천정에 설치된 레일이다.

Curtain Runner {커튼 런너}
커튼레일에 달려있으며 커튼 핀을 걸 수 있는 고리, 즉 부속품이다.

Custard {커스터드}
계란, 우유, 설탕 따위를 섞어 찌거나 구운 과자의 한 종류이다.

Custard Sauce {커스터드 소스}
우유, 달걀 또는 곡식가루를 섞어 찐 단맛이 나는 소스이다.

Customer Deposit {고객 예치금}
예약한 객실을 확실하게 하기 위하여 일정금액을 미리 예치해 놓는 것이다.

또는 게임에 사용하기 위해 일정액의 현금, 칩을 Cashiers Cage에 맡겨 두는 것이다.

Customs {관세}

다른 나라에서 물건을 들여올 때 징수하는 세금으로, 면세 품목일 때는 세금이 없다. 다른 뜻으로는 그 나라의 생활습관이나 풍습을 의미할 때도 있다.

Customs Declaration {통관 신고서}

국외에서 자국으로 구매한 물건을 가지고 들어올 때, 물건에 대한 품명과 금액을 기록하는 서식 또는 신고서로서 여행자가 기록하여 입국 시 제출한다.

Customs inspector {통관 감시자}

외국에서 국내로 들어오는 고가의 짐과, 그 밖의 물건에 대해 조사 감시하고 관세부과 여부를 결정하는 사람이다.

Cut {컷}

과일을 얇게 써는 것이 아니라, 세워서 몇 분의 일로 가르는 경우를 말한다.

Cut-in {컷인}

한 품목을 다른 품목에 부분적으로 섞어 삽입하는 것을 의미한다.

Cut-out {컷 아웃}

칼이나 틀로 찍어 일정부분을 도려내는 것을 뜻한다.

Cutlery {커트레이}

식사용으로 사용되는 나이프, 포크, 스푼을 말하는 것으로, 테이블서비스에 사용하는 은기류를 총칭한다.

Cutlet {커틀릿}

얇게 저민 고기나 생선을 밀가루, 빵, 계란, 빵가루 등을 묻혀서 튀긴 요리이다.

Cut-off Date {컷오프 데이트}

고객이 호텔에 사전 예약한 객실을 사용하지 않을 경우 일반고객에게 예약을 받는 경우의 날짜를 말한다.

Cut-off Hour {컷 오프 아우어}

호텔의 예약된 객실이 사용되지 않을 경우, 일반고객에게 객실을 배정하는 경우를 말한다.

Cuttlefish {오징어}
오징어과에 속하는 연체동물로 오징어를 총칭하며, 생것 또는 말려서 식용으로 사용한다.

Cuvee {큐베}
샴페인을 만드는 과정에서 여러 포도주를 혼합하는 준비과정이다. 이 큐베 작업은 샴페인의 질과 맛을 내는 매우 중요한 작업이므로, 쉐프 드 캐브(Chef de Cave)라는 각 와인 회사의 저장고 책임자에 의해 작업이 이루어진다.

CXL {취소}
취소의 의미로 사용되고 있으며, Cancel의 약자로 CXL 사용이 일반화되어 있다.

D Card {디 카드}
프런트 데스크 근무자 중 Night Auditor에 의해 작성되는 것으로, 프런트 오피스 포스팅(Front Office Posting)의 총합계 양식이다.

D.N.D {Do not Disturb}
객실의 출입을 금하거나 소음이 나지 않도록 주의를 요하는 표시판으로, 표시판의 반대쪽은 Make up Card가 되어 있다.

Daily Market List {일일구매 리스트}
식음료 구매에 있어서 저장이 곤란한 품목들로서 음식을 직접 생산 주방으로 이동되는 품목들이다. 신선도와 저장의 문제로 매일 구매해야 하는 생선, 과일, 야채 등이 포함된다.

Daily Menu {데일리 메뉴}
레스토랑의 전략 메뉴라 할 수 있는 이 식단은 매일 시장에서 나오는 특별재료를 들여와 조리장의 기술을 최대로 발휘하여 고객이 식욕을 자극할 수 있는 메뉴를 제시하고, 양질의 재료를 적정가격으로 구입하여 계절 감각을 돋울 수 있으므로 고객의 호기심을 만족시킬 수 있다

Daily Pick-up Guest {당일예약}
객실예약실 직원이 퇴근한 후, 당일 예약을 원하는 고객은 예약실에서 처리할 수 없어서 일반적으로 호텔 프런트에서 당일의 객실 상황을 파악하여 판매 가능한 객실이 있을 때 당일의 예약을 접수(Today's Reservation)받게 된다.

Daily Receiving Report {일일검수 보고서}
구매 의뢰한 물건을 입고 전에 검수 담당자가 호텔 레스토랑의 기자재 및 식자재가 입고될 때 무엇을, 얼마나, 누구에게서 수령하여 어디로 보냈다 하는 품목의 행선지를 명확히 문서화한 보고서이다.

Daily Report {일일 보고서}
객실과 식음료부서별 수익과 비용을 그 당일에 기록하여 당일 경영이익을 계산할 수 있게 만든 회계보고서를 말하는데, 호텔 전체 매출에 대한 리포트를 만들기도 한다.

Daily Special Menu {데일리 스페셜 메뉴 : Daily Menu, Carte de Jour}
조리에서 제공하는 그날의 특별 메뉴는 특별한 재료를 구매하여 요리장의 아이디어와 기술을 발휘하여 일품요리의 메뉴에 없는 상품을 선보이는 메뉴로, 고객에게 새로운 별미로 식욕을 돋우게 하는 차림표라고 할 수 있다.

Daily Tour {일일관광}
호텔 투숙객은 일반 여행사를 통해서 관광을 할 수 있는데, 당일 여행하는 것을 Daily Tour라고 한다. 일일관광은 오전관광, 오후관광, 종일관광으로 나누어져 있다.

Daisy {데이지}
감귤류의 주스에 술을 넣고 과일 시럽, 리큐르 등을 첨가하여 Goblet에 얼음을 넣고 채워서 계절의 과일을 장식한 Long Drink이며, Daisy란 이탈리아의 국화이다.

Danish Pastry {데니시 페스트리}
누룩, 밀가루, 기름 등을 사용하여 반죽한 후 말아서(Rolled) 구워낸 빵 종류로서, 주로 조식용으로 제공된다.

Dark Meat {다크 미트}
소스의 사용을 구별하기 위하여 Meat를 White와 Dark로 구분하는데, Dark Meat라 하면 육류 중에는 돼지고기, 소고기, 조류 등이 있고, 생선 중에는 황색생선(정어리, 다랑어, 숭어 등)과 붉은색 생선(연어, 붉은 숭어, 새우, 홍어, 게 등) 그리고 가금류가 이에 속한다.

Dark Rum {닥크 럼}
럼은 사탕수수를 원료로 하여 만든 증류주이다. 럼은 맛과 색에 의해서 분류되는데 닥크 럼은 색이 짙고 갈색이 나는 것으로 자메이카산이 이에 속한다.

Dash {대쉬}

비터병으로부터 나오는 양의 표시로써 비터보틀(Bitter Bottle)에서 나오는 양이다. 즉 1/6 티스푼 정도를 말한다.

Date {데이트}

대추야자의 열매를 압착해서 생으로 먹기도 하며, 돼지요리, 캔디에 사용한다.

Day Rate {주간 객실료}

주간 이용요금은 야간 객실 이용 시에 비해 할인된 요금이 적용되며, 주간에만 부과하는 요금으로 'Use Rate' 또는 'Day Use'라고도 한다.

Day Shift {데이 쉬프트}

호텔은 운영특성상 24시간 영업을 하게 되므로, 이에 근무하는 영업부서 직원의 근무시간은 3교대 근무를 원칙으로 하고 있고, 하루 8시간씩 근무하는 스케줄을 Day Shift라고 한다.

Day Use Charge {데이유스 요금}

호텔에서 객실점유율을 높이기 위하여 고객이 주간에 이용한 요금을 할인하여 받는 요금제도이다. 데이유스 요금은 같은 날 도착과 출발하는 고객에게 적용되는 경우도 있고, 출국 비행시간이 늦어져 호텔 출발도 늦어져 일정금액을 지불하고 퇴숙시간이 연장되면 이때 데이유스로 처리한다. 객실요금은 보통 30~50% 정도 할인하여 부과한다.

D.D.D {Direct Distance Dialing}

직접다이얼 통화로, 다른 나라 또는 타 지역에 전화 통화 가능하게 하는 통신시스템이다.

De Caffinated Coffee {탈 카페인 커피}

커피 속에 카페인 성분을 97% 제거시킨 원두를 사용하여 제조된 커피로, 입자는 과립커피와 같으며 커피 속의 카페인성분을 줄인 커피이다.

De Douceur Chaud {따뜻한 후식}

크랩 수제를 비롯해서 푸딩이나 케이크, 과일튀김 등이 있으며, 그 밖에 여러 가지 종류가 다양하게 많다.

De Douceur Froid {찬 후식}

찬 후식으로는 아이스크림을 비롯하여 빙과류에 이르는 셔벗 종류와 그 밖에 Mousse 등 여러 가지가 있다.

Dead Room Change {데드 룸 체인지}

투숙한 고객이 부재로 인해 호텔이 물리적으로 객실을 변경하는 것을 말한다.

Dealer {딜러}

카지노 업장 내에서 이루어지는 각종 게임을 수행하는 직원으로, 게임의 종류 및 행위에 따라 호칭을 달리한다. Rolette은 Groupier, Mucker이고, Blackjack은 Twent-one Dealer, Baccaret은 Callman, Payman, Scooper로 불린다.

Debit {차변; Dr}

수취계정 상 증가(+)를 나타내는 회계용어로 Dr로 표기되며, 대변과 반대개념이다. 호텔에서의 차변기입 거래를 살펴보면 매출(객실요금, 식음료 요금, 기타 부대시설) 발생, 봉사료 및 부가가치세(VAT)의 부과, 고객이 퇴숙 시 선납금 잔액을 환불 등이 있다.

Decant {디켄트}

앙금(찌꺼기)이 전부 가라앉은 와인을 다시 다른 병에 옮겨 마시는 것을 말한다. 오래 숙성된 레드와인을 마실 때 주로 사용한다. Decant의 목적은 앙금을 제거하는 것과 와인 고유의 향기를 살리기 위해서이다.

Decanter {디켄터}

액체류를 담은 그릇(병)을 기울여 윗물을 다른 공기에 옮기는 것으로, 마개가 있는 유리병이다.

Decanting {디캔팅}

와인의 찌꺼기를 거르거나 다른 용기에 담는 과정을 말한다.

Decoration {데코레이션}

데코레이션이란, 행사 진행을 위한 각종 장치와 장식을 말한다.

Deep-fry {딥 프라이}

온도가 높은 냄비에 버터나 기름을 많이 넣고 내용물이 완전히 잠기게 한 후 튀기는 것을 말한다.

Deferred Charge {이월된 요금}
당일 객실영업을 마감한 뒤 투숙하는 고객의 경우 당일 매출액을 다음날 매출액으로 잡는 경우이다. 따라서 객실판매는 전날에 이루어졌지만 전날 매출액에 포함되지 않았으므로, 다음날 그 객실이 다시 판매가 되었다면 회계상에는 이중판매가 된다.

Definition of Alcoholic Liquors {주류의 정의}
우리나라 주세법의 주류는 주정(희석하여 음료로 할 수 있는 것)과 알코올 1도 이상의 음료를 말한다.

Deglaze {데글레즈}
고기를 굽거나 튀긴 후 프라이팬이나 냄비의 바닥에 남아 있는 국물을 더운물로 헹구어 내는 일을 뜻한다.

Dejeuner {데죄네}
조식 혹은 점심을 뜻한다.

Delicatessen Store {조제식품}
인스턴트식품으로, 간편하게 식탁에 내놓을 수 있도록 이미 요리된 고기, 치즈, 샐러드, 통조림 따위의 조제된 식품을 뜻한다.

Delivery Service {딜리버리서비스}
딜리버리서비스 담당자는고객의 각종 쇼핑물, 메시지, 우편물, 팩스 등을 프런트 클럭 요청 시 신속히 배달하는 것을 말하며, 전달 후에는 필히 고객의 서명을 받아야 한다. 외부에서 들어온 모든 것(꽃, 과일, 선물상자 등)은 임의로 객실에 넣지 말고 꼭 프런트에 확인하여 지시를 받는다.

Deluxe {디럭스}
각종 다양한 서비스를 하는 최상급 호화로운 호텔로 최고의 시설과 서비스가 제공된다.

Deluxe Restaurant {디럭스 레스토랑}
고급호텔에 있는 메인 레스토랑이나 격이 높은 품위가 있는 고급식당을 뜻

한다. 실내장식이 호화롭고 사용하는 기물도 은도금이 된 것을 사용한다.

Demi {데미}

'반~, 부분적~, 이등분'과 같은 의미이며, 접두어로 쓰인다.

Demi Chef {데미 셰프}

스스로 테이블을 알아 접객서비스 할 수 있을 정도의 준 접객원(Junior Station Waiter)을 일컫는다.

Demi Glace Sauce {데미 글라세 소스}

글라세보다 덜 진한 스톡을 Demi Glace라 하며, 에스파뇰 소스의 기름을 빼고 조린 갈색 소스이다.

Demi-pension {데미팡숑 : Half Pension Dual Plan}

숙박요금제도의 하나로 미국에서는 객실료에 조식과 저녁식사 제공을 합한 것이지만, 유럽에서는 객실료와 콘티넨탈 조식과 중식 또는 석식 중 택1을 고객이 선택하도록 하는 요금제도이다.

Demi Tasse {작은 찻잔}

블랙커피용으로 주로 식후에 제공되는 1/2 용량의 작은 찻잔을 뜻한다.

Demi Tasse Coffee {데미 타스 커피}

일반적으로 식후에 먹는 양이 보통 커피 잔보다 1/2 크기이고 농도가 짙은 커피를 말하며, 가루커피에 스팀을 통하는 Espresso법으로 만든다.

Density Board {객실현황판 : Density Chart}

객실별 예약밀도를 도표로 나타내는 것으로, 예약 객실수를 싱글, 트윈, 킹과 같은 객실 유형별로 나누어 알기 쉽게 통제하는 도표를 말한다.

Departmental Control {각부서 조정양식}

호텔 각 영업장의 모든 Voucher 및 Checks를 통제하는데 사용되며, 각 영업장의 캐셔 업무교대 시간에 원활한 업무처리를 위해 이용된다.

Departure Date Change {출발일자 변경}

호텔에 투숙한 고객의 사정에 의하여 예정한 출발일을 연장하거나 앞당기는 일을 말한다.

Departure List {출발 명부}
당일 퇴숙 예정인 고객의 룸과 인적사항에 대한 정보를 나타내는 보고서이다.

Departure Lounge {출발 전 라운지}
승객이 비행기에 오르기 전에 대기하는 휴게실로, 항공사마다 자사고객을 이용하게 하기도 하고, 일반 승객이 이용할 수 있는 공항터미널 내에 있는 휴게실을 뜻하기도 한다.

Departure Tax {출국세}
한 나라를 방문한 관광객이 떠날 때 지불해야 하는 출국세, 즉 특별요금을 뜻한다.

Deposit {디포짓}
투숙하기 전에 객실의 예약금을 사전에 입금하는 것을 말한다.

Depositor {디포지터}
반죽을 케이크 틀에 넣는 것 또는 기계를 디포지터라고 한다.

Deposit Reservation {선수 예약금}
객실예약 뿐만 아니라 호텔부대시설의 예약을 위해 고객이 미리 지급하는 금액으로, 호텔에서의 선수금으로 되는데 선수보증금(Advance Deposit)라고도 한다.

Depreciation {감가상각}
고정자산의 가치가 경제적으로 감소한다고 보아 이를 감가액으로 추정된 요금을 기간에 따라 비용으로 계산하고 그 금액만큼을 매기 적립함으로써 고정자산에 투자한 자본을 매기 일정한 계산방식에 의해 회수하기 위한 회계절차를 말한다.

Desk Stand {데스크 스탠드}
객실 안의 책상 위에 놓인 전기스탠드를 뜻한다.

Dessert {후식}
디저트는 일반적으로 앙트레와 샐러드 다음에 제공되는 순서로서 프랑스어로는 감미로운 것을 의미하나, 디저트에는 단맛과 과일류, 치즈류로 구분하고 감미류에는 찬 것과 더운 것으로 구분할 수 있다.

Dessert Wine {디저트 와인}

메인식사가 끝나고 디저트를 먹을 때 같이 마시는 와인으로, 주로 Sweet Wine (Sweet Sherry, Sweet Red Wine, Sweet White Wine)이 많이 애용되고 있다.

Detergent Holder {디터전트 홀더}

세탁용 또는 청소용 세제 담는 통을 뜻한다.

Deuce Table {듀스 테이블}

2인용 식탁을 뜻한다.

Devil {데블}

고추, 겨자, 후추 그 밖에 다른 매운 양념을 섞은 것으로, 향기가 강한 소스이다.

Diable {다이아블}

양념을 맵게 맞춘 요리를 가리키는 용어이다.

Dianne Sauce {다이안 소스}

양파 다진 것과 통후추, 레드와인을 적당히 혼합한 후 Gravy(육즙소스)를 붓고 Fresh Cream을 추가한 다음 계란 흰자와 Truffle(송로; 버섯의 일종)를 넣는다.

Diastase {디아스타제}

생물세에 널리 존재하는 전분 소화효소의 하나로, 각종 식물체 속에 널리 분포되어 있으며 동물의 간, 침 등에도 있다.

Dice {다이스}

주사위 모양으로 아주 작게 자른 야채의 명칭이다.

Did Not Arrive {DNA : 예약 후 취소}

호텔에 예약을 했던 고객이 나타나지 않을 경우(No-show)와 전화로 취소하는 경우(Cancellation)가 있는데, DNA는 Cancellation(CXL)에 가깝다.

Did Not Stay {DNS : 등록 즉시 출발}

고객이 등록을 필하였으나 호텔에 체류하지 않거나 조기 출국을 의미한다.

Difference Returnable {Due Back}

호텔 캐셔가 근무 중 마감을 하다보면 고객으로부터 받은 금액이 정산한 금액보다 초과하여 남는 경우이다. 이러한 경우에는 프런트 캐셔에게 넘기고 인계한다.

Dill {딜}
미나리과 식물 열매로 적은 흑갈색의 모양이다. 유럽이 원산지이나 미국과 서인도 제도에서 자라는 풀이다. Pickle, Salad, Soup, Pudding, Gherkins(식초절임용의 작은 오이), Potato Salad 등이 있다.

Dill Pickle {딜 피클}
딜로 양념한 오이를 뜻한다.

Dine-around Plan {다인 어라운드 플랜}
아메리칸 플랜 및 수정된 아메리칸 플랜의 객실 요금 방식으로, 체인호텔은 아니지만 몇 개의 독립 호텔이 협약을 맺어 고객에게 저녁 식사만을 제공하는 요금 형식이다.

Dine-out {다인-아웃}
호텔 레스토랑이나 전문식당 등에서 외식을 하는 것, 즉 밖에서 식사를 하는 것을 말한다.

Diner {간이식당}
자동차나 기차 여행객을 위해서 고속도로변이나 기차 내 또는 역세권에 설치하고 간단한 값싼 음식을 파는 식당을 말한다.

Dining Program {다이닝 프로그램}
고객이나 방문객에 대해서 판매를 위해 미리 마련한 포장된 음식메뉴로, 통상 여행사나 기타 판매업소에 위탁 운영한다.

Dining Car {다이닝 카}
기차 여행객을 대상으로 열차의 한 칸에 간단한 식당설비를 갖추고 간단하고 식사를 취급하는 식당이다.

Dining Room {다이닝 룸}
주로 정식(Table d'hote)을 제공하는 레스토랑으로 호텔의 운영방침에 따라 식사시간을 정하여 놓고 점심과 저녁으로 나누어 식사를 제공하는 식당이다.

Dinner {저녁식사}
디너는 석식으로 내용적으로나 시간적으로나 충분한 시간과 양질의 재료로서

요리한 식사이다.

Direct Mail {DM}

고객의 판촉담당 직원이 고객 유치를 위해서 호텔의 홍보가 담긴 다양한 형식의 우편물을 고객의 가정이나 거래처 회사, 여행사, 각종 사회단체 등에 발송하는 것을 말한다.

Direct Passage Cost {다이렉트 베시지 코스트}

저장할 수 없거나 급하게 사용해야 하는 물품을 구매와 검수만 거친 후 저장고를 들어가지 않고 조리장에 직접 반입된 재료의 원가이다.

Discount of Guide Rate {가이드 할인요금}

고객과 동행하는 가이드 및 여행사 직원에 대해 숙박요금을 할인하는 제도이다.

Discount Group Rate {단체 할인요금}

여행사나 여행알선업자와 계약을 체결하여 단체 고객을 유치하기 위한 할인제도이다.

Dish {디쉬}

도자기, 금속, 유리 등으로 된 요리를 담아 내놓기 위한 접시류를 말하는데, Plate는 요리를 덜어 넣기 위한 얕은 접시이나, Saucer는 커피 잔과 같이 얕은 받침이 있는 접시이다.

Dish Dolly {디쉬 돌리}

접시를 쌓아 한 번에 많이 운반할 수 있도록 만든 카트 종류이다.

Display Room {전시 룸}

판매용 객실이 아니라 어떤 회사가 자사의 상품을 전시하고 진열할 목적으로 임대한 호텔의 객실을 일컫는데, 샘플 룸이라고도 한다.

Disputed Bills {디스퓨티드 빌}

호텔의 시설물을 이용하고도 지불을 하지 않으려고 논쟁을 하는 고객을 뜻한다.

Distillation {증류법}

리큐르 제조법에서는 증류법은 향료나 재료를 일정기간 동안 주정에 적셔 침출액을 넣고 증류하여 향과 맛을 내서 착색하는 방법이다.

Distilled {증류주}

이 방법은 알코올이 포함되어 있는 혼합물로부터 알코올을 분리해 내는 방법을 뜻하는데, 곡류와 과실 등을 원료로 한 단식증류기(Pot Still)와 연속증류기(Patent Still)에 의하여 증류한 강한 알코올이 함유된 술인데, 브랜디, 코냑, 위스키, 보드카 등이 있다.

D.N.C.O {Did Not Check Out}

객실료를 정산하도록 계산서를 만들어 놓았는데, 프런트 데스크에 통보 없이 떠나버린 고객을 말한다. 그러나 Skipper는 아니다.

D.N.D {Do Not Disturb}

호텔객실에 직원 출입을 금지한다는 표시로서, 손님이 문에 걸어 두는 표지에 쓰는 문구이다. 이 카드 뒷면에는 'Make-up'카드로서 객실정비원이 청소를 하기 바란다는 표시의 문구가 되어 있다.

D.N.P {Do Not Post}

행사표에서 흔히 찾아볼 수 있는 것으로, 행사를 외부에 알릴 필요 없을 때 게시판에 부착하지 말아달라는 의미이다.

D.N.S {Do Not Stay}

숙박등록 후 객실료를 지불했음에도 어떠한 사유에 의해 숙박을 하지 않는 경우, 그 등록카드에 D.N.S, 즉 '숙박하지 않음'이란 스탬프를 찍어 처리하되 인수인계한다.

Dock {도크}

호텔의 후문이며 직원의 출입구이다. 또한 호텔에서 필요로 하는 물품저장 창고가 있는 곳이며, 재활용품 보관 장소, 쓰레기 반출 장소가 있는 곳이다.

Doily {도일리}

도일리는 식탁 위에 깔고 세팅을 하여 깨끗한 이미지를 준다. 그러나 일반적으로 작고 원형인 도일리는 물컵, 주스, 맥주 등을 서브할 때 밑받침으로 사용된다.

D.O.M {Deo Optimo Maximo}

리큐르인 베네딕틴(Benedictine)에 써 있는 글로, 그 의미는 '최고의 신에게 바치는 술'이라는 뜻이다.

Domino {도미노}

야채를 얇은 직사각형 모양으로 약 1~2cm 두께로 자르는 방법이다.

Door Chain {도어 체인}

객실 안에서 한 번 더 잠글 수 있는 방범용 쇠줄을 말한다.

Door Closer {도어 클로저}

비상구 문 위에 달려 있으며 천천히 닫히도록 한 장치이다.

Door Frame {입구 문 틀}

객실로 들어가는 입구 문의 틀을 뜻한다.

Door Fuse {도아 퓨즈}

객실문을 고정시키는 역할을 하며, 화재 시에는 자동으로 문이 닫히는 역할을 하여 화재가 번지는 것을 차단한다. 관리는 방화 통제실에서 담당을 한다.

Door Holder {도어 홀더}

문이 떨이지지 않도록 위와 아래서 고정시킨 장치이다.

Door Knob Menu {도어 납 메뉴}

이 메뉴는 룸 메이드가 턴다운 서비스를 할 때 침대 위 또는 나이트 테이블에 놓아 드릴 수도 있다. 고객이 메뉴에 기입한 다음 객실문 복도 쪽 외측의 손잡이에 걸어놓으며, 이것을 야근하는 웨이터들에 의해 2시경에 수거된다. 그리고 메뉴에 의한 내용을 고객이 요구하는 시간에 맞게 음식이 제공된다.

Door Man {도어 맨}

호텔에 도착하는 고객의 자동차의 문을 열고, 닫아 주는 직원을 호텔의 수문장이라 할 수 있다.

Door Open Service {도어 오픈 서비스}

투숙객이 열쇠를 분실 혹은 객실 내에 두고 나왔을 시 고객의 요청에 의하여 객실 문을 열어준다. 이때 프런트 데스크에서 고객의 객실이 맞는지 확인하고 벨맨을 시켜 마스터 키(Master Key) 또는 일회용 키(One Shot)로 문을 열어주는 서비스이다.

Door Stopper {도어 스토퍼}
객실 문이 벽에 부딪치는 것을 방지하기 위한 고무로, 벽지를 보호하기도 하며 소음을 방지하기도 한다.

Door View {도어 뷰}
객실 안에서 복도가 있는 밖을 확인할 수 있는 돋보기와 같은 확대경이다.

Dortmund Beer {도르트먼드 비어}
독일 맥주이며 필젠(Pilsener Beer) 타입보다 발효도가 높고 향미가 산뜻하며, 쓴맛이 적은 담색맥주이다.

Double {더블}
일반적으로 칵테일 조주 시 기주의 양이 싱글이면 30㎖분의 양을 말하고, 더블하면 그의 2배인 60㎖분의 양을 의미한다.

Double Consomme {더블 콩소메}
고기의 양을 2배로 넣고 미르푸아의 양은 1.5배로 넣어 만든 진한 콩소메 수프이다.

Double-dooring {무전 숙박}
호텔 투숙 시 정상적인 투숙을 하여 묵고, 퇴숙 수속을 거치지 않고 뒷문으로 도망친 고객인데 스키퍼(Skipper)라고도 한다.

Double-double {더블 더블}
한 개의 객실에 2개의 더블베드가 있는 침실을 말한다.

Double-locked Door {더블 락트 도어}
호텔에 투숙하는 경우 절대 안전을 위해서 객실 안쪽에서 이중으로 잠글 수 있는 특별장치가 달린 객실이다.

Double Occupancy {더블 어큐펀시}
객실에 두 명이 투숙하는 것을 말한다. 판매된 객실수에 두 배로 투숙하는 비율이다. 이를 통해 식음료, 세탁, 기타 부대시설 등에 관한 비용을 예상할 수 있다.

Double Occupancy Percentage {2인용 객실 사용률}
총 숙박객수에 대한 2인용 객실 사용수의 비율을 뜻한다.

Double Occupancy Rate {더블 어큐펀시 가격}

객실 하나에 두 명이 투숙하는 것은 기본인데, 한 사람당 객실가격을 계산하는 것으로 관광객을 위한 객실가격이다.

Double Room {더블 룸}

2인용 베드를 설비한 객실로, 객실의 넓이는 16제곱미터 이상이며, 침대의 규격은 138×195cm 이상이다.

Double With Bath {DW/B. DWB}

2인용 객실로 욕실을 갖춘 침실을 뜻한다.

Dough {도우 : 반죽}

물, 밀가루, 설탕, 밀크, 기름 등을 가해 혼합하여 반죽하는 것을 의미한다.

Doughnut {도넛}

네덜란드의 튀김과자에서 유래되어 미국에서 링 도넛으로 개발되었으며, 이스트를 이용해 만든 이스트 도넛과 화학 팽창제를 사용한 케이크 도넛으로 구분한다.

Down Grading {다운 그레이딩}

호텔객실 사정으로 인해 예약 받은 객실 가격보다 저렴한 가격으로 객실을 배정하는 것이다. 이때 가격도 변경된 객실의 가격으로 조정시켜야만 한다.

Downtown Hotel {다운타운 호텔}

다운타운 호텔은 도시와 비즈니스센터와 쇼핑센터 등의 중심가에 위치한 호텔이다.

Draft Beer {생맥주}

제조과정에서 발효균을 살균하지 않은 생맥주를 뜻한다.

Drain {드레인}

객실의 세면대나 욕조의 하수구를 의미한다.

Drain Cover {드레인 커버}

욕조나 세면대에 물이 빠지는 하수구 커버를 뜻한다.

Drainage {드레인에이지}

하수구 덮개를 뜻한다.

Drambuie {드램뷰}
영국의 대표적인 리큐르로서 스카치위스키를 기주로 하여, 꿀로 달게 한 오렌지향의 호박색 리큐르이다.

Drapery {드레퍼리 : 주름}
커튼의 종류로 빛이 통과할 수 없는 두꺼운 천으로 된 커튼이다.

Drapes {드레이프스}
연회행사에서 쓰이는 테이블 주위에 장식하는 주름진 천을 말한다.

Drawn Butter {드론 버터}
소스용 녹인 버터로 Melted Butter를 말한다.

Dressed Food {드레스드 푸드}
식품의 상품가치를 높이기 위하여 Dresser에 의해 예쁘게 장식되고 정리된 음식을 말한다.

Dresser {드레서}
고객에게 제공될 음식물에 미관을 좋게 하기 위해, 다양한 음식재료를 사용하여 장식을 맡아 최종적으로 상품으로서의 가치를 높이는 것을 말한다.

Dressing {드레싱}
드레싱은 옷을 입는다는 뜻으로 쓰여졌다고 하여 샐러드 위에 뿌리는 소스가 약간 흘러내려야 되는데, 드레싱은 샐러드의 맛을 한층 높여주는 역할을 한다. 종류로는 A La Cream(Cream Dressing)은 크림과 식초, 레몬주스를 3 : 1로 비율로 하여 소금과 후춧가루를 가미한 것이고, A L'huile(Oil & Vinegar Dressing)은 올리브, 오일 종류나 식용유에 식초를 넣고 소금, 후추와 적포도주를 가미하여 만든 것이다. 또한 Thousand Island Dressing은 마요네즈 소스에 삶은 달걀, 토마토케첩, 양파, 피클, 핫소스 등을 넣어서 만든 것이며, French Dressing은 식용류에 식초와 소금, 후춧가루, 레몬주스, 겨자, 달걀노른자, 다진 양파를 혼합하여 만든 것이다. 그리고 English Dressing은 소금, 후추, 겨자와 기름, 식초, 약간의 설탕으로 맛을 내며, American Dressing은 English Dressing과 같은 것으로 기름과 식초(기름의 1/2 정도)를 혼합하여 만들어 설탕을 가미하여 달게 만든 것이

다. Lemon Dressing은 소금, 후추, 레몬주스에 올리브 오일을 혼합하여 약간의 설탕으로 맛을 낸다. 마요네즈(Mayonnaise) 역시 드레싱의 한 종류이다.

Dressing Mirror {드레싱 밀러}
화장대 거울을 뜻하다.

Drink Formula {드링크 포뮬러}
한 병에서 얻어지는 잔의 수와 한 잔의 분량을 cc로 규정한 표준 분량 규정인데, 보통 칵테일 레시피에서 한 잔을 30cc로 한다.

Drip {드립}
'물방울이 떨어지다'라는 뜻인데, 커피를 물방울로 뚝뚝 떨어지게 내리는 방법 중 하나이다.

Drip Coffee {드립 커피}
커피를 드립식으로 내린 것을 말한다.

Dripping {드립핑}
불고기에서 떨어지는 국물을 뜻한다.

Drive-in {드라이브 인}
드라이브 인은 '차에 탄 채로'의 뜻인데, 레스토랑에 자동차를 타고 들어가면서 인터폰으로 요리를 주문하여 돌아 나오면서 주문한 요리를 받은 것을 차내에서 먹는다.

Drop {드롭}
칵테일에서 강한 향료를 Bitters Bottle에서 떨어뜨릴 때 사용하는 말로, 방울이라는 의미인데, 1방울을 뜻하는 말로서 5~6드롭의 양이 1대시(Dash) 정도이다.

Drop Box {드롭박스}
카지노에서 칩을 넣을 수 있도록 게임테이블에 부착된 금속용기를 말한다.

Drug Store {드럭 스토어}
호텔 내에서 간단한 약, 담배, 기타 잡화류를 파는 가게이다.

Dry {드라이}
술의 맛을 의미하는 용어로서 독하거나 쓴맛을 표현하는 형용사이다. 불어로는

섹크(Sec), 독어로는 독스(Doux)로 쓰이고, 반대로 달콤한 술의 맛을 스위트(Sweet)라고 부른다.

Dry Martini {드라이 마티니}

칵테일의 하나로, 레시피는 드라이진 1⅓온스, 드라이 베르무트 1/3온스를 세이커에 얼음과 함께 넣고 잘 흔들어 섞은 후 칵테일글라스에 따라 올리브 한 개를 넣어준다.

Dry Store {건조식품 저장고}

건조식품 저장고는 식음료 창고 중 메인 주방에 위치하고 있으며 가장 일반적으로 쓰이는 시리얼, 향초, 캔 푸드, 향신료, 병에 담긴 식품들이 저장되어 있다.

Dual Plan {혼합식 제도}

듀얼 플랜은 혼합식 요금제도로 고객의 요구에 따라 아메리칸 플랜(American Plan)이나 유럽피안 플랜(European Plan)을 선택할 수 있는 형식으로 두 가지 형태를 도입한 방식이다.

Dubonnet {두보네}

약한 키니네 맛을 가지고 있는 적색의 프랑스산 아페리티프 와인으로, On the Rocks으로 애음된다.

Duchess Potatoes {더치스 포테이토}

삶은 감자를 달걀노른자와 함께 젖어 페스트리 튜브에 통과시킨 것이다.

Duchesse {더체스}

으깬 감자에 계란 노른자를 섞어 만든 요리이다.

Due Back {듀백}

호텔 영업장 캐셔가 업무 종료 후 결산할 때에 실제 매출보다 현금이 초과하여 남는 경우이다. 이러한 경우에 남은 금액을 프런트 캐셔에게 인계한다.

Due Bill {두빌}

호텔의 숙박시설 광고에 있어서 광고 장소나 방송시간, 광고기간 등을 협의하는 과정이다.

Due Out {듀 아웃}
투숙하고 있는 고객이 퇴숙할 예정인 객실을 말한다.

Dumb-waiter {요리운반용 승강기}
자동회전 식품대 또는 식품, 식기 운반용 승강기로, 룸서비스용 엘리베이터로도 이용된다.

Dumpling {가루반죽 푸딩}
밀가루나 삶은 달걀에 기름이나 양념을 배합하고 끓는 물에서 만들어내는 요리이다.

Duo Bed {듀오 베드}
낮에는 싱글 베드와 소파로 활용되고, 벽 쪽으로 직각이 되게 접으면 나이트 테이블이 되는데, 밤에는 더블베드로 사용할 수 있다.

Duplex {듀플렉스}
복층으로 된 스위트룸으로 아래층에는 응접실, 위층에는 객실로 구성된 룸을 말한다.

Duplication Key {복제 키}
투숙객 인원수 추가의 경우 처음 발행한 New Guest Key와 같은 열쇠를 고객수만큼 발행하여 주는데, 이것을 복제키 또는 카피키라고 한다.

Dust {더스트}
먼지 또는 가루를 뜻하지만, 빵이나 음식에 밀가루나 설탕을 뿌리는 것을 뜻하기도 한다.

Dustbin {더스트 빈}
쓰레기통이며, Trash Can이라고도 한다.

Dustpan {더스트 팬}
쓰레받기이다.

Dust Towel {더스트 타월}
가구나 욕실 청소 시에 사용하는 걸레를 뜻하지만, 걸레는 객실용과 일반청소용, 주방에서 사용하는 것으로 분류되어진다.

Duster {먼지털이개}

그림 액자, 천정, 벽지 등에 붙은 먼지제거에 사용하며, 파손이 되기 쉬운 가구나 비품류의 먼지제거를 하는 털이개이다.

Duty Free Shop {면세점}

외국인 관광객을 대상으로 면세품을 판매하는 상점이기도 하지만, 내국인이 출국 전에 면세의 가격으로 상품을 구매할 수도 있는 곳이다.

Duty Manager {듀티 매니저}

당직지배인이라고도 하며, 호텔 현관입구에 위치해 있으며, 고객의 불평불만 처리와 비상사태 및 총지배인 부재 시 직무대리, 공공지역의 청결상태 유지를 하며 24시간 3교대로 근무한다.

E

E-shapes {E형 배열}

연회장의 테이블 모형이 알파벳의 E와 같은 모양이라 붙여진 이름으로, E형은 많은 인원이 식사할 때 이용되며 테이블 안쪽이 의자와 뒷면 의자의 사이는 다니기에 편리하도록 120cm 정도의 간격을 유지하여야 한다.

Early Arrival {조기투숙}

예약한 일자보다 일찍 호텔에 도착하는 고객을 말한다.

Early Arrival Occupancy {조기투숙 점유}

고객이 예약한 일자보다 조기도착으로, 퇴숙시간 전에 입실이 가능하도록 객실을 미리 확보하는 것을 말한다.

Early Check-out {조기퇴숙}

호텔이 정한 퇴숙시간(12시)보다 일찍 또는 새벽에 출발하는 경우를 말한다.

Earned Surplus {수익잉여}

유보이익이라고도 하며, 기업이 정상적인 영업활동에서 얻어진 잉여금, 즉 손익거래에서 생긴 잉여금을 말하는 것이다.

Earthen Ware {어든 웨어}

한국식 식당(Korean Restaurant)에서 주로 사용하는 질그릇 종류를 말한다. 즉 뚝배기, 탕기 등이 여기에 속한다.

East Asia Travel Association {EATA}

동아시아관광협회는 아시아 동부지역에 위치하고 있는 국가(한국, 일본, 싱가포르, 홍콩, 대만, 마카오, 필리핀, 태국) 8개국의 대표가 동부아시아 지역의 관광발전을 도모하기 위하여 1966년 3월 일본 동경에서 결성된 관광기구이다.

Easy Chair {이지 체어}

소파형의 안락한 의자를 말한다. 무대 위의 VIP석으로 사용된다.

Easy Check {이지 체크}
카드회사와 한국정보통신, 가맹점(호텔)이 온라인으로 연결되어 결제승인, 불량카드 여부를 쉽게 체크하는 시스템이다.

EATS {Entertainment Atmosphere Taste Sanitation}
Entertainment(접대 : 인적서비스), Atmosphere(분위기 : 물적서비스), Taste(맛 : 음식), Sanitation(위생 : 청결)을 뜻하는 약어로서, 레스토랑은 단순히 먹는 장소만의 의미가 아니라 서비스와 분위기, 음식의 맛, 위생 등이 하나로 조화된 총체적 가치, 즉 '토털 상품을 판매하는 장소'라는 뜻이다.

Eau-de-vie {오드비}
오드비는 '생명수(Water of Life)'란 뜻으로 알코올성 음료를 말한다.

Éclair {에클리어}
우유, 계란에 설탕 등을 넣어 구운 과자인 Custard나 Whipping Cream, 얼음으로 채운 조그마한 장방형의 밀가루 반죽으로 구운 과자이다.

Economic Order Quantity {EOQ}
구매와 운반에 소요되는 비용을 최소화하기 위해서 결정하여야 할 1회 주문량이 있는데, 다음과 같은 공식에 의해 얻어진다.

Economy Hotel {이코노미 호텔}
호텔 영업장이 많지 않고 제한된 서비스가 제공되며, 보다 저렴한 가격으로 호텔객실을 이용할 수 있는데, 이러한 호텔을 Second Class Hotel이라고 한다.

Efficiency {이피션시}
주방시설이 설치되어 있는 숙박시설을 말한다.

Egg and Crumbing {에그 앤 크럼잉}
용해되거나 잘 혼합된 달걀에 음식물을 담그고 빵가루를 뿌린다.

Egg Benedict {에그 베네딕트}
데친 달걀을 구운 영국 머핀과 햄 위에 올리고 네덜란드 소스로 덮은 뒤 제공하는 요리이다.

Egg Cream {에그 크림}
우유, 초콜릿, 시럽, 소다수를 섞어 만든 음료이다.

Egg Custard {에그 커스터드}
달걀, 설탕, 우유, 밀가루로 만든 과자이다.

Egg Foo Yong {에그 푸 양}
양파, 새우, 돼지고기, 야채 따위를 넣고 만든 중국식의 달걀요리이다.

Egg Nogg {에그 녹}
술, 계란, 설탕, 우유를 사용하여 만드는 크리스마스용 롱 드링크이다.

Egg Plant {가지}
가지과에 속하는 1년생 풀로서 원산지인 인도에서는 다년생 풀이다. 줄기와 잎은 검은 자줏빛이고, 잎은 어긋나며 달걀 모양인데 가시가 있다. 잎겨드랑이에서 엷은 자줏빛의 통꽃이 피고, 열매는 달걀 모양 또는 긴 원통형이다.

Egg Roll {에그 롤}
중국요리의 하나이다. 즉 야채, 해산물, 고기 등을 잘게 다진 소를 넣고 기름에 튀긴 달걀말이이다.

Egg Yolk {에그 요크}
달걀노른자를 뜻한다.

Elder Hostel {엘더 호스텔}
미국과 캐나다에 있는 900개의 대학 조직망으로써 60세 이상의 노인들에게 교육과 모험의 혼합된 프로그램으로 인생경험의 기회를 제공해 보자는 취지로, 숙식은 대학 구내 기숙사에서 제공되고 특별 교육과정이 개설된다.

Electronic Locking System {ELS}
컴퓨터화 된 전자자물쇠 시스템 객실 잠금장치이다.

Embark {탑승, 승선}
비행기를 탑승하거나, 배에 승선하여 한 장소를 떠나는 것을 뜻하며, 출항이나 출발카드는 승객이 나라를 떠날 때 기입한다.

Emergency Exit {Emergency Door}
화재 등 긴급한 사고에 대비하여 피할 수 있게 특별히 만들어 놓은 출입문이다.

Emergency Light {비상등}
객실복도나 천장에 설치되어 있는데 전기가 안 들어 올 경우, 호텔의 자가 발전 시설에 의해 작동되는 비상등을 말한다.

Emincer {에멍세르}
야채를 아주 얇게 썰은 모양으로, 약 0.2~0.3cm로 자르는 방법이다.

Emincer Ovale {에멍세 론드}
야채를 타원형으로 엷게 자르는 방법이다.

Emincer Ronde {에멍세 오발}
야채를 아주 얇게 둥글게 써는 방법이다.

Employee Folio {임플로이 폴리오}
호텔 내에서 업무와 연결하며 직원이 고객관리 또는 판촉을 위하여 사용하는 경우에 발생되는 회사로부터 허가된 직원계정이다.

En Brochette {앙 브로우세}
구이꼬치로 요리되는 것이다.

En Casserore {앙 카스로르}
밀봉된 내화성 도기에 넣어 끓이거나 찌는 것을 말한다.

En Cocotte {앙 코코트}
달걀 따위를 내화성 소형 접시에 넣어 요리한 것이다.

En Coquille {앙 코키유}
조개나 달팽이류의 껍질에 어류, 새우, 게, 닭고기, 달걀 등을 재료로 넣어 요리하는 형식이다.

En Papillote {앙 파피요트}
종이 봉지에 싸서 굽는 요리법이다.

En Place Cheek {앙 플라스 체크}
정식 코스요리를 주문한 고객이, 그 메뉴 품목 중 약간 다른 종류로 대치하여 주

기를 원할 때 이 '대치전표'가 필요하며, 가격상의 변동이 없을지라도 대치함을 허락한다는 매니저의 서명날인을 받아야 한다.

En Route {여행 중}

여행도중인 것을 뜻하며, Route 상이라고도 할 수 있다.

En Suit Cheek {앙 쉬트 체크}

정식을 서브할 때 사용하는 전표로서 '후식 선택선표'라고 할 수 있다. 이 경우는 주식 서브가 끝나고 빈 접시를 뺄 때 다시 메뉴를 제시하여 후식에 대한 주문을 받는 경우가 있는데, 이런 경우는 'En Suite'라고 표기해야 한다.

En Tasse {앙 타스}

컵에 넣어서 하는 조리방법이다.

Endive {엔다이브}

벨기에의 대표적인 샐러드 야채이며, 형태는 배추 속처럼 타원형으로 끝이 뾰족하며 순백색이다.

Endorsement {배서, 이서}

수표의 뒷면에 배서, 즉 이서하는 것을 뜻하며, 승인하는 것을 의미하기도 한다.

Energy Management System {EMS}

에너지 비용이 많이 발생하는 호텔에서는 에너지 관리시스템인 기계적 장비운영을 자동적으로 관리하도록 설계된 컴퓨터화 된 통제시스템이다.

Engineering Department {시설관리부}

호텔건물과 시설의 보수 및 유지를 위한 기술적 업무를 수행하는 부서를 시설관리부라고 부른다. 일부 호텔은 '영선부'라고도 하고 있으나 그 의미는 같은 개념이다. 이 부서는 전기실, 기계실, 영선실, 목공실 등으로 조직이 편성되어 있으며, 호텔의 방화관리에 관한 업무도 수행한다.

English Breakfast {잉글리시 블랙퍼스트}

미국식 조식(American Breakfast)과 같으나 생선요리가 포함되는 아침식사이다.

English Dressing {잉글리시 드레싱}

잉글리시 드레싱은 소금, 후추, 겨자와 기름, 식초, 약간의 설탕으로 맛을 내며 만든 것이다.

English service {잉글리시 서비스}
음식이 주방에서 식탁으로 Platter(큰 쟁반)에 담겨져 직접 서비스되어, 주빈이 테이블을 돌며 고객에게 요리를 제공하기도 하고, 요리를 돌려가며 고객이 직접 담아먹는 중국식 테이블 서비스 방법과 비슷하다.

Enrobe {엔로브}
케이크, 페쉬트리, 비스킷, 아이스크림 등에 초콜릿 따위로 옷을 입히는 것이다.

Enrober {엔로버}
과자에 초콜릿이나 폰당을 발라주는 기계이다.

Entertainment {엔터테인먼트}
호텔 서비스에 있어 환대, 접대, 즐거움, 오락 등의 의미를 갖는 서비스 개념이다.

Entrance Mirror {입구 거울}
객실 입구에 있는 거울을 뜻하며, 대부분 옷장 문에 붙어 있어 전신을 볼 수 있는 거울이다.

Entrance Switch {앤터런스 스위치}
입구에 위치한 전원 스위치이다.

Entrée {앙트레}
앙트레는 메인 디시라고도 하고, 뜻은 영어로 'Entrance'의 뜻을 지니며, 중간에 나오는 순서로 Middle Course라는 의미를 내포하고 있다. 앙트레는 일반적으로 육류요리로 소, 송아지, 돼지, 양, 가금류, 엽수류(노루, 사슴, 산토끼), 엽조류(꿩, 메추리) 등이 있다.

Entremets {앙트르메}
앙트레가 나올 때 곁들여 내는 야채요리이다.

Entry Level Job {초보적인 일}
사전 경험 없이 최소한 일정 기간의 훈련과 교육만 필요로 하는 직무를 말한다.

Enzyme {엔자임}
생체 내에서 생성되는 일종의 촉매로 단백질이 주체이며, 열에 약하고 70℃ 이

상으로 가열하면 안 되며 주류, 간장, 치즈, 및 의약 등의 제조에 쓰인다.

Epicure {에피큐르}

미식가를 뜻하며, 요리와 포도주를 좋아하는 사람이다.

Equipment {장비}

레스토랑, 주장, 연회행사 등에 필요한 각종 장비를 말한다.

Escort {tour escort : TC}

여행객를 동반하면서 안내하는 것을 말하며, Tour Conductor(T/C)라고도 한다.

Espagnole Sauce {에스파뇰 소스}

갈색소스로서 주로 육류에 많이 사용되며 브라운 스톡에다 양파, 버섯, 셀러리, 당근을 볶아 넣고 토마토 퓨레를 가미하여 2~3시간 끓여서 만든다.

Espresso {에스프레소}

이탈리아식 커피 추출법으로 농도를 진하게 추출해 내는 방법이다.

Essence {에센스법}

독일에서 가장 보편적으로 채택되고 있는 방법으로 일종의 향주 혼합법이다. 향주는 천연향료와 인공향료가 있다. 그 외에 계란 노른자나 동물의 모유를 사용한 것도 있다.

ETA {Estimated Time of Arrival}

호텔 투숙객의 도착 예정시간이다.

ETD {Estimated Time of Departure}

호텔 투숙 중인 고객의 출발 예정시간이다.

European Hotel Cooperation {EHC}

유럽 여러 나라의 항공사가 대량수송 시대에 대처할 수 있도록, 각지에 호텔을 건설할 목적으로 설립된 유럽 호텔조합이다.

European Motel Federation {EMF}

유럽 각국의 모텔 소유자들이 공동이익을 대표하며 스위스에 본부를 두고 유럽 모텔연합을 만들어, 해외 모텔협회, 자동차협회와 긴밀한 관계를 맺고 있다.

European Plan {유럽피언 플랜}
객실료와 식사대를 분리하여 각각 별도의 계산을 하는 방식으로, 손님에게 식사를 강요하지 않고 손님의 의사에 따라 식사는 별도 지급한다. 이는 상용호텔 등에 주로 적용되는 방식으로 우리나라 호텔에서 일반적으로 적용하는 요금제도이다.

Eurotel {유로텔}
유럽 호텔(Europe Hotel)의 약어로서 분양식 리조트 맨션의 수탁체인 경영이다. 현재 구주 8개국에 걸쳐 이를 운영하고 있는 Eurotel International Hotel사에 의해 제창된 것이다.

Evening Work {이브닝 워크}
야간작업, 야간근무를 뜻한다.

Event {이벤트}
이벤트의 어원은 라틴어 E-(Out)와 Venire(to Come)라는 뜻을 가진 Eventus, 발생하다(Occurrence)와 우발적 사건(Happening)과 같이 일상적인 상황의 흐름 중에서 특별하게 발생하는 일을 가리키는 말이다. 이벤트란 공익, 기업이익 등 특정 목적을 가지고 치밀하게 사전 계획되어 대상을 참여시켜 실행하는 사건 또는 행사를 총칭하는 것이다.

Event Order {연회행사 지시표}
호텔의 연회서비스나 컨벤션을 치르는데 있어서의 연회의 성격 및 목적 참석 인원, 식음료 단가, 테이블 플랜, 서비스 형태, 메뉴 형태, 지급관계와 선수금 확인, 음향장비 및 세미나 장비 확인, 외부 발주물 확인사항 등 종합적인 연회준비 상황보고서로서 호텔 전부서(조리팀, 시설부, 연회부, 객실부 등)에 보내는 연회행사 지시표이다.

Evian Water {에비앙 광천수}
에비앙은 프랑스와 스위스의 국경 가까이 레만 호반이 있는 도시로서 이곳에서 용출되는 양질의 천연 광천수인데, 세계적으로 유명하다.

Exchange Commission {환전 수수료}
은행에서 외국환을 환전(원 → 외국환, 외국환 → 원)하는 경우 매매시 일정비

율의 수수료를 받는 경우이다.

Exchange House {환전상}

외국통화의 매매 및 외국에서 발행한 여행자수표(T/C)의 매입을 환전이라 하며, 법인 또는 개인도 외국환관리 법령에서 정하는 일정한 요건을 갖추면 환전 업무를 취급할 수 있는데 이를 '환전상'이라 한다.

Exchange Rate {환진율}

외국환의 거래는 자국통화 대 타국통화의 매매 시 교환비율을 말하며, 환율은 자국통화의 대외가치를 나타낸다.

Exchange Transactions {교환거래}

교환거래는 자산, 부채, 자본의 증감변동은 발생하나 비용은 발생하지 않는 거래이다. 따라서 교환거래는 당기순이익에 영향을 미치지 않는 거래이다.

Executive Chef {총주방장 : Chef de Cuisine}

총주방장인 조리장은 모든 음식을 조리하고 준비하는 책임을 지니고 있으며, 식음료 부문에 대한 지식이 있어야 하고, 원가관리와 메뉴 개발과 메뉴 구성 등이 주 업무이다.

Executive Floor {귀빈층 : EFL}

EFL은 귀빈층이라 불리고 있으며, EFL, Executive Club, Regency Club, Grand Club, Executive Salon, Towers 등과 같이 호텔마다 다르게 불리어지고 있다. 현대 비즈니스맨들을 위해 보다 신속하고 정확하며 차별화된 서비스, 안락함과 편안함 등 제공받기를 희망하고 있어 EFL에 상주하는 Receptionist 또는 Concierge가 상주하면서 항공, 타호텔 예약, 비서업무, 통역, 클럽 라운지 운영, 익스프레스 체크 인(Express Check-in) 및 퇴숙, 회의 등 일반객실과 차별화한 Amenity를 제공한다.

Exhibition {전시회}

무역, 산업 혹은 상품 및 서비스 판매업자들의 대규모 상품 진열을 의미하는 것으로, 상담을 수반하는 경우 많다. 전시회는 Trade Show, Trade Fare라는 용어를 사용하는데 호텔경영 측면에서는 연회장 및 기타 장비 등의 임대료 수입과 행사에 참여하는 고객으로 객실료 수입을 올릴 수 있다.

Exotic Cocktail {엑조틱 칵테일}

일명 Tropical Drink(트로피칼 드링크)로도 불리는 짙푸른 바다, 요트, 종려나무, 하얀 모래사장을 연상시키는 사탕수수가 재배되는 카리브해안, 남아메리카, 하와이 등에서 럼을 기주로 해서 열대성 과일의 껍질을 용기로 하거나 장식을 해서 만드는 낭만적인 칵테일을 총칭한다.

Expected Market Share of Hotel {EMSH}

자사 호텔의 판매가능 객실을 경쟁호텔의 총 판매가능 객실수로 나눈 값이다.

Expert Service {엑스퍼트 서비스}

일급 서비스 혹은 숙련된 전문가의 서비스라 할 수 있다.

Express Check-in/out {익스프레스 체크 인/아웃}

프런트 데스크에서 대기해야 할 번거로움을 없애기 위해서 고객의 투숙과 퇴숙을 신속하게 하기 위한 서비스이다. 예를 들면, 익스프레스 투숙은 한 번 이상 이용한 고객의 자료(Guest History Card)를 토대로 서명란에 서명만 하면 투숙할 수 있도록 하고, 익스프레스 퇴숙을 원하는 고객은 투숙 시 퇴숙시간을 기재하게 하고, 퇴숙하기 전일 저녁 고객의 계산서를 확인시킨 후 신용카드를 프린트한 고객은 사전에 퇴숙을 통보는 방식이다.

Extension {숙박연장}

익스텐션은 투숙객의 숙박 연장 또는 체재 연장을 의미한다.

Extrenal Transaction {외부거래}

외부거래는 기업의 외부자와의 관계에서 발생하는 거래로 식음재료, 상품, 고정자산 등을 구입하는 구입거래와 객실 및 식음료 서비스, 상품 등을 판매하는 판매거래로 나누어진다.

Extra Bed {엑스트라 베드}

객실에 정원 이상의 고객을 숙박시킬 때 임시로 설치하는 침대로, 보통 접이식과 이동식 침대를 엑스트라 베드라고 한다. 침대 추가로 제공시 추가요금과 Service Charge, VAT가 부과되지만, Family Plan으로 투숙하는 고객에게는 무료로 제공된다.

Extra Charge {추가요금}
호텔에서는 퇴숙시간 이후 객실을 사용하는 경우의 추가요금이 적용되는 경우가 있는데, 통상요금 이외의 비용을 말한다.

F

FF&E {가구, 비품 & 장비}

호텔가구(Furniture), 비품(Fixture), 장비(Equipment)의 약자로 디자인 전문용어이지만, 호텔경영에는 이와 같은 자산의 비용 부담이 크기 때문에 매우 중요한 자산관리라고 할 수 있다.

Face Reading {페이스 리딩}

고객이 원하고 필요로 하는 것을 재빨리 간파하여 서비스 제공에 보다 능동적으로 대처하는 것으로, 고객을 처음 맞을 때 고객의 외모에서 순간적으로 성분을 파악하는 것이다.

Face Towel {페이스 타월}

얼굴이나 손등을 닦을 때 사용하는 타월로, 규격은 정해져 있지는 않지만 일반적으로 80×36cm이다.

Familiarization Rate {가족요금제도}

호텔에서 가족 숙박객을 위하여 객실, 식음료 등이 할인된 요금제도이다.

Familiarization Trip {팜 트립}

호텔 홍보 또는 특정 기업이나 지역을 알리기 위한 목적으로, 방송관계자, 여행사, 기업에 근무하는 사람들에게 제공하는 무료여행이다.

Family Hotel {가족호텔}

1986년 제정 · 공포된 「관광진흥법」에 의해 신설된 호텔 개념의 가족단위 숙박형태이다. 저렴한 가격으로 공동 취사장이나 가족단위의 개별 취사시설을 갖추고 옥내 · 외 운동시설을 갖춘 숙박 형태이다.

Family Plan {패밀리 플랜}

패밀리 플랜이란, 부모와 같이 동행한 14세 미만의 어린이에게 Extra Bed를 넣어 주되, Extra Bed Charge는 적용하지 않는 요금제도이다.

Family Room {패밀리 객실}

2개 이상의 객실에 Double 또는 Twin Bed가 있어 가족이 사용할 수 있는 객실이다.

Family Service {패밀리 서비스}

가장 단조로운 서비스 방식으로, 음식은 주방에서 만들어져 보울(Bowl)이나 플레이트(Plate)로 서브가 되어, 숙련되지 않은 직원도 쉽게 적응할 수 있는 서비스이다.

Fancy Room Rate {펜시 룸 레이드}

고객의 욕구 및 지급능력을 기초로 하여 적절한 요금정책을 수립하여 합리적인 객실요금을 책정하여 매출을 극대화하는 것이다.

Fancy Drink {기호음료 : Non Alcoholic Beverage}

기호음료란, Alcoholic Beverage(술)을 나타낼 수도 있지만, 일반적으로 식전, 식후에 즐겨 마시는 커피류 및 차 종류를 말한다.

Farce {파르스}

고기를 다져서 생선이나 야채 속에 채워 넣어 만든 요리의 일종이다.

Farina {파리나}

오트밀과 같은 곡식의 가루를 뜻한다.

Farm Out {팜 아웃}

고객을 더 받을 수 없어 예약된 고객을 빈 객실이 있는 다른 호텔로 보내는 경우를 뜻하는데, 고객이 예약을 하였다 하더라도 객실을 판매할 수 없을 경우에만 적용된다.

Fast Food {패스트푸드}

빠른 서비스를 목표에 두고 바쁜 사람들을 위하여 음식을 제공하는데, 이러한 음식의 메뉴는 제한되고 표준화된 서비스의 방식을 채택하고 있다.

Fausse Tortue {파우세 또르뚜}

자라 부용에다 밀가루를 버터에 볶아 알맞게 넣어 끓인 수프이다.

Feathering {페터링}

커피의 온도가 85℃ 이하로 떨어진 후에 크림을 넣어서 고온의 커피즙에 함유된 산과 크림의 단백질이 걸쭉한 형태로 응고되는 것을 말한다.

Feeder Lines {피더 라인}

주요도시와 소도시를 운항하는 항공사 또는 철도의 지방노선(지선)을 뜻한다.

Feeding {단체급식}

단체급식을 하는 식당을 지칭하는 말로 비영리적이며, 주로 Self Service 방식으로 운영되는데 대기업, 호텔, 학교, 회사, 병원, 교도소 등의 공공사업체에서 주로 많이 하는 급식방법이다.

Fennel {페넬}

식물로 추위에 강하고 잎은 당근과 비슷하며 씨앗은 Anise와 비슷하다. 주로 입 냄새를 없애기 위해 쓰이고, 피클에 사용되며 또한 사탕, 리큐르, 탕수육, 애플와인 등에 사용된다.

Fenugreek {페뉴그릭}

콩과의 식물로 씨는 약용으로 쓰이며, 강한 방향을 작고 있는 굳은 열매로 쓴맛을 낸다. 아프리카, 남유럽, 인도가 원산지로 카레가루, 망고, 피클 등에 사용된다.

Fermented {양조주}

양조주란, 과당이나 곡류 중에 함유되어 있는 전분을 전분당화효소인 디아스타제와 효모인 이스트를 작용시켜 발효 양조하여 만든 알코올이 생긴 음료를 양조주라고 한다.

Fig {무화과}

뽕나무과에 속하는 낙엽 · 활엽 관목으로, 무화과나무의 열매를 뜻하기도 하며, 우리나라 중남부 및 제주도와 일본, 중국에 분포한다.

File {파일}

파일이란, 정보처리를 목적으로 조직적으로 수집된 정보이다.

Filet {필레}

육류나 생선의 뼈, 지방질을 추려낸 순 살코기의 상태를 뜻하며, Fillet으로 표기하기도 한다.

Filet Mignon {필레 미뇽}

소고기의 연한 허릿살 부분에 있는 안심을 말한다.

Final Proof {파이날 프루프}
주류 발효 시 최종 발효점을 말한다.

Final Stage {파이날 스테이지}
반죽 단계 중 탄력성과 신장성이 가장 우수한 단계이다.

Financial Statement {재정상태}
기업의 자산 부채 및 자본상태를 나타내는 대차대조표와 일정기간 동안의 기업의 수익, 비용 및 손익 등의 경영 성과를 보여주는 손익계산서 등을 말한다.

Fine Herbs {파인 허브}
가늘게 쪼갠 3~4가지 향료의 혼합물을 뜻한다.

Finger {핑거}
술의 분량을 측정하는 단위로서 1핑거를 30mℓ 정도이다.

Finger Bowl {핑거볼}
포크 따위를 사용하지 않고 과일을 손으로 직접 먹을 경우, 손가락을 씻을 수 있도록 물을 담아 식탁 왼쪽에 놓는 작은 그릇을 말한다.

Finger Food {핑거 푸드}
손으로 집어먹는 당근, 샐러리 따위를 길게 씰어 기름에 튀긴 것을 말한다.

Fire Alarm {화재 알람}
화재 시 벨을 울려주는 기구이다.

Fire Detector {화재 탐지기}
호텔 객실 등 건물 전반에 설치된 화재 탐지장치이다.

Fire Lamp {화이어 램프}
화재 시 켜지는 붉은색 등을 말한다.

Fire Spray {Spring Cooler}
화재 시 자동으로 물을 뿌려주는 장치로, 천장 또는 벽면에 설치되어 있다. 모든 건물에 필수장치이지만 카펫이 많은 호텔을 매우 중요한 장치이다.

Firm Account {기업계정}
호텔과 계약에 의해 외상거래를 기록하는 계정을 말한다.

First Class Hotel {특급호텔}

일류호텔을 뜻하며, 호텔의 등급을 매기고 있는 나라에서는 시설기준을 정하고 있다.

First Cook {1급 조리사}

각 조리부서의 조장으로서 조리업무의 실무면에서 탁월한 기능소지자로서 주방운영에 관하여 중간관리자 역할을 수행하고 제반사항을 주방장 또는 부주방장에게 보고하며 조원의 업무감독, 음식재료 유지관리 등을 한다.

First In First Out {선입선출 : FIFO}

먼저 입고된 재료를 먼저 소진시킨다는 뜻이다.

Fish {생선}

생선요리는 수프 다음에 제공되는 정식요리의 두 번째 코스로서 알려져 왔으나, 요즘에는 주식을 대신한 주요리로서 많이 찾기도 한다. 생선요리를 제공할 때는 머리 부분은 고객의 좌측으로, 배 부분은 고객의 앞쪽으로 가도록 놓아야 한다.

Fish and Chips {피시 앤 칩}

생선튀김에 감자튀김을 곁들인 것이다.

Fish Cooking Method {생선조리법}

생선에 가장 적합한 조리방법을 결정하는데 있어서는 생선의 지방 함유량에 의해서 결정한다. 일반적으로 지방이 적은 생선은 건열조리법(Dry Heat Method)을 사용하고, 지방이 많은 생선은 브로이링, 즉 오븐에 넣어 굽는 것을 사용하고, 습열조리법(Moisture Heat Method)은 거의 모든 생선 종류에 사용된다.

Fish Stick {피시 스틱}

가늘고 긴 생선 토막에 빵가루를 묻혀 튀기는 요리법이다.

Fish Stock {생선 스톡}

생선의 뼈나 머리, 꼬리, 지느러미를 야채와 함께 넣고 갈색이 되도록 볶은 후, 물을 붓고 1~2시간 정도 끓인 다음 후추와 레몬껍질을 넣고 서서히 끓여 30분 후에 걸러 낸다.

FIT {Foreign Independent Tour}
개인으로 움직이는 여행 및 여행자로서, 원래는 개인 또는 소수인이 탑승원과 함께 하는 여행에 대한 호칭이었지만, 오늘날에는 외국인 개인여행객을 칭한다.

Fixed Assets {고정자산}
호텔의 자산구조상 가장 중요한 계정과목으로 판매목적이 아니고 호텔이 장기간 동안 영업활동에 이용할 목적으로 취득한 각종의 자산으로 이는 유형고정자산(토지, 건물)과 무형고정자산(특허권, 상품권, 영업권)으로 분류된다.

Fixed Percentage of Declining-balance Method {정률법}
정률법은 고정자산의 장부가액에 일정한 상각률을 곱하여 연도별 감가상각비를 계산하는 방법이다. 장부가액은 취득원가에서 감가상각비 누계액인 감가상각충당금을 차감한 잔액이므로, 정률법 이용 시 매년의 감가상각비는 내용 연수가 더해 갈수록 감소하게 된다.

Fixture {고정설비}
호텔객실 내에 고정되어 있는 설비, 즉 옷장, 미니바 기구, 시립장, TV장 등을 한정된 공간에서 고객들의 사용하기 편리하게 고정시켜 놓은 용품이라 할 수 있다.

Fizz {피지}
탄산가스가 물에서 떨어져 나갈 때 '피익' 하는 소리에서 비롯된 의성어이다. 주로 Sprits가 기본이 되며 과즙이나 감미를 가미하여 소다로 희석한다.

Flag {플래그}
국기, 깃발이라는 뜻도 있지만, 룸랙 표지 또는 룸랙 외 특별한 객실에 대하여 룸 클럭의 주의를 환기시키기 위한 장치이다.

Flag Report {플래그 리포트}
프런트 데스크의 인수인계 대장으로 당일 해결할 수 없는 내용에 대하여 기록해 두었다가 해당일 근무자가 처리할 수 있도록 한다. 책임자의 주위를 환기시키기 위한 인계차원이 보고서이다.

Flambe {프람베}
프렌치 레스토랑에서 셰프 드랑이 고객 앞에서 음식을 직접 조리하는 것을 말한다.

Flambee Cart {프람베 카트}

고객 앞에서 직원이 직접 조리한 요리를 서브하기 위하여 알코올 또는 가스버너를 갖춘 카트로 Flambee Wagon이라고도 한다.

Flaming {플래밍 : Flambee}

주로 프렌치 서비스에서 고객에게 보이기 위해 고객 테이블 앞에서 음식의 맛을 내고, 증류주로 불꽃을 만들며 요리를 만드는 것이다. 장비로는 Flambee Wagon, 스토브, 팬이나 용기 등이 있다.

Flat Ware {플렛 웨어}

테이블에 쓰이는 은기물류의 총칭한다.

Flavored Gin {플레이버드 진}

두송자 대신 과실(Orange, Lemon, Citrus, Mint 등)로 향기를 내는 Sweet Gin으로 칵테일보다 스트레이트로 마시기가 좋다.

Float {플로트}

술의 비중을 이용하여 한 가지 술에 다른 술을 혼합하지 않고 위에 붓거나 칵테일에 아이스크림 등을 띄울 때 쓰이는 명칭이다.

Floatel {프로텔}

크루즈, 여객선이나 페리와 같이 해상에서 운행하는 숙박시설이 있는 배를 프로팅(Floating) 호텔이라 일컫는다. 우리나라에서는 1982년에 선박을 이용한 숙박형태로서 객실기준은 50실 이상이며 비상 발전설비와 해양오염방지를 위한 오수저장 및 처리시설, 폐기물 처리시설을 갖추어야 한다.

Floor Clerk {플로어 클락}

각 층에서 프런트 클락의 임무를 수행하는 직원을 말한다.

Floor Station {플로아 스테이션}

객실의 정비나 장비를 위한 가구류, 집기류 등이 있는 장소의 개념으로, 또한 린넨, 수납 창고, 냉장고 설비가 되어있는 장소이다.

Floor Supervisor {객실층 관리자}

담당하는 객실의 한 층 또는 여러 층에 대한 객실상품을 최종 점검하는 관리자로, 직원 작업 상황을 하나하나 직접 감독한다. 그리고 하우스키핑 직원들이 업무를 수행하는데 필요한 보급품이나 도구를 갖추고 있는지 살피고, 항상 비판적인 안목으로 점검해야 하며, 항상 솔선수범하여 지도자의 위치를 지켜야 한다. 이러한 직책을 Floor Housekeeper, Room Inspector라고 한다.

Florist {꽃 장식가}

호텔 내의 꽃 장식은 분위기를 포근하게 할 뿐만 아니라, 레스토랑에서 식사의 미각을 돋우는 데도 도움이 된다.

Flow Chart {흐름도}

업무의 진행과정을 표시하기 위하여 다양한 기호(Flow Chart Symbol)를 사용하여 나타내는 시스템의 분석기법이다.

Flush Valve {플러시 벨브}

화장실 변기에 물을 내기기 위한 손잡이를 말한다.

Flyer {전단}

전단은 홍보 포스터의 축소판으로 크기는 다양하며, 리플릿이라고도 한다.

Foie Gras {프와그라}

전채요리의 하나로서 거위간(Goose Liver)으로 만든 빠데(Goose Liver Pate)라고도, 프와그라는 캐비어와 송로버섯과 같이 세계 3대 전채요리 중 하나이다.

Fold Bed {접는 침대}

호텔 객실에 있는 침대로서 취침 전 · 후에 접을 수 있게 만들어져 객실 공간 활용에 유용하다.

Folding Screen {폴딩 스크린}

병풍은 한실 또는 연회장에서 많이 사용하는 것으로, Partition 역할도 한다.

Folding Table {파티용 테이블}

연회서비스 테이블로서 여러 개를 이어 사용하기 편리하게 만들어져서 Catering Service에도 적당하다.

Folio {폴리오}

프런트 데스크에서 고객관리를 위하여 일련번호가 적혀 있는 고객기록 카드로,

고객원장으로 불리고, 단기 수취계정 기록을 유지 · 보관하기 위한 것이 있다.

Folio Well {고객원장 보관}

고객원장 랙(Rack)으로 불리기도 하며, 고객원장을 유지하도록 파일로 고객의 이름은 알파벳 순서로 정렬되어 있으며, 객실 번호별로 색인되어 있기도 하다.

Fond {폰드}

수프를 만들기 위한 기본적인 뼈 국물로서, 야채, 고기 조각 등을 향료와 섞어 끓여낸 국물을 말하는데 스톡이라고도 하며, Stock은 모든 소스의 기본으로 쓰이는 재료이다. 스톡에는 White Stock, Brown Stock, Fish Stock, Poultry Stock으로 구분한다.

Fondue {폰듀}

버터, 치즈를 녹여서 달걀을 풀어 만든 요리이다.

Food & Beverage Cashier {식음료 캐셔}

레스토랑 또는 바를 이용하는 고객들의 계산을 돕는 호텔 직원이다. 그러므로 식음료 판매상품의 종류와 단가를 숙지하여 신속 · 정확한 정산이 이루어지도록 하여야 한다.

Food Checker {푸드 체커}

주문한 메뉴가 바르게 조리되어 서브되고 있는지를 점검하는 사람이다.

Food Cost Control {식료원가관리}

경영 방침이나 판매 계획에 따른 요리가 품질은 물론 제공되는 양에 맞게 제조, 판매함으로써 최대의 이익을 내기위한 원가관리이다.

Food Cover {푸드커버}

고객에게 제공되는 음식서비스 단위를 나타낸 것이다.

Food Service Station {서비스 담당구역}

레스토랑에서 테이블 수와 구역에 따른 서비스 책임구역을 말한다.

Foot Light {풋 라이트}

객실침대 옆 나이트 테이블 밑에 설치되어 있는 램프를 뜻한다.

Foot Stool {풋 스툴}

키가 큰 고객을 위하여 침대 발끝에 붙여 놓은 가구 중 하나이다.

Foot Towel {풋 타월}

욕실에서 사용하는 타월로 바닥에 놓고 사용하기도 하며, 발을 닦을 때도 사용한다.

Footman {풋맨}

최근에는 볼 수 없지만 대형 호텔에서나 볼 수 있던 직종으로, 지금은 도어맨이나 벨맨이 수행하고 있는 객실안내, 우편물 취급, 고객의 불평처리, 정보제공 등 다양한 업무를 담당하는 직책으로 현관 지배인이나 객실과장의 지시를 받는다.

Forbidden Fruit {금단의 열매}

왕귤나무 열매를 브랜디에 담가 만든 미국산 적갈색의 리큐르이다.

Forecast {예측}

호텔에서 객실이나 식음료, 마케팅 등 영업을 담당하는 부서의 과거 영업실적을 분석하여 미래에 대한 수요예측을 하는 것으로, 월별, 분기별, 연별로 구분하여 분석한다.

Forecast Scheduling {예상계획표}

호텔의 과거 판매액을 기초로 하여 예상을 설정하고 평가하여 스케줄을 조정한다. 일반적으로 객실, 연회 예약상황, 이벤트 등을 통하여 호텔 전 부서의 활동을 예측하는 것이다.

Foreign Currency Unit {외환시세 단위}

변동하는 통화의 환시세 단위 가치의 문제를 배제하기 위하여 IATA 외환시세 단위에 의해 확립된 요금 측정기준이다.

Foreign Exchange Rate {환율표}

자국화폐와 교환되는 타국화폐의 비율표이다.

Forfeited Deposit {보증금 예치}

고객이 호텔에 예약한 후 예약을 취소하지 않고 나타나지 않을 경우(No-show)를 대비해 받는 예약금을 말한다.

Format {서식문}
자료의 양식과 형식을 배치, 인쇄하는 경우의 서식문을 말한다.

Fortified Wine {주정강화 와인}
일반 와인의 알코올 도수를 높인 와인으로 포르투갈 마데리아(Maderia), 스페인의 쉐리(Sherry)가 있다.

Forwarding Address {포워딩 어드레스}
투숙객이 퇴숙 할 때 Mail, Message를 차후 도착예정지로 보내주길 원할 때 도착예정지의 주소, 전화번호 및 연락처를 받아서 퇴숙한 고객에게 전달될 수 있도록 하는 서비스를 말한다.

Fragile Tag {취급주의}
고객이 물품보관소(Store Room)에 수화물을 보관할 경우, 주류 등 깨지고 부서지기 쉬운 물품의 취급에 주위를 요하는 표지이다.

Fraise {프레이즈}
약 25도의 주정도수를 가진 담홍색의 리큐르로서, 일명 Strawberry Brandy 혹은 Strawberry Liqueur라고 한다.

Framboise {프랑부아즈}
약 25도의 주정도수를 가진 나무딸기로 만든 담갈색의 리큐르로서 일명 Raspberry Brandy라고도 한다.

Franchise {프랜차이즈}
프랜차이즈는 특허권 사용이란 뜻으로 호텔 체인본부로부터 체인에 가입한 다음 일반체인의 호텔과 동일한 등록상표를 사용하며 영업하는 방식이다. 경영계약과 비슷하나 이 방식은 경영기법, 마케팅 등 관리를 받지만, 투자는 하지 않으며 경영에 대한 책임은 투자자가 맡는다.

Frappe {프라페}
얼음이나 얼음가루를 이용하여 차게 한 것이다.

Free Pour {프리 포어}
사람의 눈썰미로 대략적인 양을 측정하는 것이다.

Free Sale {프리 세일}
여행사, 항공사 대리점, 호텔 대리인 등이 호텔에 명확한 정보나 허락 없이 객실을 판매하도록 위탁하는 경우를 말한다. 그러나 주기적으로 호텔측에 보고서를 보낸다.

Freeze Dried Coffee {냉동건조커피}
원두에서 추출한 커피 원액을 영하 40℃의 저온에서 순간적으로 냉동시켜 결정체를 만들어 내는 제조방법으로, 천연커피의 깊고 풍부한 맛과 향을 그대로 지닌 최고급 인스턴트커피이다.

French Dressing {프렌치드레싱}
올리브유, 식초, 소금, 향료 등으로 만든 샐러드용 소스이다.

French Fries {감자튀김}
사각형 모형으로 길게 썬 감자튀김이다.

French Pastry {프렌치 페스트리}
크림이나 설탕으로 절인 과일 등을 넣는 페스트리이다.

French Service {프렌치 서비스}
프렌치 서비스는 유럽의 유족들이 좋은 음식을 원하거나 시간적 여유가 있는 사람들이 즐기는 전형적인 우아한 서비스이다. 고객 앞에서 서비스하는 종업원은 숙련되고 세련된 솜씨로 간단한 음식을 직접 만들어 주기도 하고, 주방에서 만들어진 음식이라도 은쟁반에 담아 보여준 뒤 바퀴가 달려 이동 가능한 Gueridon(게리동)에서 보온이 된 접시에 1인분씩 담아서 제공한다. 음식은 고객의 오른쪽에서 오른손으로 서브하며 빵과 샐러드는 고객의 왼쪽에 놓는다.

French Toast {프렌치 토스트}
주로 조식에 제공되며 달걀과 우유를 섞은 것에 담가 살짝 구운 빵이다.

Fresh Air Cover {프레쉬 에어 커버}
외부공기를 빨아들여 제공하는 장치의 커버를 뜻한다.

Fresh Air Grill {공기 순환장치}
외부의 신선한 공기를 객실 내부로 공급하는 장치로, 창문이 없거나 아주 작게

설계된 호텔 객실은 공기순환 장치의 역할이 매우 중요하다.

Fresher {프레셔}
변기 물탱크의 물이 내려가도록 눌러 주는 손잡이다.

Fricandeau {프리칸도}
삶은 송아지, 칠면조 따위의 고기에 그 국물을 친 요리이다.

Fricassee {프리카세}
브랑켓(Blanquerre : 화이트소스에 조린 송아지고기)과 아주 닮은 요리로 날짐승을 많이 사용하며, 흰 크림에다 고기를 넣어서 찐 것이다.

Fried {프라이}
프라이는 팬 프라이와 딥 프라이로 나누어지는데 팬 프라이는 기름을 얕은 팬에 넣고 생선을 조리하는 방법으로 이때 생선이 1/3 가량 기름에 잠기게 프라이 한 것이고, Deep Fry는 기름을 깊은 Pan에 넣고 생선을 조리하는 방법으로 이때 생선이 완전히 기름에 잠기게 Fry한 것이다.

Fried Eggs {프라이 에그}
버터를 프라이팬에 바르고 계란을 깨어 넣어 노른자까지 익도록 튀긴 것이다. 이것에는 Fried Ham, Toast Bacon, 삶은 토마토와 튀긴 감자 등을 곁들인다. 튀기는 시간이 2분이면 소프트, 3~5분이면 미디엄으로 익힌다고 한다. 프라이드 에그의 조리방법 중 Sunny Side-up은 계란을 깨어 한쪽 흰자위만 살짝 익힌 프라이한 계란으로서 노른자가 위쪽으로 보인다. 해가 뜨는 모양 같아서 붙여진 이름이다. Over Easy은 계란을 Pan에 깨어 한 쪽이 살짝 익으면 엎어서 다른 한쪽을 익혀 양쪽의 흰자위만 살짝 익힌 프라이한 계란요리이며, Over Hard는 계란을 깨어 노른자위까지 익힌 프라이한 계란이다. 그리고 Turn Over는 계란을 깨어 양면으로 프라이한 계란요리이다.

Friendship Hotels in Korea {프렌드십 호}
우리나라 최초 국내호텔 간(호텔 신라, 코오롱 호텔, 호텔 설악파크, 코모도 호텔, 제주 칼 호텔 5개사) 상호협력을 증진하고자 1981년 12월 21일 체결한 약정이다. 체결의 목적은 국내 최고급 호텔로서 품위 유지와 상호알선을 통한 객실

및 연회의 판촉을 위한 상호협조와 공동이익을 증진시키고자 함이다.

Frill Paper {기름종이}

가금류(닭, 칠면조, 오리)나 생선류 등을 종이로 덮어(주로 알루미늄 호일) 요리를 하고 서브할 때 장식의 종이로 모양 있게 내는 요리인데, 기름종이를 Papillote Paper라고도 한다.

Front Bars {프런트 바}

바에 가면 긴 테이블을 카운터 바라고도 하는데, 바텐더와 고객이 마주보고 서브와 서빙받는 바를 말한다.

Front of the House {영업부서}

호텔의 영업부서로 고객과 직접 대면하고 접하는 프런트 데스크 서비스와 식음료 서비스가 이 영역에 포함된다. 즉 영업부문을 살펴보면 대부분 수익이 발생(Revenue Center)하는 부서가 이에 속한다.

Front Office {프런트 오피스}

호텔에 있어서 현관은 고객을 최초로 만나는 지점(Point of Guest Contact)인 동시에 최후로 고객을 환송하는 장소이므로, 호텔의 중심 또는 호텔의 얼굴이 되는 곳이다.

Front Office Cashier {프런트 캐셔}

프런트 오피스 캐셔는 투숙객이 프런트에 등록을 하면 동시에 업무가 발생하게 되는데, 주로 투숙객의 객실료와 기타 부대시설 이용에 따르는 모든 계산을 통합 · 관리 · 징수하는 곳이다.

Front Office Lay out {현관배치}

현관의 배치는 세심한 사전 검토를 거쳐야 되는데, 고객에는 접근이 용이해야 하고, 호텔이용에 있어 동선이 편리해야 하며, 경영자에게는 능률적이고 경제적이어야 하기 때문이다.

Front Office Manager {현관 지배인}

일반적으로 호텔수입의 원천은 객실판매에 있으며, 현관 역시 객실부 소속으로, 총책임자가 곧 현관지배인인 것이다.

Frost {프로스트}
글라스의 가장자리에 레몬 또는 라임즙을 바른 다음 설탕가루를 묻히는 경우(Snow Style)를 말하는데, 글라스를 접시에 담긴 설탕을 살짝 찍어내어 눈송이가 묻은 것 같이 장식하는 방법이다.

Frozen Storage {냉동창고}
냉동된 육류나 생선류 등을 보관하는 냉동실이다.

Fruit Flavored Brandy {푸르츠 프레이버드 브랜디}
일반적인 브랜디 혹은 다른 주정을 기주로 하여 과일즙 등을 가미하여 향미를 내거나 착색시킨 리큐르이다.

Fruit Liqueur {푸르츠 리큐르}
신선한 과일(버찌, 딸기, 살구)이나 말린 과일을 사용하여 만든 증류주인데, 주로 브랜디에다 6~10개월 정도 놓아두었다가 향기, 색깔 등이 술에 배어들면 술을 여과시켜 시럽을 첨가한 후 나무로 만든 술통이나 항아리에 약 1년 동안 숙성시킨다.

Fruit Salad {과일 샐러드}
야채와 함께 과일이 제공되는 샐러드인데, Fresh Fruit Salad라고도 한다.

Fruit Squeezer {과일 스퀴저}
조주 시에 레몬이나 오렌지 등의 과일 과즙을 만들어 사용하는 경우가 있는데, 이때 사용하는 기구가 Fruit Squeezer이다.

Frying {프라잉}
뜨거운 기름에 튀긴다는 것을 의미하며, 소량의 기름을 사용할 때는 Pan Frying이라 하고, 기름 양을 많이 사용할 때는 Deep-pan Frying이라 한다.

Full Board {풀 보드}
3식이 포함된 플랜으로, 아메리칸 플랜과 동일하나 세금으로 추가하여 받는다.

Full House {만실}
판매가능한 모든 객실 100% 판매된 경우이다.

Full Pension {풀 펀션}
객실요금에 아침, 점심, 저녁이 모두 포함하는 경영방식으로, American Plan이

라고도 하며 북미에서 처음 발생한 호텔상품으로, 고객이 식사를 하지 않아도 요금을 환불해주지 않는다. 고객 측에서는 불만이 있을 수 있으나 경영자 측에서는 장점이 있다.

Full Service {풀 서비스}

일부 호텔이나 모텔에서 제공되는 제한적 서비스에 대조적으로, 호텔 내 모든 부서로부터 완전한 서비스가 제공됨을 뜻한다.

Function Room {행사장}

행사장이란, 파티나 회의를 하면서 식음료판매를 목적으로 가변시설을 갖춘 구별된 장소인데, Banquet Room(연회장)이라고도 한다. 최근 들어 Function은 호텔경영에서 중요한 부분을 차지하고 있어 다양한 크기의 룸이 지속적으로 늘어나고 있는 추세이다.

Function Sheet {펑션 시트}

호텔의 연회서비스나 컨벤션을 치르는데 있어서의 연회 성격 및 목적, 참석인원, 식음료 단가, 테이블 플랜, 서비스 형태, 메뉴형태, 지급관계와 선수금 확인, 음향장비 및 세미나 장비확인, 외부 발주물 확인 등 종합적인 연회준비 상황보고서로서 Event Order라고도 한다. 이것은 호텔 전부서(조리팀, 시설부, 연회부, 객실부 등)에 보내져 연회를 준비하는데 차질이 없도록 한다.

Functional Organization {기능조직}

경영기능의 수평적 분업을 명확히 하고, 전문가에 의한 관리자의 분업상 이익을 확보하기 위한 관리조직을 말한다.

Fund {영업자금}

펀드는 캐셔가 각각의 업장에서 영업을 하기 위한 자금으로, 재정부 General Cashier가 차용하여 각각의 캐셔가 영업을 할 수 있도록 가지급하는 것으로, 영업 마감시 외환과 잔금을 합하여 차입액과 같이 제너널 캐셔에게 입금시킨다.

Future Buying {예측구매}

큰 기업에서는 주문할 당시의 고정된 가격으로 미래에 납품될 상품의 미리 구입을 계약한다. 그러나 근래 호텔업계에서는 신선한 상품공급을 한다는 취지에 대개 최대한 90일 단위로 구매한다.

FY {회계년도 : Fiscal Year}
예산은 보통 1월 1일부터 12월 31일까지 1년을 그 기간으로 하는데, 이 기간을 회계년도라 한다. 대부분 호텔에서도 회계년도를 매년 1년간을 한 회계년도로 설정하여 운영하고 있다.

G

Gala and Festival Menu {겔러와 페스티발 메뉴}

축제일이나 어느 특정 지방 및 국가의 기념을 위하여 개발한 메뉴를 말한다.

Galanrine {갤런틴}

닭이나 오리의 등을 갈라서 뼈를 빼내고 속에다 고기를 넣고 다시 봉해서 쪄내는 요리이다.

Galliano {겔리아노}

오렌지와 바닐라를 사용하여 만든 노란색의 이탈리아산 리큐르이다.

Game Bird {게임 버드}

사냥하여 잡은 짐승이나 엽조류 혹은 그 고기를 말한다.

Gaming Chips {칩}

카지노가 국세규석에 순하여 발행한 Game Money(Chip)를 말하는데, 이를 코인 Coin)이라고도 한다.

Garbage Room {가베지 룸}

모든 쓰레기를 수거하는 장소로, 이곳에서 분리수거가 이루어지는 곳이다.

Garbure {가브르}

수프의 일종으로 스튜를 오븐에 넣어 조리하든가 걸쭉한 수프에 양배추나 돼지고기를 넣은 것을 말한다.

Garde Manager {가르드망제}

콜드키친을 담당하며, 찬 음식에 대한 조리를 지휘하고, 해산물 샐러드, 샐러드 드레싱, 카나페 샌드위치, 그밖에 뷔페서비스에 나가는 찬 음식을 준비한다. 조리사 중 Cold Kitchen에 근무하는 직원을 관리 한다.

Garden Party {가든파티}

호텔이나 레스토랑에서 개최하는 연회를 가정의 정원이나 호텔의 정원에서 개최하는 연회형식이다. 연회장 중앙이나 한쪽 편에 테이블을 놓고 그 위에 요리를 준비해 놓아 입식형식으로 각자 자기 식성대로 자유로이 선택해서 먹도록 여러 가지 요리를 내놓는다.

Garlic {마늘}
갈릭은 마늘을 뜻하며, 백합과에 속하는 다년생 풀로, 아시아에 원산지로 온대지방에서 재배된다. 한냉지나 습지에서 재배한 것은 강한 냄새가 난다.

Garlic Bread {갈릭 브레드}
주로 이탈리안 요리에서 서비스되는데, 프렌치 브레드를 두께 1cm 정도로 얇게 자른 다음, 버터에다 마늘을 찧어 넣고, 실파 등을 썰어 넣어 만든 것을 발라서 오븐에 파삭파삭하게 구운 빵을 말한다.

Garlic Powder {갈릭 파우더}
마늘을 분말로 만든 것으로, 마늘의 향은 독특한 매운맛을 갖고 있으며 각종 식품의 맛을 돋우는데 효과가 있다.

Garniture {가니튜어}
주된 요리에 곁들이는 야채, 해초 따위를 말한다.

Gateau {가토}
케이크(Cake)나 과자를 뜻하는 말이다.

Gateau {고프레}
조식용 얇은 과자를 뜻하며, Waffle(와플)은 밀가루, 달걀, 우유를 섞어 말랑하게 구운 케이크류이다.

G.D.S {Global Distribution System}
글로벌 유통시스템을 뜻한다.

Geflugelkle in Suppe {게풀뤄겔클라 인 주쁘}
독일의 치킨 크림수프이다.

General Cashier {회계 주임}
헤드 캐셔라 할 수 있는 General Cashier는 당일 발생하는 현금 결제계정을 총괄하고, 영업장 영업에서 소요되는 현금지급 및 회수와 관리 등의 일을 맡는다.

General Clean {대청소}

평상시 하지 못했던 부분을 정기적으로 철저히 청소하는 것을 일컫는다. 대청소를 Spring Cleaning이라고도 한다.

General Manager {G.M}

호텔에서 총지배인은 최고 경영진에서 결정한 기본정책 수행의 책임자를 말하며, 객실 부장과 식음료 부장, 마케팅 부장 등 모든 부서장과 업장 지배인을 지휘 · 감독하며 기타 부분을 총괄한다. 그리고 총지배인은 반드시 고객, 직원, 주주에 대한 책임을 지고 유기적인 관계를 철저히 하여 호텔경영에 임해야 한다.

Georges Auguste Escpffier {요리사}

Escoffier(1846~1935)를 신문들은 요리사 중의 왕이라고 불렀다. 그의 위대한 업적은 Le Guide Culinaire라고 하는 요리책으로 현대 요리법의 신약성서라고 불리어질 정도로 유명하다. 그는 현대 메뉴의 시조로 오늘날 우리가 볼 수 있는 주방체제의 창조자이다. 음식과 요리사에 대해 관심이 많고 경의를 표하는 나라인 프랑스 정부는 Escoffier의 재능을 인정해 그에게 레종도뇌에르 훈장(the Legion of Honor)을 받음으로서 그는 귀족난제에 회원이 되었다.

Geranium {제라늄}

소니풀과에 속하는 다년생 원예 초본으로 우리나라에서는 양아욱이라 불린다. 빛깔은 흰색, 자주색, 붉은색 등이 있으며 남아프리카가 원산지이다.

Gherkin {게르킨}

열대 아메리카산 오이의 일종으로 작고 달콤하거나 시큼한 절임 오이를 뜻한다.

Gin {진}

진은 대맥을 비롯한 여러 가지 곡물로 순도 높은 곡물 중성 주정(Neutral Grain Spirits)을 만들고, 이것을 다시 두송자 열매(Juniper Berry)를 사용하여 착향시킨 것으로 서민들이 즐겨 마시는 술이다. 무색이며 가장 많이 사용되는 칵테일의 기주이다.

Gin Fizz {진 피지}

진에 레몬, 탄산수를 탄 음료이다.

Ginger {진저}

진저는 생강과에 속하는 다년생 풀로, 인도, 말라야가 원산지이고, 매운 맛과 향료가 강렬할수록 좋은 것이며, 자메이카산이 최상품이다. 특이한 향을 지니고 있어 생선, 고기 등의 악취를 제거하는데 쓰이며 식욕증진의 작용이 있어 각종 음식에서 사용된다.

Ginger Ale {진저엘}

생강으로 만든 비등성 청량음료로 적도 아프리카 잔지바르나, 자메이카, 우리나라에서 생산되는 생강의 향기를 나게 한 소다수에다 구연산(Citric Acid) 기타 향신료를 섞어 캐러멜 색소에 착색한 청량음료이다. 주로 칵테일용으로 많이 쓰인다.

Ginger Beer {진저비어}

진저비어는 진저와 크리임상의 주석, 설탕의 혼합액을 물에다 타고 거기에다 이스트(Yeast)를 섞어서 발효를 하여 만든다.

Ginger Wine {진저와인}

설탕, 레몬, 건포도, 생강을 발효시킨 음료이다.

GIT {단체여행}

단체여행객을 뜻하며 GIT는 Group Inclusive Tour의 약자로 단체 여행을 뜻한다.

Giveaway {기브어웨이}

호텔 마케팅 부서나 홍보부에서 판매촉진용으로 제작한 경품으로 무료 제공품을 말한다.

Glace {글라세}

오래 조린 아주 진한 스톡이나 설탕을 조려 글라스 형태로 투명하게 보일 수 있도록 하는 것이다.

Glass Holder {글라스 홀더}

뜨거운 음료를 제공시 Tumbler(손잡이가 없는 컵)를 사용하는데 용이하게 만든 것으로, 8oz 텀블러가 표준이다.

Glass Pack {글라스 팩}

글라스를 꽂기 쉽게 되어 있고 꽂아서 운반하기 쉽게 만든 기구로서 글라스를 세척할 때 사용되는 기구이다.

Glass Ware {글라스 웨어}
식음료에서 사용하는 기물 중에 유리로 만든 식기 종류를 말한다.

Glazing {그레이징}
설탕이나 버터, 고기즙 등을 조려서 코팅시키는 조리방법 중 하나이다. 야채를 조리하는데 많이 사용되는 방법이다.

Glutamate {글루타메이트}
단백질에서 추출한 글루탐산의 나트륨염으로 음식의 맛을 향상시키는 조미료를 말한다.

Go Show {고 쇼우}
예약 없이 여객기를 탑승하러 가는 것을 의미하나, 호텔의 빈 객실이 없을 경우 예약 취소나 No-show로 빈 객실을 구하려고 기다리는 고객을 뜻한다.

Goblet {고블렛}
레스토랑에서 주로 물 컵이 용도로 사용하며 Stem이 달린 글라스이다.

Gold Rum {골드 럼}
엠버 럼(Amber Rum)이라고 불리어지며, 캐리멜 색소로 착색한 것이다.

Golden Gin {골든 진}
일반적인 진과는 다르게 나무통 속에 저장하여 연한 황금색을 갖고 있는 진이다.

Goldwasser {골드와서}
미나리과 고수나무인 Coriander(고수풀)향을 착향시킨 Kummel(퀴멜주)형의 금박이 함유된 리큐어의 일종이다.

Good & Standard {육류등급}
육류등급은 크게 품질등급과 산출량등급 2가지로 나누어진다.

G.O.P {Gross Operation Profit}
총 영업이익을 뜻한다.

G.O.R {Gross Operation Revenue}
총 매출액을 뜻한다.

Gourmet {미식가}

미식가, 식도락가을 의미한다.

Government Rate {공무원 요금}

공무원에게 적용된 객실 할인율을 뜻한다.

Goulash {굴라시}

헝가리의 대표적인 수프로 Hungarian Goulash라고도 하는 파프리카 고추로, 진하게 양념하여 매콤한 맛이 특징인 전통 헝가리식 소고기가 야채의 스튜이다.

Gourmand {구어먼드}

프랑스어로 맛있는 음식을 좋아하는 사람이라는 뜻으로, 미식가 또는 식도락가를 나타낸다.

Gourmand Dining {구어먼드 다이닝}

미식가들을 주 고객으로 맛있는 요리를 즐길 수 있는 레스토랑, 즉 식도락가를 위한 레스토랑이다.

Grace {그레이스}

설탕을 졸여 글라스 형태로 투명하게 보일 수 있도록 하는 것이다.

Grain Nautral Spirits {글라인 내추럴 스피리츠}

곡식으로부터 발효 증류되어 나오는 알코올이 95% 이상으로 증류될 때에는 그 재료의 특성은 거의 다 사라지고 무색무미에 가깝다. 이러한 알코올은 중성 주정이라고 하며 블렌디드 위스키, 진, 보드카, 리큐르 등은 이와 같은 중성 주정으로 생산되는 경우가 많다.

Grain Whisky {그레인 위스키}

그레인 위스키란, 곡물로 만든 위스키란 뜻인데, 이 경우에 있어서는 대맥 맥아나 발아하지 않은 곡물(주로 옥수수)를 말한다. 제조방법은 옥수수 약 80%에 피트향을 주지 않은 대맥 맥아 약 20%를 섞어 연속식 증류기로 제조한다.

Grand Mariner {그랜드 마리너}

코냑을 오렌지 향을 착향시킨 연붉은 색의 리큐르로서 큐라소(Curacao)와 유사하다.

Grand Master Key {그랜드 마스터 키}
이 키(Key)의 경우는 호텔객실뿐만 아니라 사무실 등 전체를 열 수 있으며, 특별한 목적에만 사용하는 사용되고, 2중 잠금장치도 열 수 있다하여 Double Lock Key라고도 부른다. 관리는 당직지배인이 별도로 관리하며 사용 시 사용자와 사용시간을 기록해야 한다.

Grand Total {그랜드 토털}
호텔에서 발생하는 단가에 봉사료를 합하면 공급가액(Sub Total)이 되고 이에 부가가치세(VAT)를 합하면 판매가액이 되는데, 이 총합계를 그랜드 토털이라고 한다.

Grandjoie {그랑주아}
그랑주아는 프랑스의 Deutz Gelderman(듯츠 겔레만)사에 의해서 생산하여 호평을 받고 있는 스파클링 와인으로, 1987년 정통파 스파클링 와인으로 첫선을 보인 제품이다.

Granulated Sugar {그래뉴래이트 슈가}
당도 99 이상의 불순물이 없는 자당 결정체로, 오래되어도 습기로 인해 굳어지는 경우가 극히 적어 보존성이 좋지만, 용해가 잘 안되어 아이스커피나 아이스티에는 잘 녹지 않는다. 그럼에도 청량음료의 감미료로서 광범위하게 사용된다.

Granule Coffee {과립커피}
분무 건조된 인스턴트 커피를 다시 미분쇄하여 습기를 가한 후 냉각 건조시킴으로써 과립 형태의 입자가 남게 된다. 물에 녹는 속도가 빠르고 찬물에도 잘 녹아 아이스커피용으로 쓰인다.

Grapefruit {그레이프프르트}
자몽(Pomelo)의 일종이다. 모양은 여름귤 같은데, 노란 껍질이 있다. 북미남부의 특산으로 맛은 여름귤보다 달며 구미 여러 나라에서 흔히 쓰인다.

Gratin {그라틴}
Broiled와 같은 방식이나 이 조리방법은 오븐이나 살라만더를 이용하여 윗불로 익히는 방법이며, 생선에 버터 및 치즈가루를 뿌려서 굽기도 한다.

Gratuity {팁, 하사금}
팁(Tip)이나 선물, 하사금, 축의금이라는 뜻이 있지만, 호텔에서는 Service Charge 라는 뜻이 내포되어 있다.

Graveyard Shift {교대근무}
3교대 근무에서 심야철야 근무를 뜻하는데, 프런트, 교환, 룸서비스, 시설부 등이 이와 같은 근무를 한다.

Gravies {그레비}
그레비는 소스처럼 취급되고 있으나 차이점이 있다. 그레비는 단지 고기를 굽거나 삶은 즙으로 건더기가 생기지 않도록 처리된 것이다.

Gre'que a La {그리끄 알라}
전채요리를 가공형태로 분류한 것으로 그리스식으로 쌀, 피망, 건포도를 기름에 튀겨서 토마토에 채워 부드럽게 만든 것이다.

Great Wine {그레이트 와인}
포도주를 만들어서 15년 이상 저장하여 50년 이내에 마시는 와인을 말한다. 이때 코르크 마개의 수명이 25~30년 밖에 안 되므로 25년 이상 묵으면 코르크 마개를 갈아 끼워주어야 한다.

Green Cabbage {그린 캐비지}
양배추의 한 종류로, 잎들은 초록색이고 매우 꼬불꼬불하고 엉켜 있다.

Green Fee {그린 피}
골프장 코스를 이용하는 요금이다.

Green Salad {그린 샐러드}
순수한 그린색으로 구성된 야채샐러드를 뜻한다.

Greeter {글리터}
카지노 Host를 뜻하는데, 주로 판촉부 소속으로 고객의 접대 일체를 담당하는 직원인데, 판촉직원의 경우가 많다.

Greetress {그리트리스}
레스토랑 입구에서 지배인을 도와 고객을 영접하고 관리하는 여성 직원을 뜻한다.

Grenadine {그레나딘}

본래 석류를 사용하여 만든 착색용 시럽이었으나 근래에는 인공적인 색소를 이용하여 만들며 음식에 빨간색을 내기 위하여 사용되는 시럽이다. 칵테일 부재료로 많이 이용된다.

Grill {그릴}

그릴이란 요리 용어로 망쇠구이를 가리키는데, 망쇠에 구어서 제공하는 레스토랑을 지칭했던 듯하나, 최근에는 많지 않지만 유럽의 호텔에서는 그릴 룸이라고 하면 최고급의 일품요리를 서비스하는 레스토랑이란 뜻으로 사용되고 있다.

Grill Room {그릴 룸}

호텔 레스토랑에서 손님 앞에 고기 등을 구워 서비스 하는 그릴 레스토랑의 룸(Room)이다.

Grilled {그릴드}

육류나 생선을 석쇠나 쇠꼬챙이를 사용하여 직접 열로서 조리하는 방법이다.

Grinding {그라인딩}

음식물을 갈아 가루로 만든 것으로 소고기, 커피, 고추 등을 분말로 만들어 쓰는 것이다.

Grip Bar {그립 바}

욕조 안에서 일어날 때 미끄러지는 것을 방지하기 위한 손잡이(핸들)를 말한다.

Grits {그리츠}

거칠게 갈아서 구운 옥수수를 뜻한다.

Gross Average Method {GAM}

총 평균법은 출고할 때에는 수량만을 기입하여 두고 일정기간에 대한 매입총액을 매입 총수량으로 나누어 총 평균치를 구한 다음, 그것을 매출 또는 소비단가로 계산하는 방법이다.

Gross Income {그로스 인컴}

총 수입을 뜻한다.

Group {그룹}
호텔의 예약 및 계산서를 청구할 때 일행으로 취급하는 사람들의 집단을 말한다.

Group Bill {그룹 빌}
단체고객에 대한 계산서를 말하며, Billing의 편의 및 효율성에 비추어 한 장의 계산서에 단체주문 분을 작성하는 경우를 말한다.

Group Coordinator {그룹 코디네이처}
그룹 코디네이터는 단체고객에 대한 Group Rooming List의 접수, 숙박등록, 객실배정, 식사시간, 식사의 종류, 식사의 요금, 식사장소, 행사장 등에 기존 예약단체에 대해서 확인을 하고, 미 예약단체에 대해서는 예약을 접수하며, 관계부서에 해당사항을 연락하고 확인하는 과정에서 조정하는 등의 예약부터 종료까지 모든 업무를 담당하는 직원이다.

Group Movement {그룹 명단}
그룹고객의 객실번호, 가이드 이름, 연락처, 지불방법, 객실가격, 투숙기간 등이 일괄적으로 적혀있는 명단을 뜻한다.

G.S.O {Global Sales Office}
세계적인 호텔객실 예약 채널이다.

Guarantee {개런티}
개런티는 약속에 대한 보증으로 고객은 서비스를 보장받을 수 있어 좋고, 기업에서는 고객을 사전 확보할 수 있어 좋다.

Guaranteed Rate {개런티드 요금}
호텔과 여행사나 일반기업간의 계약으로, 매년 또는 일정기간마다 기업에 의해 사용하는 객실 점유율을 고려하여 점유기간과 관계없이 정찰가격에 대한 보증금이다.

Guaranteed Reservation {보증예약}
호텔이 고객의 객실예약을 보증 확인한 것으로, 만약 투숙할 고객이 도착하지 못할 경우라도 객실요금을 지급할 것을 약속받는 객실예약을 말한다. 예약 시 회사명, 연락처, 신용카드번호를 받아둔다.

Gueridon {게리동}

게리동은 프랑스 레스토랑에서 사용하는 카트로, 최고급 서비스를 제공하는데 아주 중요한 바퀴달린 웨곤으로 전 · 후, 좌 · 우로 쉽게 이동할 수 있게 만들어졌다. 게리동은 고객의 식사주문에 의하여 동작되므로, 테이블 사이에 공간이 충분하나 종사원의 부주의로 테이블이나 의자에 부딪히거나 닿아서는 안 된다.

Guest Bill {계산서}

호텔회계에서 사용하는 양식으로 고객의 원장 개념이며, 투숙객이 작성한 등록카드에 의하여 정산할 수 있도록 하기 위한 장부이다. 또한 고객이 호텔 내 영업장에서 사용한 계산서의 의미로도 이해할 수 있다.

Guest Charge {게스트 차지}

고객의 청구서에 기재된 모든 청구액으로 객실료, 봉사료, 전화, 미니바(Mini Bar), 호텔의 부대시설 사용에 대한 비용의 합계를 말한다.

Guest Check {게스트 첵}

레스토랑이나 영업장의 고객에게 청구하는 전표로 비우처라고 부르기도 한다. 접객원의 주문전표(Waiter Order Slip)를 Guest Check로 병행하는 경우도 있다.

Guest Count {고객수}

고객의 수, 즉 투숙고객의 수를 말한다.

Guest Cycle {고객 순환주기}

고객 순환주기는 Hotel Guest Cycle이라고도 하며, 고객이 처음 호텔에 도착하여 상품과 서비스를 제공받고 그 대가로 요금을 지급한 뒤 호텔은 떠날 때까지의 전체 과정을 말한다.

Guest Day {고객 일일숙박}

고객 한 명이 호텔이나 숙박업소에 당일 투숙을 한 경우, 업소 규정에서 정한 일일 숙박기준에 의하여 퇴숙된 고객을 말하며 Guest Day와 같은 뜻으로 사용된다.

Guest Elevator {고객 엘리베이터}

이것은 고객 전용 엘리베이터로 프런트 엘리베이터라고 하며, 객실고객과 객실을 왕래하는 벨맨을 제외한 일반 직원의 출입이 금지된 엘리베이터를 말한다.

Guest History Card {고객 방문기록 카드}
고객의 방문기록 카드는 투숙했던 객실번호와 요금, 특별한 요구사항을 기록하여 보다 나은 고객서비스를 위한 고객정보라고 할 수 있다.

Guest House {게스트 하우스}
사랑채, 영빈관, 접대소라는 원래의 뜻이 있지만, 침실 제공을 목적으로 방문객이나 여행객에게 대여할 수 있는 객실을 갖추고 있는 건물로 Tourist House라고도 한다.

Guest Key {게스트 키}
고객이 투숙을 하게 되면 객실 출입이 가능한 키를 뜻하며, 투숙객의 수만큼 제공된다.

Guest Ledger {고객원장}
호텔회계에 있어 미수금원장(City Ledger)과 구분되는 것으로, 등록된 고객에 대한 원장으로 고객이 사용한 모든 내역이 기록된다.

Guest Night {고객 일일 숙박}
고객 한 명이 호텔이나 숙박업소에 당일 투숙을 한 경우 업소규정에서 정한 일일 숙박기준에 의하여 퇴숙된 고객을 말하는데, Guest Day와 같은 뜻으로 사용된다.

Guest Questionnaire {고객 제안서}
고객 제안서는 Suggestion Card와 같은 뜻으로, 호텔은 고객으로 하여금 호텔을 이용하는 동안에 느꼈던 불편한 점이라든지 개선사항, 서비스나 시설의 문제점 등을 지면을 통해서 받은 사항을 월단위로 취합하여 실사 후 조치한다. 고객의 제안서는 객실, 레스토랑, 컨시어지 등 기타 부대시설 내에 비치하기도 하고, 고객의 눈에 잘 보이게 프런트나 당직데스크에 비치해 놓는다.

Guest Relation Officer {GRO}
GRO는 일반적으로 외국인 고객들의 편의를 제공하기 위하여 고객 상담 및 안내를 맡은 직종이지만 호텔을 방문하는 모든 고객을 대상으로 한다.

Guest Supplies {소모품}
고객에게 무료로 제공하는 공급품을 뜻하며, 객실에 비치된 화장품, 치약, 칫솔, 비누, 빗 등이 있다.

Guide Rate {가이드요금}
여행단체를 받아들이는 호텔측과 여행알선업자 사이에 적용되는 특별요금제도를 말한다.

Guinness {기네스}
아일랜드산의 기네스 흑맥주로 상표이름이다.

Gulyas {굴리야스}
헝가리의 소고기, 감자, 토마토, 파프리카를 주재료로 만든 수프이다.

Hacher {아세}
야채를 잘게 써는 방법이다.

Hair of the Dog {해장술}
술을 많이 마시게 되면 다음날 아침 해장술을 하게 되는데, 영국인들은 이를 Hair of the Dog으로 표현했다. 즉 '개에 물린 데는 개털로 치료한다'는 뜻에서 유래되었다고도 하여, '독에는 독으로 다스린다'는 뜻이 내포되어 있다.

Half and Half {하프 앤드 하프}
칵테일 용어로, 서로 다른 두 가지 종류의 술을 소요량의 반분씩 제공하는 경우로서, 즉 버무스의 스위트를 반반씩 채워 내는 말이다. 즉 흑맥주와 에일의 혼합주, 우유와 크림을 혼합한 음료 등이다.

Half Slice {하프 슬라이스}
절반으로 쪼갠 다음 다시 얇게 조각을 내는 형태로, Stemmed Glass(목이 있는 글라스)에 레몬으로 장식할 때 적합하다.

Hall Porter {홀 포터}
호텔의 출입구에서 손님의 화물이나 심부름을 하는 직원으로 현재의 Bell Man과 같은 일을 한다.

Ham {햄}
BC 1000년경부터 고대 그리스에서 만들어졌다고 하는데, 소금에 절이거나 훈제한 육가공품을 뜻한다. 원래는 돼지고기의 넓적다리 살을 의미하였으나, 지금은 여러 부위를 사용하여 육제품을 만들고 있다.

Ham Rice {햄 라이스}
양식의 하나로 햄, 양파 따위를 넣어 기름에 지지고 토마토케첩, 소금, 후추로 양념한 밥이다.

Hamburg Steak {햄버그 스테이크}
서양요리의 하나로, 잘게 썬 소고기를 덩어리지어 프라이한 음식으로, 독일의 함부르크식 구운 고기요리라고도 한다.

Hamburger {햄버거}
제1차 세계대전 당시, 함부르크 지방에 고립된 연합군들은 식량부족으로 부대에서 나오는 찌꺼기 고기들을 버리지 않고 갈아서 조리한 후에 빵에 끼워 넉었다고 하며 그곳의 지명을 따서 영어식 표기로 '햄버거'라고 부르게 되었다.

Hand Shaker {핸드 셰이커}
칵테일을 조주하는데 대표적인 기구이다. 칵테일 레시피에 따라 각종 재료를 넣어 그 재료들이 잘 혼합되고 용해되고 냉각시키기 위해 흔들어 주는 기구이다.

Hand Shover {핸드 쇼버}
손으로 들고 샤워를 할 수 있는 분무기이다.

Handicap Room {핸디캡 룸}
장애인이 사용하기에 편리한 시설을 갖춘 객실로, 시각장애인에 필요한 스피커 설치와, 청각장애인이 필요로 하는 안내 램프가 설치되어 있고, 객실이나 욕실에 문턱이 없는 것이 특징이다.

Handing Up {핸딩 업}
빵 반죽을 여러 형태로 만들거나 저울에 달아 분할하는 것을 말한다.

Handle with Care {핸들 위드 케어}
취급주의를 뜻하며, Fragile과 같이 사용한다.

Handling Charge {핸드링 차아지}
일반적으로는 직원의 도움으로 물건이나 시설을 사용하는 대가로 내는 추가요금을 뜻한다.

Hands {핸드 타월}
면도 또는 욕조에서 비누로 몸을 씻을 때 사용하는 타월이다.

Hang Over {행 오버}
원래는 '들고 간다'는 뜻이며, '숙취'라는 뜻의 미국식 표현이다.

Hanger Rod {행거 로드}

'옷걸이 대'를 뜻한다.

Happy Hour {해피 아워}

호텔식음료 업장에서 하루 중 고객이 붐비지 않은 오후 시간대(3~5시)를 이용하여 저렴한 가격 또는 무료로 음료 및 스낵 등을 제공하는 호텔서비스의 하나이다.

Hard Board {하드보드}

허리가 불편한 고객을 위하여 침대와 매트리스 사이에 넣어 주는 나무판을 말한다.

Hard Drink {하드 드링크}

하드 드링크를 술이라고도 하며, 주정과 알코올성분이 1% 이상 포함된 음료를 통칭한다.

Hard Sauce {하드 소스}

버터, 설탕, 크림을 섞은 죽 같은 소스이며 파이, 푸딩에 얹어 먹는다.

Hard-wired System {하드와이어 시스템}

하드와이어 시스템은 모든 객실문과 연결되어 있는 중앙집중식 마스터 콘솔(Master Console)을 통하여 객실문을 통제하는 시스템이다. 이 콘솔은 프런트데스크에 놓여 있어 고객의 투숙 시 미리 암호화 된 키 카드(Key Card)를 콘솔의 홈이 파인 부분에 삽입함으로써 콘솔은 즉시 키 카드 코드(Key Card Code)를 객실의 자물쇠에 보낸다. 이때 비로소 체크-인 고객은 객실의 출입을 할 수 있다.

Hash House {하쉬 하우스}

하쉬 하우스는 무질서한 서비스가 제공되는 곳의 은어로서, 트럭 정차장, 커피숍이나 터무니없이 음식값이 비싼 식당 등에서의 서비스를 일컫는다.

Hashed Brown Potatoes {헤시드 브라운 포테이토즈}

삶은 감자를 거칠게 다져서 양파, 베이컨, 소금, 후추, 파슬리를 넣고 튀긴 음식으로 주로 아침식사에 제공된다.

Hawthome Strainer {호손 스트레이너}

칵테일 방법 중 Mixing Glass를 이용하여 조주된 칵테일을 글라스에 따라 부을 때 얼음조각 등이 들어가지 않도록 하기위해 만든 기구이다.

Head Bartender {헤드 바텐더}

바에 근무하는 여러 직원 중 바텐더, 바 보이(Bar Boy)를 지휘 · 감독하는 임무를 띠며, 가격 조정과 원가계산도 할 수 있어야 하는 동시에, 월말 재고조사(Monthly Inventory)도 할 수 있는 바텐더를 말하는데, Senior Bartender라고도 한다.

Head Board {헤드 보드}

객실 안에 있는 침대의 머리 판을 말한다.

Head Waiter {Captain}

헤드 웨이터나 캡틴은 Station Waiter 근무조의 조장으로 2~3명의 웨이터와 더불어 자기 스테이션에 배정된 테이블 서비스를 책임진다. 프랑스 레스토랑에서는 같은 직책을 Chef de Rang으로 표현한다.

Heating System {난방시스템}

호텔의 난방은 에너지를 사용하여 이것은 건물 전체를 통하여 각 객실에 더운 열을 공급하는 하나의 난방시스템이다.

Heavy Rum {헤비 럼}

맛이 강하고 색이 짙은 갈색으로 자메이카산이 대표적이다.

Heine 57 Sauce {하이네 57 소스}

토마토, 식초, 소금, 사과, 콩기름, 향초 터메릭(커리가루용), 양파가루, 마늘가루 등을 재료로 만들어진 소스로서, 스테이크나 Ground Beef, Barbecue Chicken 등에 제공된다.

Held Luggage {헬드 러기지}

숙박료 지급 대신에 고객의 물건을 담보로 잡아 두는 것을 말한다.

Herb {허브}

식물의 꽃, 잎, 씨앗, 줄기, 뿌리 등을 재료로 요리할 때 양념으로 사용하는 식물로 Etheric이라는 성분을 가지고 있어 특이한 향과 맛을 내는 방향성 물질이다.

Hermitage {산장}

내륙 관광지에서 산을 배경으로 남향으로 있으며 주로 휴양객, 등산객 그리고

스키어 등을 주 이용객으로 하는 소규모 숙박시설을 말한다.

Hide-a Bed {하이어 베드}

침대가 소파 밑에 있어 침대와 소파를 겸용할 수 있는 침대를 말한다.

High Balance Report {미수금 최고 보고서}

투숙객에게 허용된 신용 판매액의 한도액을 초과한 모든 상황을 종합한 보고서이다. 호텔의 미수금 관리를 위해 고객의 성명, 도착과 출발의 일자, 정확한 청구금액, 예약 형태와 투숙 현황, 예상되는 해결방법들이 이 보고서에 표시된다.

High Ball {하이볼}

칵테일의 일종으로 기주에 각종 부재료를 섞어서 하이볼 글라스로 제공하는 모든 음료를 뜻한다.

High Ball Glass {하이볼 글라스}

Tom Collins Glass(보통 물잔과 비슷한 큰 원통 잔)보다는 작으나 같은 형태로 되어 있으며 용량은 5~9온스이다.

High Season {성수기}

관광객이 가장 많이 방문하는 계절로 성수기를 뜻한다.

High Tea {하이 티}

영국의 일부지역에서 Afternoon Tea 대신 초저녁(오후 4~5시)에 나오는 간단한 식사이다.

Highway Hotel {하이웨이 호텔}

고속도로변에 세워진 호텔을 말하며, 자동차로 여행하는 사람을 위한 시설로 모텔과 유사한 호텔이라고 말할 수 있다.

Hilton {힐튼}

힐튼은 1887년에 뉴멕시코주 가난한 집안에서 태어나고 성장해서 아버지가 시작한 역전호텔을 가족이 경영했던 것이 인연이 되었다. 1920년대에 전국적인 호텔건설 붐 속에서 텍사스주 달라스에 달라스 힐튼을 개업하게 되었는데, 그 후 1929년에 시작된 대공황에도 성장하였으며, 1954년에는 1920년대에 호텔왕이라고 불리어지는 스타틀러가 남긴 체인의 지배권을 1억 1,100만 달러에 구입

했다. 힐튼호텔의 경영합리화를 살펴보면, 시간 및 동작연구, 직무분석, 직무의 표준화, 안전계획, 철저한 예산관리, 정가계획들을 실시하고 과학적으로 경영활동을 분석하고 예측함으로써 효율적인 경영을 하였으며 비용은 일별, 주별, 월별로 통제하는 체계적인 시스템을 구축하였다.

Historical Revenue Report {수익기록 보고서}
호텔의 모든 부문 수익발생에 있어서 과거의 실적을 전반적으로 나타내는 보고서로 금년, 금월, 금일의 실적과 전년, 동월, 동일의 실적을 함께 볼 수 있도록 작성된다.

History {고객이력}
고객의 각종 정보를 고객의 이력파일로 보관하여, 마케팅에서 활용할 수 있는 매우 중요한 고객정보이다.

Hof {호프}
건물 등으로 둘러싸인 장소 또는 넓은 저택에서 호텔로 변천하는 과정에서 과도기적 명칭으로 쓰였던 호텔로, 1800년대 초부터 독일에서 사용했던 호텔의 명칭이다.

Hold for Arrival Stamp {홀드 퍼 어라이벌 스탬프}
우편물 도착 예정 표시도장이다.

Hold Laundry {세탁물 보관}
세탁의 의뢰한 고객이 갑자기 귀국한다든지, 타 호텔로 옮긴다든지 하여 보관하였다가 차후에 찾아 갈 때가 있다. 이 경우 세탁물 보관으로 처리되는 것을 말한다.

Hold Over {숙박연장}
고객이 머물고자 하는 체재일보다 초과하여 연장하는 고객을 말하며, Over Stay 라고도 한다.

Hold Room Charge {홀드 룸 차지}
홀드 룸 차지는 두 가지 경우로 살펴볼 수 있다. 현재 호텔에 투숙하고 있는 고객이 단기간의 여행을 떠나면서 소지품을 객실에 그냥 두고 가는 경우이다. 이때

에 그 객실은 고객이 계속하여 사용하는 것이 되므로 객실료와 Service Charge와 Tax도 가산된다. 다른 하나는 고객이 객실을 예약하고 호텔에 도착하지 않았을 때, 그 객실은 타인에게 판매하지 않고 보관시킨 경우에 해당된다. 이것은 고객이 항공기 지연이나 개인의 업무상 사정으로 호텔 도착이 늦어질 때 당초의 예약대로 요금을 징수하게 된다.

Holiday Colony {헐리데이 칼로니}
휴가시즌에 아이들의 그룹을 받아들이기 위한 목적으로 건설된 비영리 숙박시설을 말한다.

Holland Gin {네덜란드 진}
향기가 강한 오일로 인해 야성적인 풍미가 풍부하며, 주로 Straight로 차게 하여 마신다.

Hollandaise Sauce {홀랜다이즈 소스}
홀랜드(네덜란드)식의 황색소스로 식초, 부추, 달걀노른자, 양파 등을 넣고 혼합하여 물을 넣고 레몬주스, 소금, 미국 후추를 가미하여 양념한 다음 천으로 걸러낸 것인데, 야채나 생선에 많이 쓰인다.

Hollywood Bed {헐리우드 배드}
일반적인 호텔 객실에 싱글베드(Single Bed)가 2개 있어 2명의 고객이 트윈베드(Twine Bed)로 사용하기도 하고, 1인이 투숙하는 경우는 2개를 붙여 더블베드(Double Bed)로 사용할 수 있는 침대를 말한다.

Hollywood Length {헐리우드 렝즈}
보통 침대의 길이가 긴 베드로서 240~250cm의 길이로, 특별한 고객을 위한 침대이다.

Hollow Circular {공백식 타원형 배열}
이러한 테이블 배열은 Horse Shoe(말굽)형과 같게 배치하며, 끝 부분만 2개의 부채형 테이블로 덧붙여 양쪽을 밀폐시킨다. 굴절된 부분에 테이블 크로스를 덮는데 주의하여야 하며, 테이블의 연결부분도 잘 처리하여야 하며, 안쪽에 드랩스(Drape's)를 쳐주어야 한다.

Hollow Square {공백 사각형 배열}

테이블 사각이 밀폐되기 때문에 좌석은 외부 쪽에만 배열하여야 한다. 테이블 크로스는 반대쪽에서 고객의 다리가 보이지 않도록 길게 내리거나 드랩스(Drape's)를 쳐서 회의장 분위기를 돋우어 주어야 한다. 이 형태는 모든 사람들에게 같은 의자를 앉았다는 기분을 주게 되지만, 이 형태의 가장 큰 단점은 빔을 이용한 PPT 발표 시는 제대로 활용하지 못한다는 것이다.

Hollow Ware {할로우 웨어}

서비스용 각종 Cooper, Sauce, Boat 등의 기물류로 속이 깊은 그릇이다.

Home Visit System {민박}

민박이란, 본래 숙식제공을 본업으로 하지 않는 민가가 방문객을 숙박시켜 영업활동을 하는 숙박시설로서 민가부업의 한 형태이다. 최근에는 Home Stay라고 하는 숙박시설 이용이 증가하고 있는 현실이다.

Hop {홉}

맥주 양조 시에 사용되는 원료로, 홉은 맥주의 특유한 방향과 상쾌한 맛을 주고 방부제의 성능을 가지고 있을 뿐만 아니라 맥주의 거품을 내는 역할도 하기 때문에 홉의 질과 사용법 여하에 따라 그 맥주의 질을 좌우하게 된다

Hors d'oeuvre {전채 : Appetizer}

오드블 식사 전에 제공되는 식욕촉진의 역할을 하는 모든 요리를 총칭하여, 오드블이라고 한다. Hots는 앞이라는 뜻을 나타내고, Oeuver는 작업, 즉 식사를 의미한다. 오드블의 주요 요건은 분량이 작아 한입에 먹을 수 있어야 하고, 소량이고 맛이 좋아야 하며, 짠맛이나 신맛을 내어 타액분비를 촉진시킨다는 작용을 하여야 하고, 계절감이나 지방색이 풍부하여 고객에게 특별한 고유미를 풍겨야 한다.

Horse Shoe {말굽 좌석형 배열}

연회장에서 만들어지는 다양한 테이블 형태 중 U자형과 같이 배치하여 양쪽 귀퉁이 테이블 끝부분에 반월형 테이블을 배열한다. 좌석의 외부 쪽에서만 배열하여 안쪽으로 스커트를 쳐주어야 한다. 굴절되는 부분을 처리하는데 약간의

어려움이 있으므로 테이블 크로스를 잘 조정하여야 한다.

Horseradish {고추냉이}
겨자과의 관상용 식물의 한 종류인 서양 매운 냉이로 중앙 유럽과 아시아가 원산지이다. 특이한 향과 톡 쏘는 매운 맛을 가지고 있다.

Horseradish Sauce {고추냉이 소스}
고추냉이와 식초, 빵가루를 혼합한 뒤 설탕, 소금, 후추로 양념하여 휘핑크림과 잘 섞어서 만드는 소스를 말한다.

Horwath Method {호워드의 객실가격 결정방법}
이 방법은 1930년대 Horwath and Horwath 호텔회계 법인에 의해 이용된 객실가격 결정방법으로 제일 처음 적용된 호텔이 미국 시카고의 파머 하우스이다. 그 이후 대부분의 호텔들이 이 방법을 이용하였으며, 우리나라에서는 국제관광회사가 설립되기 이전에 반도호텔과 조선호텔에서 이 방법을 채택하여 사용되었다. 이 방법은 객실당 건축비에 따른 요금결정방법이라 할 수 있는 것으로, 객실당 총 건축비의 1/1,000이 평균객실료가 된다는 이론이다.

Hospitality Industry {환대산업}
관광산업 또는 호텔산업의 동의어 개념으로 사용되고 있으나, 실질적인 환대산업은 서비스산업에 있어서 숙박산업, 관광산업, 외식산업, 항공산업, 리조트산업, 쿠르즈 산업 등을 말하는 것이다.

Hospitality Room {호스피텔리티 룸}
호스피텔리티 룸은 총지배인이나 객실담당 지배인의 승인 하에 단체의 수하물을 임시 보관한다든지 일반고객이 의상을 잠시 동안 갈아입는 등의 목적으로 제공되는 객실이며, 객실요금은 징수하지 않는다.

Hospitality Suite {특실}
호텔 또는 모텔에서 일반적으로 숙박 목적이 아닌, 오락 및 연회가 목적으로 사용되는 객실을 말한다.

Host {주최자}
고객을 영접하거나 환영하는 주최자를 뜻한다.

Host Bar {호스트 바}
객실 내에 설치되어 있고 스폰서에 의해 미리 지급이 되어 있기 때문에 무료로 마실 수 있는 바이며, 오픈 바라고도 할 수 있다.

Hostal {호스탈}
스페인이나 포르투갈에서 흔히 볼 수 있는 저렴한 서민용 숙박시설이다. 특히 스페인에는 Parador란 고전적 시골풍의 숙박시설을 국가에서 지정 보호 육성하고 있다.

Hostel {호스텔}
도보여행자나 자동차 여행자용의 값이 싼 숙박시설로 청소년, 클럽회원과 같은 특정한 이용자의 단체를 위해 가끔 운영된다.

Hostelry {여관}
식사를 제공하는 장소로서 다소 문화적인 표현이나, 하숙 또는 여행자를 위한 여인숙을 말한다.

Hostellerie Du Chateau {별장호텔}
고대 프랑스 왕족들이 즐긴 휴가처로서 미식가의 전당으로 변모한 호텔 형태이다. 오래된 성을 개조한 이 호텔은 성스러운 성가가 울려 퍼지는 작은 성당 같은 격조 높은 호텔형식이다.

Hot Cake {핫 케이크}
밀가루와 계란, 우유, 설탕, 버터, 베이킹파우다 등을 혼합 반죽하여 프라이팬에서 양면을 익힌 빵 케이크의 일종이다.

Hot Dessert {핫 디저트}
더운 디저트에는 조리방법에 따라 다음과 같은 조리법이 있다. 즉 오븐에 굽는 법, 더운 물 또는 우유에 삶아 내는 법, 기름에서 튀겨내는 법, 알코올로 후람베하는 법 등이 있다.

Hot Drink {핫 드링크}
사람의 체온(36.5℃)보다 25~30℃가 높은 약 62~67℃ 정도로 해서 마시는 음료를 말한다.

Hot List {취소명단}

신용카드회사에서 발행한 카드의 무효자 명부로, 카드의 분실 또는 도난된 것의 취소를 알리는 데 사용된다.

Hot Plate {핫플레이트}

요리용 철판, 요리용 전기히터를 뜻한다.

Hot Pot {핫 포트}

소고기나 양고기, 감자를 냄비에 넣고 찐 요리를 말한다.

Hot Sauce {핫 소스}

잘 익은 고추에 식초, 소금 등을 흰 오크통에 넣어 숙성시킨 것으로, 요리에 매운 맛을 낼 때 사용하는 소스이다.

Hot Souffle {핫 수플레}

크림소스에 스위스 치즈나 가루 치즈를 혼합하여 양념과 함께 오븐에 넣어 구워 낸 것이다.

Hotel {호텔}

호텔은 이익을 목적으로 숙박과 음식물을 생산하여 판매하는 것은 물론 사적 시설이 아닌 공공에 기여하는 사회적 시설인 동시에 불특정 다수의 일반고객을 대상으로 하는 영업체이다. 「관광진흥법」 제3조 제2항에서는 관광객의 숙박에 적합한 시설을 갖추어 관광객에게 이용하게 하고 음식을 제공하는 업이라고 규정하고 있다. 호텔의 어원은 라틴어의 Hospitalis라는 형용사의 '환대'를 뜻하는 의미에서 중성어인 '순례자, 참배자, 나그네를 위한 숙소'를 뜻하는 Hospital에서 출발하였으며, Hospital이 고대 중세의 프랑스어로 Hotel로 되어 근대의 영어로 받아들여져 'S'의 음이 사라지면서 Hotel로 바뀌어 현재의 호텔로 쓰이게 되었다.

Hotel Billing Information Center {호텔 HOBIC}

HOBIC시스템은 호텔전자교환시스템을 뜻한다.

Hotel Charter {호텔 헌장}

호텔경영의 기본적인 사항에 대하여 국제적인 통일기준을 만들려고 하는 움직임이 있는데, 그 기준은 Mission Statement(기업이념)와도 같은 뜻이다.

Hotel Classification {호텔등급}

호텔에 대한 등급은 1970년에 처음 이루어졌는데, 당시 교통부는 1968년 8월에 마련한 '관광진흥을 위한 종합대책'의 일환으로 등급제 작업에 착수하여 4등급으로 운영하다 1986년 12월 31일자로 「관광사업법」이 「관광진흥법」으로 개전되면서 관광숙박업 등급을 5등급으로 세분화하였다. 즉 특1급, 특2급, 1급, 2급, 3급이다. 관광호텔에 관한 등급조정은 3년마다 실시하는 정기조정과 장관이 필요하다고 인정할 때에는 업체가 신청할 경우에 실시하는 수시조정으로 구분되며, 신규호텔의 경우에는 등록 후 3개월이 경과한 다음부터 6개월 이내에 실시하기로 되어 있다. '관광호텔 등급결정에 관한 요령'에 의하면, 관광호텔 등급결정 신청은 특2급 이상은 문화체육부장관에게 1등급 이하는 관할 도지사에게 제출하여야 하며 신청을 받은 등급결정권자는 등급평정 기준에 의하여 등급평정을 위한 조사를 실시하여야 한다. 관광호텔의 등급결정은 문화체육부장관이 따로 정하여 고시한 관광호텔 등급평정기준에 따라 결정하되 평정기준의 만점을 기준으로 하여 특1등급은 90% 이상, 특2등급은 80% 이상, 1등급은 70% 이상, 2등급은 60% 이상, 3등급은 50% 이상이어야 한다. 2015년 최근에 특1급 · 특2급 · 1급 · 2급 · 3급으로 구분되었던 호텔 등급이 5성 · 4성 · 3성 · 2성 · 1성으로 바뀌었다. 또한 관광호텔을 표시를 하던 무궁화 꽃이 별로 바뀌었다.

Hotel Cost Analysis System {호텔 원가분석시스템}

호텔 식음료의 원가관리 방법으로 식음료의 원가를 그 성분에 따라 부문별 혹은 원가요소별로 원가분석을 한다. 합리적인 식음료원가관리 개념에 가장 기본이 되는 3가지는 표준량 목록, 1인 표준량, 1인 표준가격 등이다. 3가지 기본요소를 근간으로 메뉴의 구조 및 가격, 재고관리 등을 세분화하여 식음료의 품목별 총 판매금액에 대한 원가율을 계산할 수 있을 뿐만 아니라 단위품목의 제조원가분석과 부문원가분석을 하는 것으로서 호텔 원가관리의 한 방법이다.

Hotel Crew {호텔 크루}

호텔 크루는 크루즈나 유람선 내 객실승무원을 말하며, 대부분의 유람선은 선원보다 크루가 더 많은데, 그것은 특히 다양한 서비스와 오락 활동에 종사하는 직원이 많이 필요하기 때문이다. 유람선은 흔히 선상에서 서비스를 원활하게 운영하는데 책임지는 총지배인을 고용하고 있다.

Hotel Direct Cost {호텔 직접비}

호텔 직접비는 원가요소에 있어서 어느 특정부문에 직접적으로 부과되는 원가로 직접재료비, 물품비, 부문인건비, 직접경비 등으로 구성된다.

Hotel Exchange Rate {호텔 환율}

Hotel Front Cashier의 환전원은 정부 지정통화의 당일 환율거래를 거래 외국환은행으로부터 통보받아 이를 고객에게 고시하고, 이를 토대로 환전하며 환전액의 100분의 1의 범위 내에서 환전수수료를 받을 수 있게 되어 있다.

Hotel Fix Cost {호텔 고정비}

호텔의 매출액 또는 업무량에 관계없이 소비되는 원가로서 직원의 인건비, 재산세, 공공장소의 전열비 등과 같은 비용을 말한다. 호텔업은 특히 고정비의 비율이 높은 특성을 가진다.

Hotel Guest Cycle {호텔 고객순환주기}

호텔 고객순환주기는 고객이 처음 호텔에 도착하여 상품과 서비스를 제공받고 그 대가로 요금을 지급한 뒤 호텔은 떠날 때까지의 전체 과정을 말한다.

Hotel Indirect Cost {호텔 간접비}

호텔에서 2종 이상의 수익부문에서 영업활동이 수행되므로 2종 이상의 제품을 제조하거나 2종 이상의 수익부문에서 공통으로 발생하는 원가를 간접비라 한다. 즉 발생된 원가나 비용을 특정한 부문에 직접 배부할 수 없는 성질의 원가이다. 예를 들면, 경비원의 임금이나 보험료, 감가상각비 등이 이에 속한다.

Hotel Information Control System {HICS}

호텔 정보처리시스템은 서비스 향상이 목적으로 회계처리시스템, 고객관리시스템, 예약정보시스템을 중심으로 한 것이다. 이것은 실시간에 의해 처리가 되는 시스템과 관리 또는 후방 업무의 자료처리를 위한 각종 자료작성과 경영관리 업무보고에 중점을 둔 시스템이다.

Hotel Package {호텔 패키지}
호텔에서는 고객유치나 홍보를 목적으로 객실료에 조식포함 및 기타 부대시설의 사용을 포함한 일괄적인 서비스를 패키지로 묶어 평상 시 보다 낮은 가격의 호텔상품을 출시하는 것을 말한다.

Hotel Package Sales {호텔 패키지 판매}
호텔 판매촉진의 한 방법이다. 호텔이 적극적인 고객유치를 위해서 항공사, 여행사와 공동으로 단일요금으로 된 여행상품을 개발하여 판매하는 것이다. 이러한 상품은 호텔 객실요금, 식음료, 쇼, 그리고 항공편이나 여객선을 이용하도록 하여 일괄 요금으로 판매한다.

Hotel Pay {호텔 요금}
우리나라의 호텔 객실의 요금계산 기준시간은 정오부터 그 다음날 정오까지이다.

Hotel Personal {호텔 직원}
호텔과 같은 숙박업소에서 근무하는 종사원이 호텔 직원이다.

Hotel Poter {호텔 포터}
호텔에서 손님들의 짐을 운반하는 일을 하는 직원을 뜻하는데, 유럽과 달리 우리나라의 경우 벨맨이 모든 일을 하기 때문에 실제로 호텔포터라는 직책은 없다.

Hotel Price Policy {호텔 요금정책}
호텔경영에 있어서 객실요금을 책정하는 문제는 가장 중요한 경영정책의 의사결정이다. 객실요금을 적정하게 책정하는 것은 판매증진을 위한 최선의 방법이며, 기업의 수익성을 향상시키는 요건이라고 할 수 있다. 호텔의 요금정책은 객실요금뿐만 아니라 식음료 요금에 있어서도 판매가의 결정이 식음료 원가계산을 기초로 하여 적정한 요금으로 책정되어야 한다.

Hotel Regulation {호텔 약관}
호텔에서 고객에게 제공하는 정보 중 하나로, '호텔 약관'을 뜻한다.

Hotel Representative {호텔 대리인}
호텔의 소재지 이외의 멀리서 호텔체인을 대표하여 예약을 받거나 홍보업무를 행하는 사무실 운영하는 사람을 'Hotel Rep'으로 약칭해서 쓰고 있으며, 호텔 렙

에는 단순히 하나의 호텔에서 여러 개 또는 호텔체인 전체의 예약업무를 취급하는 사무소도 있다.

Hotel Sale and Marketing Association International {HSMAI}
국제호텔 판촉 및 마케팅 연합은 스타틀러 호텔의 사장인 Jhon C. Burger에 의해 1927년도에 창립한 협회로서 호텔판촉 및 마케팅담당자 협력조직체로서 워싱턴 DC에 본부를 두고 있다.

Hotel Variable Cost {호텔 변동비}
호텔의 매출액, 업무량, 조업도에 따라 변동하는 성질의 비용으로서 식음료의 재료비는 변동비에 속한다.

Hotel Voucher {호텔 바우처}
여행사에서 예약을 하고 투숙하는 고객은 여행사에 의해 발행되는 바우처를 호텔 투숙 시 제시하며, 호텔 측은 후에 여행사에게 비용을 청구하는 계산서를 바우처라고 한다.

Hotelier {호텔리어}
호텔에 근무하는 최하위 직책부터 최고경영자에 이르기까지 총칭하여 호텔리어라고 한다.

House Call {하우스 콜}
호텔 직원이 업무용으로 외부에 전화하는 것으로, 개인에게 요금을 부과되지 않는다.

House Count {하우스 카운트}
등록된 고객의 인원수를 뜻한다.

House Doctor {하우스 닥터}
호텔과 협정되어 있는 담당의사로, 의사가 호텔에 상주하는 경우도 있고, 급한 환자가 발생하였을 때 이 의사를 부르기도 한다.

House Emergency Key {호텔 비상 키}
모든 객실을 열 수 있는 만능열쇠로 극단적인 상황에서 필요한 것으로서 고객의 위험시나 극한 상황에서 호텔과 상의 하에 사용하게 된다.

House Expense {하우스 익스팬스}

호텔 자체의 소액 영업경비를 지칭한다.

House Keeper {하우스 키퍼}

호텔 하우스키핑의 책임자로서 객실청소 및 정비책임자이며, 객실의 관리유지와 직원의 교육과 인산관리를 총괄한다.

House Keeping {하우스키핑 : 객실정비}

하우스키핑이란 일반적으로 가사, 가정, 가계를 뜻하는 말인데, 호텔의 하우스키핑은 객실관리 및 객실부문에서 제공되는 서비스의 모든 것을 가리킨다. 일반적으로 객실 정비의 업무를 보면 객실 청소와 객실의 설비, 가구, 비품류의 정비 그리고 객실용의 린넨류, 소모품류의 관리를 말한다.

House Laundry {하우스 라운드리}

호텔이 계약을 맺고 외부 세탁업자에게 세탁물을 맡기는 것이 아닌, 자체 내에 설비를 갖춘 세탁시설을 말한다.

House Limit {하우스 리미트}

고객의 외상거래 한도를 말한다.

House Man {하우스 맨}

하우스키핑에서 근무하는 종사원으로 힘든 청소업무나 물건을 옮기는 작업을 수행한다.

House Patrol {호텔경비}

호텔경비원인 안전관리요원은 호텔건물 전체를 24시간 순찰을 하지만, 야간지배인도 수시로 공공지역 및 각 영업장 등을 순찰하여 모든 직원들이 업무를 성실히 수행하고 있는지 확인하고, 도난방지, 화재예방, 에너지 절약 등에 필요한 조치를 취해야 한다.

House Phone {구내전화}

호텔 로비나 객실층에 놓여 있는 구내 전용전화를 말하며, 언제든지 0번을 누르면 교환원이 응답한다.

House Profit {하우스 프로핏 : Hotel Income}
호텔 인컴이라고 하며 호텔의 순이익을 뜻한다. 소득세를 공제한 영업부문의 순이익이라 할 수 있다. 점포 임대 수입은 제외되나 세금, 임대료, 지급이자 보험 및 감가상각비는 공제된다.

House Use Room {하우스 유스룸}
호텔 임원의 숙소로 사용되거나 사무실이 부족하여 객실을 사무실로 사용하는 경우, 침구류를 저장하는 Linen Room이나 객실 비품을 저장하는 Store Room 등을 말한다.

Housekeeping Manager {객실관리 지배인}
객실관리 지배인은 호텔의 제반 방침에 의거 하우스키핑의 기본업무인 객실정비, 유지관리, 비품집기관리에 중점을 두고 하우스키핑의 전직원에게 작업을 지시하고 감독하고 작업 실시 결과를 확인하며, 린넨 관리 및 막대한 호텔의 자산을 보호하는데 최선을 다해야 한다. 특히 화재 및 도난 · 인사사고 등의 긴급사태에 대비하여 항상 만반의 준비 자세를 잊어서는 안 된다.

Housekeeping's Report {하우스키핑 리포트}
하우스키퍼의 리포트는 객실상태에 관한 일람표이며, Room Rack의 효과적인 관리를 확인하기 위해 프런트 오피스 안에서 사용되는 보고서이다.

Housing Bureau {숙박 안내소}
정부가 후원을 하며 컨벤션과 같은 대규모 회의나 국제경기나 아시안 게임과 같은 중요 행사 때 숙박 문제를 알선하고 조정하는 안내소를 말한다.

Howard Dearing Johnson {호워드 존슨}
호워드 존슨(1989~1972)은 외식산업에서 가장 두각을 드러낸 인물로 프랜차이즈의 선구자라고 할 수 있다. 자동차여행자를 위한 모터 로지(Moter Lodges)가 그의 이름을 또한 사용하고 있으며 입간판, 신문광고, TV 광고 등에서 그의 이름을 계속하여 듣고 보게 된다. 1935년에 호워드 존슨의 상호를 사용하는 식당이 35개소로 증가하였고, 1940년에는 100개가 넘었다. 이들 식당들은 모두 오렌지색 지붕을 한 흰 건물에 호워드 존슨 아이스크림을 판매하였으며 똑같은 건

물에 동일한 품질의 식사를 제공하게 되었다.

Hubbart Room Rate Formular {후버드 객실요금방식}
후버드에 의해 연구되어 미국 호텔 및 모텔협회(American Hotel and Motel Association)에 의해 전파된 객실료 산정방법이다. 이 방법에 의한 객실요금 계산은 연간 총경비, 판매 가능한 객실수 및 객실 점유율 등을 기초로 계산한 연간 목표이익을 근거로 한다.

I

IATA {국제운송협회 / Voucher System; 바우처 시스템}

국제운송협회(International Air Transportation Association) 바우처시스템은 호텔과 여행사 간의 거래 촉진 및 상호 이익추구와 고객에게 안전하고 편리한 서비스 제공을 목적으로 만들어졌다. 그동안 호텔과 여행사 간의 거래에서 발생되었던 수수료, No-show, 객실료 지급 등 여러 가지 문제점을 보다 명확하게 처리하여줄 뿐만 아니라, 고객도 안전하고 편리한 서비스를 제공받을 수 있는 제도이다.

Ice Box {아이스박스 : Ice Bucket}

아이스박스는 '얼음 담는 통'이라 하며, 객실에 있는 것은 Ice Bucket으로 표현한다.

Ice Carving {얼음조각}

아이스 카빙은 얼음을 재료로 하여 작가의 상상력과 창의력 그리고 독특한 테크닉에 의해 완성되는 작품이다. 다양한 모양으로 연출된 투명한 얼음작품에 총천연색의 조명이 비추어지고 서서히 녹아내리는 물방울과 어우러지게 되면 사람들로 하여금 신선감과 황홀감을 맛볼 수 있게 하여 준다. 현재까지도 우리나라에서는 호텔의 조리사들에 의하여 기술이 전수되고 있는 실정이다.

Ice Crusher {아이스 크러셔}

아이스 크러셔는 얼음 분쇄기로 한 번에 많은 양의 얼음이 필요할 때 사용하는 장비로서 큰 파티나 컨벤션에 사용한다. 하지만 최근에는 제빙기를 통하여 다양한 크기의 얼음을 생산하다.

Ice Pail {원형 얼음통}

얼음을 넣기 위한 원통형 용기이다.

Ice Pick {아이스 픽}

얼음을 깰 때 사용하는 송곳과 같은 기구이다.

Ice Tong {얼음 집게}

얼음을 집기 위한 집게로서 끝부분의 톱니부분이 만들어져 있다.

Ice Cream {아이스크림}

아이스크림의 유래는 16세기경 이탈리아의 부호인 메디치가의 한 요리사가 샴페인을 마시다가 문밖에 놔둔 채 잠이 들었는데, 아침에 일어나 보니 추웠던 겨울이라 얼어붙어 있는 샴페인을 맛보고는 새로운 맛을 느꼈다. 그 이후 메디치가의 딸 캐더린이 프랑스의 앙리II세와 결혼할 때 만찬석상에 얼음과자를 선보인 후 그 후에 과즙, 우유, 주류 등을 가미하여 셔벗과 같은 본격적인 아이스크림을 선보였다. 1904년 미국 세인트루이스의 만국 박람회에서 아이스크림이라고 하는 새로운 제품을 일반대중에게 처음으로 선보였다.

Icing {아이싱}

케이크에 바르거나 장식하는 무색얼음과 같은 설탕크림이다.

ID { {International Card}

우리가 사용하고 있는 아이디(ID)와 같은 개인 신분증을 의미한다.

IHA {국제호텔협회 : International Hotel Association}

1964년 런던에서 설립된 각국의 호텔협회의 연합체로 국제호텔업, 국제관광, 그 밖의 호텔에 관한 모든 문제점을 연구하고 회원에 대한 정보 제공을 주 업무로 하고 있다.

IMF {International Monetary Fund}

국제통화기금은 1944년에 설치된 국제금융결제기관으로 1946년에 업무를 개시하였다. 외국환의 안정을 도모하는 것을 목적으로 하고 있으며, 가맹국은 107개국, 본부는 워싱턴에 있다. 우리나라도 1997년 IMF를 이용한 적이 있다.

Imprest Petty Cash {소액현금 지급}

소액현금을 자주 결제하는 것은 번거로움이 있어, 소액환은 현금지급으로 지급되고 일정기간을 정해 정기적으로 상환하는 것을 말한다.

In Charge Person {인 차지 퍼슨}

교대 근무자 중 담당 부서의 책임자로, 부서장과는 다르다.

In Order Room {인 오더 룸}

호텔 객실의 정리정돈이 완료되어 판매를 할 수 있는 객실이다.

In Season Rate {성수기 가격}

수요가 급증하는 계절에 호텔의 객실요금을 말한다. Rack Rate를 받거나 할인율이 적은 기간이다.

Inc {Includid}

'세금이나 봉사료를 포함한다'는 뜻으로 약자로 사용되고 있다.

Incentive Pay {장려금}

직원에 대한 생산성 장려를 독려하는 차원에서 지급하는 장려금 또는 여행비를 지급하는 경우이다.

Incentive Tour {포상여행}

'포상여행'을 뜻하며, 직원에 대한 생산성을 독려하는 차원에서 무료여행을 알선한다.

Income Audit {수입 감사}

호텔의 수입 감사는 전일의 매상 및 현금수입의 집계와 감사이다. 따라서 수입 감사 업무는 전일 발생한 각 영업장 부문별 매출보고서 및 감사보고서를 근거로 하여 수입금이 회계 규정에 의하여 타당하게 처리되었는지를 확인하는 것이다.

Income Controller {영업회계 관리자 : Income Auditor}

영업회계 관리자는 호텔의 다양한 모든 수입에 대한 최종적인 감사의 책임을 진다. 일반적으로 수입회계는 프런트 오피스의 출납원 또는 야간감사에 의해 처리된다. 객실수입은 Room Count Sheet에 의해 확인되며, 각 부문별 수입금액은 부문별 수입일계표나 전표를 토대로 수입관리를 한다. 또한 숙박카드와 같은 증빙서류, 레스토랑 계산서, 세탁물이나 전화전표 등을 검증하고 확인한다.

Income Statement {손익계산서 : I/S}

손익계산서는 일정기간 동안의 기업의 경영성과를 나타내 주는 회계보고서이다. 경영성과는 일정기간의 수익과 그 수익을 얻기 위하여 사용된 비용을 대응시켜 계산한다. 수익이 비용보다 큰 경우에는 순이익이, 비용이 수익보다 큰 경우에는 순손실이 나타난다.

Incompatible Function {인컨버터블 기능}
회계관리에서 특정인 또는 특정부서가 업무수행 과정에 있어 오류를 범하거나 부정행위를 할 수 없도록 하는 기능이다.

Indefinite Departure Date {부정확한 출발일자}
고객이 투숙 시 기록해야 할 퇴숙날짜가 정확하지 않을 때 보통 약자로 IND라고 표기한다.

Independent Hotel {독립경영호텔 : Independent Operation}
독립경영의 호텔이란, 개인이 호텔 하나만을 운영하는 경우와 그룹사의 경우 호텔업에 투자를 하여 관리인으로 하여금 단독경영을 하게 하는 경우이다. 즉 호텔경영주가 독립적으로 수행해 나가는 것을 의미한다. 장점으로는 경영협약 비용 또는 체인본부에서 부과되는 제 비용을 지불할 필요가 없어 비용이 절감되고, 고유의 경영기법을 개발할 수 있어 독창적인 경영기법을 개발하여 합리성을 기할 수 있다. 단점으로는 호텔 스스로가 시설 확대 및 경영기술개발에 노력해야 하며, 해외선전비 및 광고비의 부담으로 많은 경비가 지출된다.

Indicator {상황표시판}
하우스키핑에서 객실 정비가 완료되면 프런트에 객실 정비가 완료된 것을 알리는 시스템이다.

Information Clerk {안내 직원}
프런트 근무자 중 1명은 정보제공을 전문으로 하며, 여행, 관광자원, 명소, 도시 등에 관해 소상하고도 정확한 정보 및 공항, 열차 등의 교통수단에 관한 정확한 지식을 갖고 고객의 질의 요청에 대해 즉시 응답해 주는 일을 전담하는 직종이다.

Inn {인}
초기에 미국의 숙박시설은 간결하고 소박한 시설로 비교적 작은 호텔(Inn)을 말하여 왔지만, 최근 미국에서 Inn의 명칭을 사용함에는 작은 호텔을 뜻하는 것이 아니라 일반 호텔도 같은 뜻으로 불리어지고 있다.

Inside Call {인사이드 콜}
전화교환을 통한 호텔 내 구내전화를 사용하는 경우이다. 실제로는 호텔에서는

고객에 대한 원활한 서비스 제공을 위해 직원이 교환원을 통한 전화통화는 하지 않도록 권고하고 있다.

Inside Room {인사이드 룸}

건물 안쪽을 향하고 있는 객실을 말하며, Outside Room의 반대 개념이다.

Inside Selling {사내판매}

기업의 어떤 팔 물건과 고객이 접촉할 때 추가적 제품이나 서비스가 판매되도록 모색하는 전략으로서, 호텔 레스토랑이나 객실, 사우나 등 단골 고객에게 부정기적으로 판매하는 선물세트 등을 사도록 권유하는 경우이다.

Inspector {인스펙터}

인스펙터는 객실을 최종 점검하는 Floor Supervisor라고도 하며, 담당하는 객실의 한 층 또는 여러 층에 대한 객실상품을 최종 점검하는 관리자로, 직원 작업 상황을 하나하나 직접 감독한다. 그리고 하우스키핑 직원들이 업무를 수행하는데 필요한 보급품이나 도구를 갖추고 있는지 확인한다.

Intangible Product {무형의 상품}

호텔 내 무형의 상품은 여러 부서의 직원들이 제공하는 서비스, 즉 인적 서비스라 할 수 있는데, 이러한 인적인 서비스가 합쳐져 양질의 상품이 제공된다.

Inter American Hotel Association {미주호텔협회 : IAHA}

IAHA는 1941년 미국지역 내 호텔업의 우호, 이해의 촉진, 호텔운영, 건설, 기타 정보의 교환을 주목적으로 설립되었다.

Interface {인터페이스}

자료처리시스템이나 통신과 데이터시스템에서 접속하는 코드, 형식, 속도 등을 공유하는 기능을 말한다.

Internal Sales {내부 판매}

호텔에서 판촉을 위하여 회사 전체 또는 직원들이 호텔 상품의 판매를 촉구하는 활동이다.

Internal Transactions {내부거래}

내부거래는 기업 내부에서 발생한 거래로 영업부문별 원가계산, 결산시의 정리

분개 사항 등을 말한다.

International Congress and Convention Association {ICCA}

국제의회컨벤션협회는 컨벤션사업에서 중요성이 더해가고 있는 의회기구로서 설립 목적은 각종 국제회의의 유치 및 편의 제공, 국제회의에 관한 전문적인 서비스 제공이다.

International Union of National Associations of Hotel, Restaurant and Café Keepers {IUNA Ho-Re-Ca}

국제호텔, 레스토랑. 카페 경영자협회연맹은 동업자협회의 국제기관으로 1949년 설립되었다.

International youth Hostel Federation {IYHF}

국제유스호스텔 연맹은 청소년 학생들의 여행을 장려하기 위하여 많은 청소년들이 저렴한 가격으로 이용할 수 있는 숙박시설을 갖추고 있다.

Interphone {인터폰}

인터폰은 객실 내 욕실에 설치되어 있으며 받을 수만 있는 수신용 전화기가 설치되었으나, 최근에는 객실에 있는 전화와 동일하게 사용할 수 있는 전화기가 설치되어 있다.

Intuition Pricing Method {직관적 가격결정방법}

직관적 가격결정방법은 감각적으로 적정한 가격이 될 것이라는 직관에 의해 결정되는 방법이다. 이 방법은 경쟁기업, 환경 등을 고려한 일정한 비용과 이익을 창출할 수 있을 것이라는 예측에 의해 결정된다.

Inventory {인벤토리}

재고조사는 재고량 조사, 재고품 조사 등을 하는 것으로 기업이 보유한 자산 조사이기도 하다.

Invoice {송장}

거래품목의 명세 표시와 청구의 기능을 갖는다. 이것에는 거래당사자, 목적물, 거래가액, 부가가치세액, 거래일자, 주문서의 일련번호 등을 표시한다. 송장 원본은 검수보고서 작성의 자료가 된 후 원가관리부로 회송, 심사 및 원가 삽입을 거쳐 다시 경리부로 보내어 대금지급을 의뢰한다. 그리고 검수과, 재료 수령처, 구매과, 납품업자에게는 그의 사본을 보내어 재료관리, 통계, 증빙용으로 쓰게 한다.

IOHRA {International Organization of Hotel & Restaurant Association}

호텔국제조직과 레스토랑협회는 각종 대중 서비스의 향상을 위해 호텔, 레스토랑, 카페 등의 정치와 종교를 초월한 국가기구로서의 기구라고 할 수 있다.

Irish Coffee {아이리시 커피}

아일랜드산 위스키가 커피와 조화를 이루는 다소 남성적인 커피로 몸의 피로를 풀어주는 효과가 있다. 제조법은 레몬으로 Irish Coffee Class Rim에 설탕으로 Rim을 하여 컵에 설탕을 넣은 후 아이리시 위스키를 넣고 발화되기 전까지 불로서 데운 후 커피를 살며시 그 위에 붓고 휘핑 된 크림을 얹는다.

Irish Mist {아이리시 미스트}

히이스 꽃의 꿀을 함유한 아일랜드산 담갈색의 리큐르로서, 그 제조법은 공개되지 않고 있으며 알코올 도수는 40도이다.

Irish Stew {아이리시 스튜}

양고기 또는 소고기, 감자, 홍당무, 양파 등을 넣어서 만든 스튜이다.

Irish Whisky {아이리시 위스키}

보리로 만드는 위스키이다. 즉 몰트의 디아스타제를 사용하여 당화된 Cearial Grain의 Mash를 발효하여 Nothern Ireland에서 증류에 의해 얻은 Sprit를 증류가의 창고 내의 술통 또는 보세창고 내의 술통 안에서 최저 3년간 숙성한 것이다.

ISD {International Subscriber Dialing}

국제전화 통화방법은 국제코드+국가코드+지역코드+전화번호 순으로 연속하여 누르면 된다.

ISO 9000 {International Organization for Standardization}

국제표준화 기구에서 제정한 품질보증에 관한 국제규격으로 제품 자체에 대한 품질 확인보다는 제품을 만들어 내는 프로세스에 대해 품질 확인을 하기 위한 기준이다. 조직의 책임과 권한, 업무수행의 절차와 방법을 규정화하고 이를 반드시 이행하는 시스템을 말한다.

Italian Coffee {이탈리안 커피}

블랙으로 제공하나 별도의 생크림을 준비하여 에스프레스 식으로 추출한다.

Italian Dressing {이탈리안 드레싱}

식초, 마늘, 올리브유, 레몬주스, Oregano, Basil, Dill 등으로 만든 드레싱이다.

Item Void {품목 취소}

주문된 품목이 고객에게 서비스 전 혹은 서비스과정에서 주문 품목의 변경을 말한다.

J

Japan Hotel Association {JHA}

일본호텔협회는 1941년에 설립하여 일본호텔업자 상호간의 협조, 호텔시설 및 외래객 접대의 개선을 도모하고 국제관광사업의 발전에 공헌하는 것을 목적으로 한다.

Japan Restaurant Association {JRA}

국제관광 일본레스토랑협회는 외국인 관광객의 이용에 적합한 시설과 식사, 종업원, 서비스를 제공할 수 있는 일류 레스토랑을 회원으로 하는 단체로 일본 운수성이 인가하는 사단법인이다.

Jar {자}

주둥이가 넓게 만들어진 단지 모양의 항아리를 말한다.

Jardiniere {자디니얼}

같은 모형의 길이, 넓이를 가장 얇게 자르는 것을 수프 건더기나 소스 등에 넣는 형태로 고기요리에 들어가는 야채를 뜻한다.

Jelly {젤리}

젤라틴, 계란흰자, 설탕, 레몬, 백포도주, 물을 섞어서 가열한 후 차갑게 응고시킨 것이며, 각종 과일 또는 향신료를 첨가하여 만들 수도 있다.

Jet Powder {젯 파우더}

카펫을 샴푸 시 사용되는 수용성 세제이다.

Jigger {지거}

칵테일을 만들 때 용량을 재는 기구로서 Measure Cup이라고도 하며, 보통 30㎖(1oz), 45㎖(1.5oz)를 잴 수 있는 삼각형 두 개가 역으로 붙어 있다.

Job Description {직무 명세서}

직무 명세서는 각 직책에 있는 직원이 수행하여야 할 의무나 책임을 세부적으로 나열한 것이며, 직원에 대한 업무지시서, 교육의 보조 자료로도 사용될 수 있다.

Jockey Service {대리주차 서비스}

호텔의 현관 서비스의 일종으로 호텔고객의 차가 도착하면 직원이 직접 운전하여 전용주차장에 주차해 주는 서비스이다. 이것은 고객의 신속한 호텔 출입을 위한 주차대행 서비스로 Valet Parking 또는 Car Jockey Service라고도 한다.

Johnson {존슨}

존슨(1898~1972)은 담배 판매원으로 일을 하다 1925년에 부친이 사망한 뒤 조그만 잡화상을 물러받아 신문배달업과 함께 아이스크림도 팔게 되어 식당업에 손을 대기 시작했다. 즉 존슨은 호텔업자보다 식당업자로서 널리 알려지게 되었다. 1930년대에 와서는 그 사업이 번창하여 Franchise 경영으로 전국에 수십 개의 식당을 체인화하고, 계속하여 설비의 단순화, 조리방법의 표준화로 과학적인 관리방법을 도입하여 외식산업에 성공하였다. 그 후 1954년에 존슨은 숙박시설에 손을 대기 시작하면서, 1972년에는 전국에 500여 개의 Motor Lodge를 경영계약, 혹은 그의 소유로 운영하게 되었다. 존슨은 1972년 7월에 뉴욕에서 75세의 일기로 사망하였으나, 그는 식당 Franchise의 선구자였으면서 고속도로변의 식당과 모터 로지(Motor Lodge)로서 세계적으로 유명한 사업가였다. 존슨의 경영철학은 5대 이념으로 함축할 수 있는데, 상품의 표준화, 보다 나은 효율성과 서비스, 합리적인 가격정책, 지역에 맞는 운영체계이다.

Johnson Pledge {존슨 프레지}

가구 광택제로, 사용방법은 먼지나 물기 제거 후에 조금씩 뿌려가며 마른 천으로 문지른다.

Journal Entry {분개}

분개는 구체적인 계정과목, 금액, 기록장소를 결정하는 과정인데, 분개란 발생한 거래를 최초로 분개장 등 장부에 기록하는 과정이다. 분개를 하기 위해서는 각 거래마다 계정과목과 금액을 결정하고 차변과 대변 중 어디에 기입할 것인가를 결정하여야 한다.

Jug {저그}

주둥이가 넓고 손잡이가 있는 주전자, 단지, 항아리를 뜻한다.

Juicer {과즙기}
과일을 짜낼 때 스퀴저나 믹서로 짜지 못하는 파인애플과 같은 껍질이 두꺼운 과실을 짤 때 사용한다.

Julienne {줄리엔}
잘게 썬 채소나 야채를 뜻하는데, 5cm 길이로 가늘고 길게 써는 방법도 있다.

Junior Suite {주니어 스위트}
큰 객실에 응접실과 침실 및 가구가 구비되어 있으며 칸막이로 구분되어 있다.

Juniper {주니퍼}
이탈리아, 체코, 루마니아가 산지인 참나무과에 속하는 나무로서 관목 상록수이다. 검푸른 열매는 완두콩만하고 열매가 나오기 시작해서 두 번째 계절에 따기 시작한다.

Junk Food {정크 푸드}
칼로리는 높으나 영양가가 낮은 스낵풍의 즉석식품을 뜻한다.

Junket {정키트}
유람여행을 뜻하며, 카지노의 방침에 의해 결정된 무료 서비스를 제공받을 수 있는 Gambling 단체를 뜻하기도 한다. 다른 뜻으로는 스톡을 넣고 끓여 누렇게 만든 국물을 뜻하기도 한다.

Jus {쥐}
영국에서 육류음식을 조리하는 대표적인 방법으로, 고기, 야채, 과일의 즙을 말하는데, 뼈의 스톡을 넣고 끓여 누렇게 만든 국물이다. 여기에는 밀가루가 들어가지 않는 것이 Roux와 차이점이다.

K

Kahlua {칼루아}
멕시코에서 생산되는 담갈색의 커피 리큐르로써 Coffee Beans, Cocoa, Vanilla 등으로 만든 리큐르이다.

Kava {카버}
폴리네시아산 관목의 카와 나무뿌리로 만든 토속주이다.

Kebob {케밥}
터키의 대표적 요리로, 꼬챙이에 야채, 생선, 고기 등을 꿰어 라이스 등과 함께 먹는 요리이다.

Keep Roon {킵 룸}
예약되어 있는 객실을 의미한다.

Keep Room Charge {킵 룸 차지}
호텔에 투숙한 고객이 단기간의 지방여행을 떠날 때에는 짐을 객실에 남겨 두고 가는 경우가 있다. 이때 그 객실은 고객이 계속하여 사용하는 것이 되므로, 객실을 사용하지 않았어도 요금을 부과시키는 것을 말한다.

Ketchup {케첩}
토마토, 식초, 소금, 양파, 파우더, 향초 등을 재료로 하여 만든 소스의 일종이다.

Key {열쇠}
열쇠의 종류를 살펴보면 Guest Key는 각 객실에 하나씩 주어지는 숙박객용의 열쇠이다. Pass Key는 각 층별로 주어지는 것으로서 해당되는 층의 모든 객실은 어느 것이든 열 수 있도록 되어 있는 비상용인 동시에 룸 메이드가 객실 청소 때에 사용하기도 한다. Master Key는 고객이 소유한 Guest Key를 분실하였거나 객실 내부에 이상이 발생되었을 경우에 어느 객실이나 쉽게 열 수 있는 열쇠로, 만능열쇠인 것이다. 아울러 Connecting Room의 사잇문을 여는 데에도 사용된다. Grand Master Key는 Shut Out Key 또는 Double Lock Key라고도 부른다. 주로 특

별한 목적이나 중요한 고객에게 사용되는 열쇠로, 즉 저명한 고객이나 비밀을 지켜야 할 고객의 주문에 의하여 특별한 장치를 한 이중문의 객실이 제공되었는데, 이러한 객실문은 이 Key만이 열 수 있게 되어 있다. 비슷한 이름으로 불리어지고 있는 House Emergency Key 역시 모든 객실을 열 수 있는 만능열쇠로 극단적인 상황에서 필요한 것으로서 고객의 위험시나 극한 상황에서는 호텔과 상의하여 사용하게 된다.

Key Drop {키 드롭}
투숙객이 호텔 외부로 나갈 때 객실 열쇠를 프런트 데스크에 놓고 가는 것을 뜻한다. 하지만 최근에는 마그네틱 키를 이용하여 고객이 소지하고 다니는 경우도 많다.

Key Inventory {객실열쇠 점검}
프런트의 나이트 클럭이 결산을 하기 전에 빈 객실(Vacant Room)과 투숙 중인 객실(Occupied Room) 열쇠의 유무를 파악하는 것을 말한다. 하지만 최근에는 마그네틱 키를 사용하면서 컴퓨터로 객실에 대한 정보를 상황에 따라 입력하기 때문에 분실 시에도 큰 무제가 발생되지 않아 열쇠점검을 하지 않는 경우가 많다.

Key Rack {키 랙}
프런트 데스크에는 객실수와 같은 작은 상자가 많은데, 각 객실의 열쇠를 넣어두는 상자를 Key Rack이라고 한다.

Key Space {키 스페이스}
투숙객이 열쇠를 소지하고 자유롭게 다닐 수 있는 범위이다.

Kickback {킥백}
대금의 일부를 반환해 주는 것을 말한다. Rebate와 같은 뜻이다.

King Bed {킹 베드}
더블베드보다 폭이 넓은 킹사이즈 베드가 비치되어 있는 객실을 말한다.

Kiosk {키오스크}
역전 광장이나 지하철 등의 신문판매대, 간이판매대, 광고판 개념으로 쓰이나, 호텔에서는 고객이 많이 유동하는 공공장소, 프런트 데스크, 컨시어지 등에 안

내 정보물 비치대를 설치하여 이용하도록 하고 있다.

Kirschwasser {키르시바서 : 버찌술}

Kirsch는 '버찌', Wasser는 '물'이란 뜻으로, 버찌와 그 씨를 부수어서 발효 증류하여 만든 무색투명한 술로서 독일과 네덜란드산이 유명, 강력한 향기와 독특한 풍미를 가진 술로서 알코올도수는 40도 이상이다.

Kitchen Helper {요리사 보조원}

조리사를 보조하는 Cook Helper라고 할 수 있으며, 야채 다듬기, 식자재 운반, 조리기구의 세척 등 다양한 업무를 담당한다.

Kitchen Test {키친 테스트}

주방에서 요리에 사용되는 식재료의 표준산출표 시험(Standard Yield Test)을 말한다.

Kiwi {키위}

사바나 기후 과일로 뉴질랜드, 호주에서 재배되며, 맛은 딸기, 바나나, 복숭아가 복합된 맛이 나는 열대과일이다.

Knead {니드}

사전적 의미로는 빵, 도자기 등을 빗기 위해 반죽하는 뜻이지만, 압축하고 하면서 빵 반죽 공기를 제거하는 의미도 있다.

Knish {키니쉬}

감자, 소고기 등을 밀가루 반죽으로 싸서 굽거나 튀긴 것이다.

Knock Back {노크 백}

손이나 기계를 사용하여 발효 중인 가스를 빼기 위한 작업이다.

Kohlrabi {콜라비}

순무와 유사한 커다란 줄기를 가진 샐러드용으로 쓰이는 양배추과에 속하는 야채이다.

Korean Style Room {온돌 룸}

한국 고유의 객실로서, 일반가정과 같이 방바닥이 온돌(Ondol : 요즈음 Steam) 형태로 한국의 정취를 느끼게 하는 객실로, 침구는 보료, 요, 이불 등으로 갖추고 가구는 한국전통의 객실이다. 객실 내의 창문의 형태나 모양, 조명기구 등도 우리 고유의 것으로 설비되어 있다.

Kro-kets {크로켓}

야채나 고기를 잘게 다져 요리한 음식물을 혼합한 것으로서 밀가루, 달걀, 빵가루를 묻혀 기름으로 튀겨낸 것이다.

Kuchen {쿠헨}

달콤한 반죽으로 건포도를 넣어 만든 독일식 과자 또는 케이크를 말한다.

Kummel {퀴멜}

발트해 동쪽 연안지방의 명산품으로, 브랜디에 아니스(Anise)와 회양초(Caraway)의 열매로 착향시킨 무색 리큐르이며, 주정 도수는 30~40도이다. 1575년 네덜란드에서 처음 생산되었으나, 지금은 독일을 비롯하여 여러 나라에서 생산된다.

Kumquat {쿰쿠아트}

올리브 모양의 크기를 가진 감귤류로 작은 오렌지와 같으며, 금귤로 불리어지고 있다.

L

La Newburg {라 뉴버그}

달걀노른자, 크림, 와인 등으로 만든 소스이다. 이때 주의해야 할 것은 새우를 넣게 되면 달걀노른자를 넣기 전에 넣어야 한다는 것이다.

La Seine {라 세느}

프랑스의 C.F.G.V사의 Demi-sec 스파클링 와인이다.

Lace Curtain {레이스 커튼}

호텔 객실에는 대부분 2개의 커튼이 있는데, 그 중 얇고 비치는 커튼을 레이스 커튼 또는 망사 커튼이라고 하며, 햇빛이 비치지 않는 두꺼운 Drapery Curtain이라고 한다.

Ladder {사다리}

사다리는 연회장(Banquet) 또는 객실관리(Housekeeping)에서 많이 사용하는 장비 중 하나이다.

Ladyfinger {레디핑거}

손가락 모양의 카스텔라식 과자이다.

Lager Beer {라거 비어}

제조과정에서 발효균을 살균하여 저장에 적합하도록 한 후 병에 넣은 맥주이다.

Lake Trout {연어}

연어과에 속하는 송어라고도 하며, 알을 낳기 위해 강을 거슬러 올라가는 이주성 물고기로 소화가 잘된다.

Lamb {양고기}

양고기는 2가지로 분류되는데, 1년 이하의 어린 양고기는 Lamb(육질이 부드럽고 담백), 1년 이상의 양고기는 Mutton(섬유질과 근육이 발달하여 질김)으로 분류한다.

Lamb Chop {램찹}

1년 이하의 양고기를 로스 부분을 얇게 잘라서 적포도주, 양파, 셀러리, 올리브 기름으로 잰 후 고기를 Saute(살짝 튀김)한 다음 백포도주로 조리해서 둥글게 썰어 놓는다.

Lamb's Fry {램스 프라이}

프라이 또는 튀김용으로 쓰이는 새끼 양의 내장요리이다.

Lambic {램빅}

벨기에의 브뤼셀에서 양조되고 있는 상면발효 타입 맥주 중의 하나로 60%의 맥아와 40%의 밀을 원료로 하여 제조된다.

Lame {레임}

레몬 등 엷게 자르는 방법이다.

Lamington {레밍턴}

네모난 카스텔라에 초콜릿을 바르고 코코넛을 뿌린 과자이다.

Lamp Cover {램프 커버}

간접 조명을 목적으로 객실이나 욕실 거울에 부착하는 램프 갓을 뜻한다.

Lanai {라나이}

베란다를 뜻하며, 발코니나 테라스가 있어 강이나 바닷가를 조망할 수 있는 주로 리조트 호텔에서 볼 수 있는 객실 형태를 말한다.

Lard {라드}

돼지비계를 정제한 반고체의 기름을 말한다.

Lasagna {라자냐}

치즈, 토마토소스, 파스타, 저민고기 따위로 만든 이탈리아 요리이다.

Last {라스트}

가장 최근에 프런트 데스크에서 업무를 완료한 직원을 칭한다.

Last In First Out Method {LIFO}

후입선출법은 매입역법이라고도 하며, 선입선출법(FIFO)과 반대로 최근에 매입한 것부터 소비해 가는 것으로 보고 계산하는 방법이다.

Late Arrival {연착고객}
예약을 한 고객이 약속시간을 지나 호텔에 도착하는 것으로, 이때 미리 호텔에 통보하여야 하며 그렇지 않은 경우는 자동적으로 예약이 취소되는 경우가 있다.

Late Charge {L.C}
손님이 퇴숙, 즉 퇴숙 후에 늦게 발견되어 Posting(전기) 안 된 계산서를 뜻한다. 이때 신용카드로 계산되었을 시는 추가 포스팅하고 이 사실을 고객에게 알린다.

Late Charge Billing {추가계산서}
요금을 지급하지 않고 떠난 경우에 추가요금을 계산하는 것으로, 자동으로 원장에 부가되고 신용카드 정산 시 요금을 청구할 수 있다.

Late Check out {레이트 체크아웃}
호텔의 퇴숙시간이 지나면 추가요금을 지급해야 하지만, 만약 프런트 데스크의 승인 하에 퇴숙시간이 지나서 출발하는 고객의 경우에는 추가요금이 부과되지 않는다.

Laundry Bag {라운드리 백}
세탁물을 담는 주머니로 객실에 비치한다. 최근에는 비닐로 된 것보나는 환경도 고려한 세탁을 하여 재사용할 수 있는 천으로 된 Eco Bag을 사용한다.

Laundry Manager {세탁실 지배인}
세탁 지배인은 고객용 세탁과 호텔용 세탁을 원활하게 수행시키는 책임자로서, 모든 세탁물 관리와 각종 세탁기계의 유지 및 수리관리는 물론 세탁실의 물세탁 부문, 트라크리닝 부문, 프레싱 부문 등의 종사원들을 지휘 · 감독하는 관리자이다.

Laundry Shop {세탁실}
호텔 투숙 중인 고객의 세탁물, 직원 유니폼 세탁, 외부 수주 세탁물 등의 모든 세탁 업무를 담당하는 부서이다. 세탁의 종류를 살펴보면 Laundry Service(물세탁서비스), Dry Cleaning(드라이 크리닝), Pressing(다리미질)과 수선하는 서비스를 한다. 또한 세탁요금은 Regular Service(보통서비스 : 오전 11시까지 수거된 세탁물은 당일 오후 5시까지 배달하고)와 Express Service(긴급서비스 : 고객이

요구하는 시간 이내 서비스가 이루어지며 요금은 보통서비스 요금에 50% 가산)로 나누어져 있다.

Laundry Slip {라운드리 슬립}
세탁물 품목이 나열된 세탁 신청서라고 할 수 있다.

Laurel {로럴}
월계수잎은 악취제거용으로 쓰이며 상쾌한 향을 갖고 있다. 소스, 수프, 피클, 생선 등에 사용되며, 주로 생선요리에 많이 쓰인다.

Lavatory {화장실}
화장실, 실내용 변기를 뜻하며, Chamber Pot이라고도 한다.

Lay Over {레이 오버}
비행기가 기상 악화, 비행장 문제, 항공기 결함 등으로 출발할 수 없을 경우 항공사 승객을 위하여 호텔에 투숙시키는 경우이다.

Lay Over Guest {레이 오버 게스트}
레이 오버로 인하여 호텔에 투숙하는 고객을 뜻한다.

Leaflet {리플릿 : Flyer, 전단}
리플릿은 포스터의 축소판이다. 대체적으로 16절지 정도의 크기이다. 리플릿의 내용은 포스터에 삽입하기 어려운 잡다한 문구를 삽입한다든지 또는 포스터에 들어 있는 문구를 삭제하여 간략히 할 수 도 있다.

Lease Accounting {리스 회계}
리스란, 계약된 금액을 정기적으로 지급하는 것을 대가로 타인이 갖고 있는 자산의 사용권을 임차하는 것으로, 임대인과 임차인 사이의 계약을 가리킨다. 미국에서는 리스가 사업상 아주 인기가 있는데, 레스토랑은 쇼핑센터에서 공간을 리스하고, 숙박회사는 호텔을 리스하며, 카지노산업에서는 Slot Machines을 리스한다.

Lease Management {임차경영}
임차경영은 토지 및 건물의 투자에 대한 자금조달 능력이 충분하지 않은 기업이 제3자의 건물을 임차해서 호텔기업을 경영하는 경우인데, 초기투자가가 많이 들어가지 않는 장점이 있다.

Ledger {레저}
고객의 원장을 뜻하며, City Ledger는 미수금 원장을 뜻한다.

Leek {리크}
부추나 파를 영국과 미국에서는 파로서 야채에 속하지만, 프랑스 요리에서는 Spice로 취급한다.

Lemon {레몬}
레몬과즙은 향기가 좋고 구연산과 비타민C를 함유하여 음료나 향수 등에 널리 쓰인다. 호텔에서는 생선류에 많이 사용되는 것으로, 그 향을 사용할 때도 있으나 조리 시 조미료로도 많이 사용된다.

Lemon Cheese {레몬 치즈}
레몬에 설탕, 달걀 등을 넣어 가열하여 잼 모양으로 만든 식품으로 빵에 바르거나 파이에 넣어 먹는다.

Lemon Dressing {레몬 드레싱}
소금, 후추, 레몬주스에 올리브 오일을 혼합하여 약간의 설탕으로 맛을 낸다.

Lemon Lime {레몬 라임}
레몬향이 가미된 무색투명한 탄산음료의 일종이다.

Lemon Soda {레몬 소다}
레몬맛이 나는 탄산음료이다.

Lemon Sole {레몬 솔}
가자미의 일종으로 머리는 작고 껍질은 부드러우나 벗기기는 어렵다. 육질의 맛은 좋으나 살이 약해 저미기에는 어렵다.

Lemonade {레몬 에이드}
레몬즙에 설탕이나 시럽, 물, 탄산 등을 넣어 만든 청량음료의 일종이다.

Lettuce {레티스}
상치, 양상치를 뜻하며 식용으로 쓰인다.

Liaisons {리에종}
리에종은 소스나 수프를 걸쭉하게 하여 농도를 내며, 풍미를 더해주는 것으로

여러 종류가 있는데, Roux Liaison은 버터와 밀가루 혼합물, Egg Liaison은 노른자, 우유, 크림, 육수 혼합물, Better Liaison은 버터, 크림 혼합물, Butter and Flour Liaison은 버터와 밀가루 반죽 혼합물과 같다.

Light Baggage {간단한 수하물}
고객이 휴대한 수하물의 크기가 너무 작아서 고객에 대한 신용이 불충분하다고 판단될 경우 미리 선수금을 받는 것을 말한다. 최근에는 짐과는 상관없이 워크인 고객에 대해서는 선수금 또는 신용카드로 선결제하는 것이 보편적이다.

Light Beer {라이트 비어}
Low Alcoholic Beer와 Low Caloric Beer로 크게 나누며 Low Alcoholic Beer는 원맥즙의 당도를 낮게 하여 알코올 함량이 1.8~2도 정도이며, Low Caloric Beer는 맥주의 당도를 낮게 하여 맥주 칼로리를 낮게 한 맥주이다.

Light Rum
부드러운 맛으로 청량음료와의 칵테일 혼합에 적당하다.

Light Whisky {라이트 위스키}
알코올분이 적고 향기가 순한 미국산 위스키이다.

Lima Bean {리마콩}
푸른색의 크기가 약간 큰 콩으로, 생선요리에 Hot Vegetables에 사용된다.

Lime {라임}
인도가 원산지이며 운향과에 속하는 상록 작은 교목으로, 열매는 둥글고 황록색이며 향기가 높다. 레몬과 외형은 비슷하며 작고 맛이 시고, 색깔은 녹색이다. 주스나 셔벗을 만드는데 사용한다.

Limit Switch {리미트 스위치}
전기 자동 스위치로, 옷장 등에 설치된 스위치인데 옷장 문을 열면 켜지고, 닫으면 꺼지는 자동 스위치를 뜻한다.

Limited Service {리미티드 서비스}
제한된 서비스만 제공하는 호텔로, 객실을 제외한 다른 서비스는 최소화하며, Budget Hotel이 여기에 속한다.

Line Organization {직계식 조직}

직계식 조직은 관리자와 근로자와의 관계가 직선조직으로 연결되고 근로자는 직속상관에게만 업무 하달 및 책임을 지는 부문관리 조직이며, 계선조직이라고도 한다. 이 조직은 상호관계가 마치 군대에 있어서의 지휘 · 명령의 일관성이 확립되어 있고 연대책임의 한계가 명확히 되어 있으므로 그 업무의 진행과정을 신속하게 처리할 수 있는 것이 특징인 반면, 분업에 의한 관리활동의 전문화가 부족하다.

Line & Staff Organization {직계 참모식 조직}

과학적 관리법의 운동을 적극적으로 지원한 에머슨(H. Emerson)이 테일러의 기능식 조직의 형태를 변형 · 개발시킨 이 조직은 조직의 기능화 원칙과 명령의 일원화 원칙을 조화시켜 스텝의 권한을 한정시킨 상태에서 제안된 조직 형태라고 할 수 있다.

Linen {린넨}

린넨이란 의미는 마직류를 말하는데, 호텔에서의 린넨이란 면류나 하하지류로 만들어진 타월, 냅킨, 시트, 담요, 유니폼, 커튼, 도일리 등을 말하고 있다. 아울러 호텔에서 린넨류의 적정 재고수준에 관하여 확고한 기준이 설정되어 있는 것은 아니나, 일반적으로 4~5회전의 수량에 필요하다고 볼 수 있다.

Linen Room {린넨 룸}

하우스키핑을 지원하기 위한 린넨 보관 소를 말한다.

Linen Chute {린넨 슈트}

객실 각 층에 설비되어 린넨류를 구내 세탁실까지 운반할 수 있도록 되어 있는 활송장치이다.

Liqueur {리큐르}

리큐르는 과일이나 곡류를 발효 증류하여 만든 주정을 기주(Base Liquor)로 하고 대개 정제한 설탕이나 꿀을 사용하여 단맛을 낸다. 또한 약초, 과일, 식물껍질, 씨, 뿌리 등을 추가하여 향미와 색깔을 갖게 한 건강을 강조한 혼성주이다. 그러므로 대개 스트레이트 하여 식후주로 널리 애음되고 있으며, 색깔이나 높은 향미 때문에 칵테일이나 펀치류 조주 시에 향을 내거나 맛을 가미하기 위하여 자주 사용된다.

Liquor {리커}
술이라고 할 수 있는 모든 알코올류의 총칭하는 말이다.

Lobby {로비}
호텔의 현관 로비는 보유 객실수에 비례하여 면적이 다른데, 120실 미만의 경우는 객실 수용인원 × 0.5m^2 이상, 120실 이상에서 300실 미만은 객실 수용인원 × 0.3m^2 + 100m^2 이상, 300실 이상 500실 미만은 객실 수용인원 0.3m^2 + 200m^2 이상, 500실 이상은 객실 수용인원 × 0.2m^2 + 200m^2 이상이어야 한다.

Lobster {랍스터}
바다가재는 보리 새우과에 속하며, 바다 밑바닥의 벌에서 서식한다. 민물 게와 비슷하고 두개의 집게발이 있다.

Local Call {로컬 콜}
시내 또는 동일지역 내의 통화를 뜻한다.

Lock Out {락 아웃}
Bill을 정산하지 않은 고객의 객실 출입을 강제로 차단하는 것이다.

Lock Set {락 셋}
문을 잠그는 자물쇠 뭉치를 뜻한다.

Locksmith {락스미스}
열쇠 수리공을 뜻한다.

Lodge {로지}
로지는 빵숑과 별로 차이는 없으나 명칭이 풍기듯 독특하고 아름다운 이미지를 갖는 고전적인 프랑스의 시골 숙박시설이다.

Log {업무일지}
호텔의 영업장에서 사용하는 업무활동을 기록하는 것을 Log라고 하고, 기록하는 대장을 Log Book이라고 한다. 근무 중에 일어난 분쟁, 손님의 의뢰사항, 근무 중에 미결된 업무 등을 Log Book에 기록하여 다음 근무자에게 업무를 인계한다.

Logo {로고}
활자, 심벌마크, 상표, 상징그림을 뜻한다.

Loin {로인}
육류의 등심으로 허리고기를 뜻하며, 갈비뼈가 끝나는 부분에서 엉덩이까지의 허리고기를 말한다.

London Gin {런던 진}
드라이 진 중 하나이며, 도회적 감각의 진이라 말할 수 있다. 칵테일의 왕자라고 불릴 만큼 가장 많이 애용되고, 품질이 우수하여 현재 진을 총칭할 정도로 유명하다.

Long Distance Call {장거리 전화}
가입되어 있는 지역 이외의 특정 장거리 지역과 통화할 수 있는 전화이다.

Long Drink {롱 드링크}
칵테일에 있어서 알코올과 비알코올성을 혼합한 것을 말한다.

Long Spoon {롱 스푼}
손잡이가 길어 롱 스푼이라고 하며, 칵테일 재료를 저을 때 사용한다 하여 바 스푼이라고도 한다. 한쪽은 포크로 되어 있는 것도 있어 레몬 등을 찍을 때 이용된다.

Lost and Found {분실물센터}
객실 및 호텔의 부대시설을 포함하는 호텔의 건물 내에서 소지품이나 수하물을 분실하고, 고객 또는 직원이 습득했을 때 그 습득물을 보관하고 찾아주는 업무를 담당하는 부서이다.

Lost Bill {분신 계산서}
계산서 등록되지 않고 사용 중 관리 부실로 분실된 계산서를 뜻한다.

Lounge {라운지}
고객의 휴게실과 만남의 장소로서, 커피, 칵테일, 술 종류 등을 제공하고, 피아노 반주, 가수의 노래와 춤, 공연 등이 행하여지는 장소이다.

Luggage Tag {수하물 꼬리표}
수하물의 소유자를 확인하기 위한 인식표로, Baggage Tag이라고도 하며 같은

모양이 2장으로 되어 있는데, 1매는 수하물에 부착하고 1매는 고객이 보관한다.

Lunch {점심}

영국에서는 아침과 저녁 사이에 먹는 것을 Lunchon이라고 말하며, 미국에서는 12 : 00 이후 간단하게 먹는 것을 Lunch라고 하는데, 비교적 Table D'hote 순서에 따라 3～4코스, 즉 수프, 앙트레, 디저트, 커피 등으로 구성된다.

Lunch Counter {런치 카운터}

고객은 카운터에 앉아서 직접 주문하여 먹는 식당으로 고객은 직접 조리과정을 볼 수 있어 기다리는 시간의 지루함을 덜어줄 수 있는 식당이다.

M

Macaroni {마카로니}

이탈리아 음식 파스타의 일종으로 대표적인 Soft Pasta이다.

Macaroni Cheese {마카로니 치즈}

마카로니에 치즈가루를 뿌리고 오븐에 구운 요리이다.

Macaron {마카롱}

달걀흰자, 아몬드, 설탕으로 만든 작은 고급 쿠키인데, 철판 위에서 파이핑하여 구워내며 아몬드 대신에 해즐릿이나 땅콩을 넣기도 한다.

Mace {메이스}

육두구 껍질로 말린 향료로, 인도네시아의 몰루카 섬이 원산지인 열대상록수 Nutmet 나무의 꽃이나 껍질에서 얻는 것으로 향기가 짙으며 적황색의 것이 좋다.

Macedoine {마세느안}

과일을 1~1.5cm 크기의 주사위 모양으로 썰어서 Fruit Salad에 사용한다.

Maceration or Infusion {주출법}

변질되기 쉬운 과일이나 약초, 향료에 증류주를 가해서 용해시키는 방법으로, 열을 가하지 않으므로 골드방식이라고도 한다.

Mackerel {고등어}

북대서양산 해수어의 일종으로 육질의 색은 붉은색으로 살의 조직력이 좋다.

Made Dish {메이드 디쉬}

고기, 야채 그 밖에 여러 가지를 섞어 조리한 요리이다.

Madeira {마데이라}

대서양상에 있는 포르투갈령 군도 인마데이라도에서 생산되는 흰포도주의 일종으로, 마데이라주는 와인 원료로 사용되는 포도의 종류에 따라 4가지로 분류된다. Secial은 드라이한 것으로 냉각하여 Aperitif로 마시며, Verdelho는 약간의 감미가 있는 것으로 수프 코스에, Bual은 감미가 약간 높은 것으로 디저트 와인으로, Malmsey는 가장 스위트한 종류로 After Dinner용으로 애음된다.

Madeira Sauce {마데이라 소스}
양파, 당근, 마늘을 Saute하다가 마데이라 와인을 넣고 조린 후 Roux Blanc을 넣고 Saute한다. Fond de Veau을 넣고 끓인 후 거른다.

Madeleine {마들린}
프랑스의 아주 오래된 과자 중의 하나로 작은 카스텔라인데, 프랑스 로렌지방에서 처음 만들어져 18세기에는 베르사이유에서부터 파리까지 유행했으며 금세기 전 세계의 버터케이크가 되었다.

Maid Cart {메이드 카트}
룸 메이드가 객실 청소에 필요한 여러 가지 비품을 갖고 다니는 웨곤이다.

Maid Station {메이드 스테이션}
객실 정비원이나 직원이 이용하는 공간으로 각 층에 있으며, 객실정비 시 사용되는 린넨류를 비롯한 다양한 용품이 구비되어 있다.

Maid`s Report {메이드 보고서}
객실의 상태를 확인하는 보고서로서 린넨류의 사용정도와 청소시간 기록, 객실정비 시 특이사항에 대한 보고서이다.

Maigre {메그르}
고기가 들어 있지 않은 음식이나 기름기가 없는 고기를 의미한다.

Mail and Key Rack {메일 앤 키 랙}
프런트 데스크에 설치되어 있으며, 객실 손님의 열쇠 및 우편물을 보관하기 위하여 객실번호 순으로 제작한 상자이다.

Mail Clerk {메일 클락}
우편물을 고객에게 전해주고 객실 손님의 우편물을 보관 또는 운송하는 업무를 말한다.

Mail Service {메일 서비스}
호텔의 우편물을 집배하거나 발송하는 서비스를 말한다.

Main Dish {주 요리}

코스요리 단계 중 가장 으뜸이 되는 요리로 일명 Entrée라고 부른다.

Main Kitchen {메인키친}

호텔에서 음식을 조리하는 곳으로 양식주방, 커피 숍 등을 지원하는 메인 주방이다. 메인 주방은 주로 Banquet, Catering 등을 관리하여 각 업장에서 필요로 하는 음식, 기본적인 음식, 가공식품 등을 준비하여 공급한다. 메인주방에는 Hot Kitchen(주로 뜨거운 음식을 조리하는 곳)과 Cold Kitchen(찬 음식을 준비하는 곳)로 나누어져 있다. 메인 주방은 음식을 생산하는 조리구역(Cooking Area), 식기류 세척구역, 세척장으로 구분한다. 시설 면에서는 조리용 장비, 기물 등을 갖추고, 위생 면에서도 식품위생, 환경위생, 개인위생 등을 철저히 유지해야 한다.

Maitre D'AHotel {메트르 도 오뗄}

대형 호텔에서 모든 레스토랑을 관리하는 중간 관리자를 뜻한다.

Maître D'Hotel Sauce {메트르 드 오뗄소스}

버터, 레몬주스, 파셀리가 주재료가 되어 만들어진 소스의 일종으로 주로 스테이크 위에 얹어 제공된다.

Majoram {마조람}

박하과 식물의 잎으로 다른 향료와 조합하여 사용되나 특히 소시지, 수프 등에 사용되며, 생선요리에도 사용된다.

Majuang {마주앙}

1977년 시판되기 시작한 독일 모젤와인 타입의 색이 맑고 향기가 은은한 Medium Sweet Wine이다. 1984년부터 제조된 리스링 포도를 주원료로 한 마주앙 스페셜은 마주앙보다 수준이 높은 와인이라 할 수 있다.

Make Bed {메이크 베드}

하우스키핑에 근무하는 룸 메이드가 사용한 베드의 시트를 갈아 끼우고 새로 베드를 만드는 것을 말한다.

Make up {메이크업}

고객이 객실에 등록되어 있는 동안 침대의 린넨을 교환하거나 객실을 청소하고

정비정돈을 하는 것을 말한다.

Make up Card {메이크업 카드}
고객 객실의 문에 걸어 놓는 카드로서, 룸 메이드에게 우선 청소를 해달라는 표시로 호텔과 고객 간의 의사전달 도구이다. 반대쪽에는 Do Not Disturb(DND) 카드가 표시되어 있다.

Malt {맥아}
밀, 보리 따위에 물을 부어 싹이 나게 한 다음에 말린 엿기름으로, 디아스타아제 따위의 효소를 다량으로 갖고 있어 엿이나 식혜를 만드는데 쓰이며, 맥주의 양조과정에서도 색과 풍미를 준다.

Malt Spirits {맥아 주정}
대맥이 발아된 것을 분쇄하여 뜨거운 물을 넣어 당액을 만든 다음 이스트를 넣어 발효하여 만든 술을 증류하여 만든 주정을 말한다.

Maltaise Sauce {말타이즈 소스}
홀랜다이즈 소스에 오렌지주스와 줄리안 한 오렌지 껍질을 넣어서 만든다.

Management By Objects {MBO}
목표관리는 바로 이러한 목표달성 문제를 관리적 측면에서 중점적으로 다루려고 하는 하나의 관리전술로서 테일러(F. Tayler)의 집단적 노력에 정신혁명을 계승한 것이라고 말할 수 있다. 따라서 목표에 의한 관리는 구성원의 권고와 참여의 조장을 통하여 조직목표를 달성하려고 하는 하나의 모험적 시도라고 말할 수 있다.

Mandarin Liqueur {만다린 리큐르}
만다린 오렌지 향을 착향시킨 밝은 적색의 리큐르로서 주정 도수는 약 25도이다.

Mango {망고}
열대지방에서 재배되는 과일로 녹색과 노란색, 오렌지색까지 여러 종류가 있으며 디저트로 이용된다.

Manhattan {맨해턴}
칵테일류의 일종으로 위스키 1⅓온스, 스위트 베르무트 1/3온스, 앙고스 트라 비

터 1디시를 혼합 글라스에 얼음과 함께 넣고 잘 저어서 칵테일글라스에 걸러서 따라 준 후 체리를 하나 넣어 제공한다.

Manual {매뉴얼}

호텔에서의 매뉴얼이란 Q.S.C.(Quality, Service, Cleanliness)에 근간을 두고 표준을 설정하여 작업의 방법을 구체적으로 지시하는 지침서이다. 즉 작업 동작이나 수순을 노식화하는 것이 매뉴얼이다. 일반적으로 호텔의 매뉴얼은 6가지로 나누어져 있는데, Cooking Manual, Service Manual, Cleanliness Manual, Operations Manual, Department Manual, Training Manual 등으로 세분화되어 있다.

Manual System {매뉴얼 시스템}

매뉴얼 시스템은 전표나 장표를 작성하고 웨이터 전표(Waiter Order Slip), 송장(Invoice)과 같은 원시기록을 하게 되며, 일기장, 원장에 기록을 하는 기장제도이다.

Maple Syrup {메이플 시럽}

단풍나무에서 추출하여 와플이나 프렌치토스트를 제공할 때 버터와 함께 제공한다.

Maraschino {마라스키노}

원래 유고슬라비아 달마티아(Dalmatia) 지방에서 생산되는 야생 버찌를 사용하여 만든 씁쓰름하면서도 단맛을 내는 무색투명한 체리 리큐르이며 혼성주의 하나이다.

Marble {마블}

마블은 대리석의 일종으로 무늬와 색깔이 다양하여 호텔건축에 많이 사용되는 석재이다.

Marble Cake {마블 케이크}

마블 케이크는 흰색과 검은색의 반죽을 엇갈리게 넣어 대리석의 자연 무늬와 비슷한 모양이 되도록 만든 케이크이다.

Marbling {마블링}

고기가 근육 섬유질이 늘어날 때 약간의 수분과 살코기의 단백질이 지방으로 변하는 것을 말한다. 이것은 고기 조직 사이에 흰색의 지방이 마블 모양으로 박힌 정도로, 이 마블링은 지방이 연하고 고기의 맛과 품질을 높여 준다.

Marengo {마렝고}
마렝고는 닭고기를 기름에 튀겨서 화이트 와인, 버섯, 마늘, 토마토를 넣어 조린 요리를 말한다.

Marina {마리나}
마리나는 유람선을 위한 정박지 또는 중계항으로서의 시설 및 관리체계를 갖춘 곳을 말하는데, 기본적인 시설에는 선박출입을 위한 외곽시설, 정박지, 항구, 급수시설, 수리장, 관리사무소, 정화시설 및 각종 설비가 있다.

Marinade {마리네이드}
고기, 생선, 야채 등을 요리하기 전에 와인, 올리브기름, 식초, 과일주스, 향신료 등에 절여 놓는 것을 말한다.

Marinara {마리나라}
토마토, 양파, 마늘, 향신료로 만드는 이탈리아의 소스이다.

Marjoram {마조럼}
박하의 종류로, 지중해 지역이 원산지인 마요라나는 단맛과 야생의 아린 맛을 내는 요리용 양념이다.

Marker {마커}
카지노의 지정양식으로 고객의 가입서명으로서 은행 인출이 가능해지는 환전 증서이다.

Market Average Rate System {시장평균 환율제도}
시장평균 환율제도는 원화의 대미 달러 환율을 전일의 외국환은행의 평균 환율로서 산출된 시장평균 환율로 결정하여 외국환은행들의 대고객거래 및 은행 간 외환거래에서 기준 환율의 역할을 수행하도록 하는 제도이다.

Marmalade {마멀레이드}
신선한 오렌지나 레몬 종류의 껍질과 속을 같이 설탕에 조린 것으로 껍질과 씨에서 쓴맛이 나고 그 쓴맛과 단맛이 어울린 것이 마멀레이드의 특징이다.

Marmite {마마이트}

주방에서 사용하는 큰 요리냄비이다.

Marrow {마로우}

소고기나 송아지고기의 뼈 중심부에 위치한 부드러운 섬유질이다.

Marsala {마르살라}

이탈리아의 시실리섬의 마르살라에서 생신되는 흰 포도주를 발한다.

Marseillais {마르세예}

다진 양파, 마늘을 기름에 볶아 붉은 포도주와 멸치젓, 토마토소스를 혼합한 것을 말한다.

Marsh Mallow {마시멜로}

전분, 젤라틴, 설탕 따위로 만드는 연한 과자를 말한다.

Maryland {메릴랜드}

육류나 가금류를 밀가루, 계란, 빵가루를 발라 기름에 튀긴 다음 크림 그레이비(고기국물 소스)를 넣은 요리이다.

Mashed Potato {매시드 포테이토}

삶아서 짓이긴 감자와 버디, 우유를 섞어서 만든 음식을 발한다.

Masking {마스킹}

케이크 시트에 잼, 크림, 버터 등을 바르고 호두, 잣, 건포도, 초콜릿 등으로 케이크 전부를 뒤덮는 것을 말한다.

Master Account {그룹원장}

그룹원장을 말하며 컨벤션 및 관광단체를 위해 작성되는 원장으로 여기에 단체고객에게 청구할 수 있는 요금인 외상매출금을 기장 계산한다. 이것을 또한 Master Folios라고도 한다.

Master Key {마스터 키}

마스터 키는 고객이 소유한 키를 분실하였거나 객실 내부에 이상이 발생되었을 경우, 어느 객실이나 쉽게 열 수 있는 열쇠로 만능열쇠인 것이다.

Matelote {매털오트}
술, 양파가 들어간 생선 스튜이다.

Material Cost {재료비}
재료비는 호텔이나 레스토랑 등에서 사용되는 식재료 비용을 말한다.

Mattress {매트리스}
베드 위에 놓는 쿠션을 말한다.

Mayonaise Sauce {마요네즈 소스}
계란, 겨자를 넣고 소금, 후추, 우스터셔 소스(우리나라의 간장과 비슷한 서양의 조미료)를 혼합하여 레몬주스를 넣고 샐러드유를 서서히 부으며 같은 방향으로 젓는다. 어느 정도 저으면 마요네즈 소스가 된다.

MBO {Management By Objects}
오늘날 조직에서 목표관리는 그 어느 때보다 행정부의 중요한 관심거리로 인정되고 있다. 행정부는 광범위한 구성원의 참여를 통하여 조직의 목표를 설정하고 효과적인 관리를 통하여 이 목표를 달성하려고 한다. MBO는 바로 이러한 목표달성 문제를 관리적 측면에서 중점적으로 다루려고 하는 하나의 관리전술이라고 말할 수 있다. 따라서 목표관리는 구성원의 권고와 참여의 조장을 통하여 조직목표를 달성하려고 하는 하나의 모험적 시도라고 말할 수 있다.

Mead {미드}
꿀에다 맥아, 이스트, 향료, 물 등을 넣어 발효시킨 리큐어로서 일종의 술이다. 이 술은 알코올 도수는 약 40도 정도로, 신혼부부의 영원한 사랑의 맹세를 교환하는 술로도 유명하다.

Meal Coupon {Meal Ticket}
호텔 그룹 중 객실료에 식사가 포함되었을 경우 식권을 발행하는데, 손님 개개인이 원하는 시간에 자유롭게 식사를 할 수 있다.

Measuring Cup {계량컵}
칵테일 제조 시 바에서 사용하는 알코올음료의 분량을 측정하기 위한 기구로서 30mℓ(1oz), 45mℓ(1.5oz)용과 30mℓ(1oz), 60mℓ(2oz)용 두 가지가 있다. 눈금을 새

긴 컵으로 Jigger라고도 한다.

Meat Breakfast {미트 브렉퍼스트}
일반적으로 영국과 아일랜드에서 행해지고 있는 아침식사로 주로 곡물, 고기, 달걀, 빵, 음료로 이루어져 있다.

Meat Formation {육류 구성}
육류 구성은 살코기, 근육조직, 지방조직, 뼈 연결부위, 연골, 근육 섬유질로 구성되며, 영양 구성원은 수분 70%, 단백질 20%, 지방 9%, 기타 1%로 나타난다.

Meat Grading {육류 등급}
육류 등급은 크게 품질 등급과 산출량 등급 2가지로 나누어지는데, 산출량등급은 도살육에서 고기와 뼈의 양으로 산출하는 방식이고, 품질등급을 살펴보면 Prime은 최상급 등급으로 호텔에서 사용하고 양이 제한되어 생산되며 맛과 육즙이 뛰어나다. Choice는 Prime보다 지방질이 적으나 좋은 그물조직을 가지고 있어, 현재 우리나라의 호텔에서 가장 널리 사용하고 소비량도 가장 많다. 그리고 Good & Standard은 지방 함량이 적고 맛은 약간 떨어지며 일반 식당용으로 널리 이용되며, Utility, Cutter, Canner는 위의 등급보다 맛과 질이 떨어지며 일반적으로 가공하거나 기계에 갈아서 이용한다.

Meat Slaughtering {도살육}
도살과정은 고기의 질에 영향을 미치므로 정확한 방법이 요구되며, 실온에서 보존된 도살육은 고기 표면과 내부에서 부패 박테리아가 성장하며 4~5일 정도 지나면 부패한다. 그러므로 도살육을 취급하는 모든 설비는 0~2℃ 사이에서 이루어져야 한다.

Meat Tag {육류 꼬리표}
호텔에 육류가 입고되면 고기에 꼬리표를 붙여서 무게, 입고일자, 단위당 가격, 등급, 그리고 공급자에 대한 정보를 기록하여 놓은 표이다. 최근에는 성장과정, 생산자, 먹이로 사용된 사료 등에 대한 모든 기록이 남는다.

Meat Tenderizing Process {육류 연화과정}
도살 직후 근육의 섬유질이 경직되는 과정에서 단단해지므로 고기를 부드럽게

하기 위하여 고기를 뼈와 함께 냉장고에 20일 정도 걸어 두는 것을 말한다. 로스트와 스테이크는 약 10~14일 정도 숙성시키고, 삶을 때는 4~8일 정도 숙성시킨다.

Medium {미디엄}
스테이크 요리 시 중간 정도로 알맞게 익힌 정도를 말한다.

Medium Rare {미디엄 레어}
Rare보다는 좀더 익히며 Medium보다는 좀 덜 익힌 것으로, 자르면 피가 보이는 정도 익힌 것이다.

Medium Roasting {미디엄 로스팅}
커피콩을 중간으로 볶는 것을 말하는 것으로, 향기와 맛, 빛깔이 좋아서 부드러운 맛을 느낄 수 있다.

Medium Rum {미디엄 럼}
맛이 강하지 않고 색이 연한 갈색이다.

Medium Well-done {미디엄 웰 던}
스테이크를 자르면 가운데 부분에만 약간 붉은색이 보이도록 거의 익힌 정도이다.

Meeting Planner {MP}
미팅 계획자는 호텔, 컨벤션 등 장소 결정부터 행사계획을 설계하는데 중요한 역할을 담당하는 사람이다.

Mélange {멜랑즈}
계란요리와 롤 정도로 커피와 같이 먹는 식사를 말한다. 이때 커피 1/2에 밀크를 1/2 정도 타서 먹는데 이것을 멜랑즈라 한다.

Melba Toast {멜바 토스트}
흰 식빵을 엷게 썰어 오븐에 갈색이 나도록 바삭바삭하게 구워낸 소형 토스트빵을 말한다.

Melon {멜론}
참외의 한 품종으로 박과의 1년생 식물이다. 주로 유럽과 북미에서 재배하는데

우리나라에서도 생산되며, 영국에는 Musk Melon, 미국에는 Cantaloupe, Honey Dew 등의 종류가 있다. 호텔에서는 애피타이저, 디저트에 이용된다.

Melting {멜팅}

열을 가하여 용해하는 것을 뜻한다.

Member's Only {Membership Club}

회원제는 특정인을 대상으로 피트니스센터, 리조트 클럽 등의 회원에 가입함으로써 회원에 한하여 이용이 가능하다.

Menthe Green {멘트 그린}

박하향이 나는 녹색 리큐르(혼성주)로 Crème de Menthe가 있다.

Menu {메뉴}

메뉴는 본래 프랑스 말로서 Carte라고도 불리나, 우리나라는 차림표 또는 식단, 영국은 Bill of Fare, 일본은 곤다데효, 중국은 菜單子로 불리어지며, 메뉴는 세계의 공통어로 사용되고 있다. 메뉴에 대한 유래는 1498년경에 프랑스의 귀족이 아이디어에서 착안된 것으로, 1540년 프랑스의 그랑위그리고 하는 후작이 자기 집에 손님을 초대하여 준비한 요리의 내용과 순서를 메모하여 식탁 위에 놓고 차례로 요리를 즐기고 있었는데, 이것이 다른 후작이나 백자들에게 좋은 평을 받아 이로부터 귀족 간에 유행하게 되어 정식식사의 차림표로 사용하게 되었다.

Menu Tent Card {메뉴텐트 카드}

천막 모양으로 접어서 식탁에 세워 놓은 메뉴 카드이다. 텐트 카드는 다양한 모양의 안내장으로 많이 이용되고 있다.

Menu Type {메뉴 타입}

메뉴 타입은 일반적으로 세 가지로 나누어지는데, 고정메뉴, 순환메뉴, 마켓 메뉴가 있다.

Meringue {머랭}

설탕과 달걀 흰자위를 살짝 구워 만든 껍질에 크림을 넣은 과자를 말한다.

Message Lamp {메시지 램프}

객실 침대 옆에 있는 나이트 테이블 위 전화기에 설치되어 있는 작은 램프로서

Message Light Indicator라고도 하며, 손님에게 메시지가 있을 때 프런트 데스크에서 작동시킨다.

Metal Polish {메탈 폴리쉬}

금속류를 광택 나게 하는 광약으로 마른 걸레에 묻혀 문질러 사용하며, 금속류 이외에는 묻지 않도록 하여야 한다.

Metelote {메트로트}

양파를 잘게 썰어 버터에 졸여 생선을 넣고 소금, 후추, 마늘, 향초를 가하여 포도주를 생선이 잠기도록 붓고 약한 불로 25분 정도 졸인 것이다.

Metropolitan Hotel {메트로폴리탄 호텔}

대도시에 위치하면서 수백에서 수천 개의 객실을 보유하고 있는 매머드호텔의 무리를 말한다. 이 호텔은 동시에 많은 숙박객을 수용할 수 있고 컨벤션센터, 연회장과 전시장 시설이 있으므로, 회의와 비즈니스 등에 필요한 시설 및 서비스가 이루어져야 한다.

Meuniere {뮈니에르}

밀가루를 생선에 발라서 버터를 팬에 넣은 후 구워내는 팬 프라이 방법 중 하나이다.

Mico-fitted System {마이크로 피트 시스템}

이 시스템은 객실손님이 개인별로 키 카드를 사용하여 비교적 간단하게 객실 출입이 용이하다. 즉 객실문에 키 카드의 코드를 감지할 수 있는 마이크로 칩을 장치하여 카드를 객실문의 홈에 삽입함으로 객실이용을 할 수가 있다.

Microwave Cooking {마이크로웨이브 쿠킹}

이것은 전자레인지로 불리며 초단파 전자오븐으로 짧은 시간에 조리할 때 사용하는 방법이다. 이것은 동시에 내 · 외부가 같은 열로 투시하면서 조리되기 때문에 빨리 되며, 단 금속제 그릇으로 사용해서는 절대 안 된다.

Midnight Charge {미드나이트 차지}

미드나이트 차지란, 야간요금으로, 예약을 신청한 고객이 당일영업을 마감한 이후에 호텔도착하거나 다음날 새벽에 도착하였을 경우 호텔 측은 그 고객을 위하여 전날부터 객실을 판매하지 않고 기다렸으므로 야간 요금을 징수하게 된다.

Mignon {미뇽}

소고기의 안심 끝부분을 스테이크용으로 토막 내서 베이컨을 감은 것을 말한다. 일반적으로 필레 미뇽(Filet Mignon)이라는 이름의 요리로 판매되고 있다.

Milk Shake {밀크 쉐이크}

우유에 엄유, 달걀, 설탕 또는 아이스크림을 넣고 거품이 나도록 저어 만든 음료를 말한다.

Mincing {민싱 : Mince}

식품을 가늘고 작게 다지는 것으로, Grinding(음식물을 갈아 가루로 만든다)보다는 크고 Chopping(도구를 이용하여 잘게 하는 것)보다는 잘게 커팅한 정도이다.

Mincemeat {민스미트}

다진 고기에 사과, 건포도, 지방, 향료 등을 섞어서 파이 속에 넣은 것을 뜻한다.

Mineral Water {미네랄 워러}

광천수는 칼슘, 인, 칼륨, 라듐, 염소, 마그네슘, 철 등의 무기질이 함유되어 있는 암반수를 말한다.

Minestrone Soup {미네스트론 수프}

이탈리아의 대표적인 수프로 베이컨, 양파, 셀러리, 당근, 감자, 토마토 페이스트를 볶아 스톡에 넣은 후 향료를 첨가하여 끓인 야채수프의 일종이다.

Mini Bar {미니바}

미니바는 객실 내의 냉장고에 간단한 주류나 음료, 초콜릿, 세면용품 등을 구비해 놓고 고객이 셀프서비스로 이용하는 일종의 스마일 바이다.

Minimum Rate {미니멈 레이트}

판매되는 상품 중 최저의 가격을 뜻하다.

Minor Departments {마이너 부서}

소규모 부서를 뜻하며, Valet, 세탁, 주차와 같은 소규모 영업부서로, 최근에는 부서통합으로 객실부 소속인 경우가 많다.

Mint {민트}

박하잎은 그냥 또는 말려서 특수한 수프 또는 음료 과자 등에 사용 된다. 박하민트라고도 하는데, 스피어민트는 유럽이 원산지로, 영국과 미국 전역에서 재배되며 특이한 향과 짧은 잎사귀, 꽃 등으로 구별된다. 작살모양의 잎사귀를 가진 스피어민트는 향이 있고 메탄올을 함유한다.

minute Steak {미뉴트 스테이크}

짧은 시간에 요리되는 1/2인치 두께의 작은 스테이크를 말한다.

MIP {Most Important Person}

MIP는 VIP(Very Important Person) 고객보다 한 단계 귀한 고객을 말한다.

Mire Poix {미르푸아}

부용을 만들 때 꼭 필요한 재료(당근, 양파, 셀러리, 월계수잎, 백리향 등을 주사위 모양으로 자른 것)로, 버터에 볶아 놓은 기본 재료를 뜻한다.

Miroton {미로통}

소고기에 양파를 넣은 스튜를 뜻한다.

Mirror Holder {밀러 홀더}

위와 아래로 움직일 수 있는 욕실 내 거울을 고정시키는 장치이다.

Miscellaneous {잡수익 : MISC}

호텔에서 발생되는 잡수익(MISC) 계정은 주 상품이 아닌 부대상품 판매 시 금일 수입금이 아닌 전일 마감된 수입을 추가로 부과할 때, 임시계정으로 대체할 때, 발생빈도가 적거나 금액이 적을 때, 특별 행사를 위한 티켓 판매대금 등에 대한 계정을 말한다.

Mise-en Place {미즈 앙 플라스}

레스토랑에서 종업원이 고객에게 식사를 제공하기까지는 모든 사전 준비가 완벽하여야 하는데, 이것을 Mise-en Place(영업장 준비)라고 한다.

Mission Statement {기업이념}

기업이념은 기업이 추구하고자 하는 경영방침을 표현한 것으로, 호텔기업에서도 호텔경영의 기본적인 사항에 대하여 국제적인 통일기준을 만들려고 하는데,

이 기준은 Hotel Charter(호텔헌장)와도 같은 뜻이다.

Mixed Grill {믹스드 그릴}

고기 공팥, 베이컨 소시지, 토마토, 버섯, 풋고추를 혼합해서 굽는 것을 말한다.

Mixed Transactions {혼합거래}

혼합거래는 교환거래와 손익거래가 동시에 발생하는 거래이다.

Mixing {믹싱}

두 개 이상의 요리 재료를 결합하여 섞는 것이다.

Mixing Glass {믹싱 글라스}

바에서 사용하는 칵테일글라스 중 하나이며, 셰이커와 같이 술을 섞을 때 사용하는 것이나 셰이커를 사용하는 것과는 다른 맛의 칵테일을 만들고자 할 때 사용된다.

Mobile Home {모바일 홈}

일반 가정의 모든 시설, 장비가 갖추어져 있어 여행에 편리하며 또한 일상 거주 형태로 비교적 쉽게 이동할 수 있는 이동식 주거형 자동차를 말한다.

Mocha {모카}

마일드 커피의 일종으로 흔히 아라비아라고 부르는 예멘 지방에서 생산되며, 원두는 황록색이다. 신맛과 단맛이 좋으며 뛰어난 향기를 지니고 있어 커피의 귀족이라고 불린다.

Mocha Cake {모카 케이크}

제노와즈반죽에 시럽과 모카, 버터크림 등을 커버하여 만들며 본 반죽에서도 모카 제노와즈 반죽에 커핏가루를 첨가한다.

Mock Turtle {목 터틀}

자라 맛을 낸 수프를 말하는데, 송아지 머리로 만든다.

Modified American Plan {수정식 아메리칸 플랜}

수정식 아메리칸 방식은 아메리칸 플랜 제도를 수정한 것으로, 3식을 제외하고 주로 아침식사와 저녁식사 요금은 실료에 포함시켜 객실료로 계산하는 요금제도이며 이를 Half-pension 혹은 Demi-pension이라 부르기도 한다.

Mom and Pop {맘 앤 팝}
작은 호텔이나 여행사의 경우 제한된 자본으로 가족에 의해 운영되는 소규모 업체이다.

Monitor System {모니터제도}
일반적으로 기업이 외부의 사람들에게 기업의 제품이나 서비스 등에 대해 비판이나 의견을 제시하도록 의뢰하고, 이를 기업의 방침에 반영하거나 혹은 제품 또는 서비스의 개선에 활용하는 제도인데, 모니터링이라고도 한다.

Month to Date {먼스 투 데이트 : MTD}
특정 월별, 특정 일별을 위한 수입과 지출을 나타내는 회계상의 합계이다.

Morel {모렐}
식용버섯의 일종이며 원추형의 갓으로 색깔은 어두운 갈색에 가까운 황토색이나 갈색이다. 각종 소스에 이용되기도 하며 Stuffing(계란, 가금류, 생선류 등의 내부에 다른 부재료를 넣어 조리하는 것)하여 사용하기도 한다.

Mornay Sauce {모르네 소스}
흰색 소스를 베샤멜 소스 버터와 치즈를 갈아 넣어 만든 소스이다.

Morning Call {모닝 콜}
고객이 요청한 시간에 전화교환원이 고객을 깨워주는 서비스로 Wake-up Call이라고도 한다.

Mosel {모젤}
독일에서 생산되는 유명한 백포도주의 명산지로서 레이블에 표기된다.

Motel {모텔}
모텔은 자동차 여행자들을 대상으로 도로변에 건설된 새로운 형태의 호텔이다. 1908년 미국 애리조나주 교외의 마을에서 시작되었으며, 처음에는 주차장과 침실을 1단위로 시설하였으나, 최근에는 호텔 이상으로 호화롭게 시설하고 있다. 특징으로는 주차의 제약이 없으며, No Tip제도이고, 객실예약이 불필요하다.

Motor Hotel {모터 호텔}
모텔과 유사하지만 보다 호화스런 시설을 갖추고 있는 숙박시설이다.

Motor Inn {모토 인}
저가요금 모텔과는 다른, 보통 호텔에 가까운 설비와 분위기를 가진 고급 모텔이다.

Mousse {무스}
계란, 생크림, 설탕, 럼을 혼합한 다음, 글라스에 차갑게 한 것이며, 부재료에 따라 종류를 다양하게 할 수 있다.

Mousseline {무슬린}
계란 흰자와 크림의 혼합물 또는 휘핑크림 1/2과 마요네즈 1/2의 혼합물을 말한다.

Movillage {모빌리지}
자동차와 마을을 하나로 묶은 합성어로 자동차 이용 여행자를 위해 계획된 캠프장을 말하며, 그의 목적을 위해 특히 설치된 시설을 오토캠핑장이라고 한다.

Ms {미즈}
여성고객의 신분을 알리기 위해 사용하는 경어로서 Miss와 Mrs의 합친 여성의 경어이다.

MTD {당월합계}
특정 월별, 특정 일별을 위한 수입과 지출을 나타내는 회계상의 합계인데, Last Month To Date는 전월 동일의 누계, Last Year Month To Date는 전년 동월 동일의 누계, Today Last Year는 전년의 동일, Year To Date는 금년도의 누계를 뜻하며,Year To Date Last Year는 전년도 동일의 누계를 뜻한다.

Muddler {**머들러**}
머들러는 휘젓는 막대로 긴 막대기 모양이며 끝부분은 넓어야 한다.

Muffin {머핀}
옥수수가루나 밀가루 등에 버터를 다른 빵에 비하여 많이 넣어 구운 빵이다.

Mug {머그}
글라스의 한 종류로 손잡이가 달린 잔을 말한다.

Mulligatawny Soup {카레가 든 수프}
송아지고기, 파, 당근, 토마토, 피망, 카레를 주재료로 하여 만든 수프이다.

Murphy Bed {머피 베드}

호텔 객실의 침대 종류로서 벽 또는 벽장 속에 붙이는 침대 형태(Closet Bed, Fold Bed)라고도 한다.

Mushroom {버섯, 양송이}

담자균류에 속하는 고등균류의 총칭하는 것으로, 산과 들의 그늘이나 습한 곳에 있으며, 송이, 석이, 싸리버섯, 파리버섯, 밤버섯 등이 있다.

Mussel {홍합}

홍합과에 속하는 바닷조개로 얕은 물에서 자라며, 양식도 한다. 길쭉하고 검푸른 조개로 속은 홍색이다.

Mustard {머스터드}

겨자과에 속하는 1~2년생 풀로, 양념과 약제로 쓰이며 잎과 줄기는 식용하는데 맛이 쓰며, 아시아가 원산지이다. 최고급용으로서는 마요네즈에 쓰이며 기타 샌드위치, 햄, 핫도그 등에 맛을 더해 준다.

Napery {네이퍼리}
식탁용 린넨류로서 테이블보, 냅킨 등이 있다.

Napkin {냅킨}
냅킨의 식시 중에 사용하는 린넨류로 손수건의 대용으로 쓰인다.

Napoleon {나폴레옹}
프랑스의 패스트리로 크림과 잼 따위를 여러 겹에 넣은 파이의 일종이다.

Napoleon Cognac {나폴레옹 코냑}
코냑 브랜디는 나폴레옹1세가 가장 즐겨 마신 술로서, 100년 이상 저장 숙성시킨 코냑 제품에 대한 별칭이다. 나폴레옹이란 이름이 붙여지고 있는데, Napoleon이라고 표시되어 있는 것은 그 제조회사에서 생산되는 제품 중 최상품이라고 할 수 있다.

NCR {진자식 금전등록기}
초창기에 나왔던 금전 등록기는 대부분 National Cash Register사에 의해서 제작된 기계를 사용하였으며, 특히 호텔에서는 프런트 캐셔와 영업장 캐셔가 이 기계를 사용하여 호텔 고객의 제반 요금을 전기 및 누적 계산하여 송출시 그 절차를 간편하게 한다.

Negociant {네고시아}
일반적으로 영업자, 상인이라는 뜻인데, 자기의 포도원을 소유하지 않은 와인상들이 숙성되지 않은 와인을 구입하여 저장해 두었다가 숙성이 되면 자기 이름 또는 회사 이름으로 병의 라벨에 표기하여 출고하는 와인 영업자라고 할 수 있다.

Net Profit {순이익}
총수익 - 비용 = 순이익이며, 총이익 - (인건비 + 간접비) = 순이익이 된다. 그리고 판매가격 - (식음가격 + 인건비 + 간접비) = 순이익이 된다.

Net Rate {넷 레이트}
수수료를 제외한 할인된 순수 객실가격이다.

Neutral Sauce {뉴트럴 소스}
고기 스톡이 들어 있지 않은 소스로서, 브레드 소스, 마요네즈 소스 등이 여기에 속한다.

Neutral Spirits {뉴트럴 스피릿}
95℃ 이상의 순수 알코올로서 중성 스피릿이며, 보통 다른 술과 희석하여 마신다.

Newburg Sauce {뉴버그 소스}
이 소스는 황색 바탕으로 Fish Veloute Sauce에 계란, 크림, 셰리 와인 등을 넣고 만든 소스로 생선에 사용한다.

News Letter {사보}
뉴스레터는 호텔에서 월별, 분기별, 계절별로 발간하는 홍보와 광고, 사내 뉴스를 내용으로 홍보하는 책자이다. 특히 호텔의 부대시설과 새로운 호텔상품 소개에 널리 이용된다. 호텔사업에 있어서 뉴스레터는 전문성을 지니고 있으며 그 내용이 정보 제공의 역할을 하여야 하며 기존고객과 잠재고객을 끌어들일 수 있는 마케팅 도구로서 널리 이용되고 있다.

Night Audit {야간 감사}
호텔은 1일 24시간 영업을 하기 때문에 정기적으로 당일의 영업 판매금액에 대한 감사가 필요하다고 할 수 있다. 그러므로 야간근무 중 수취계정을 마감하여 잔액의 일치를 검사하는 야간회계감사 업무를 말한다.

Night Auditor {야간감사자}
야간감사자는 수입 감사실의 지시를 받으며 영업장 부문별로 당일의 매상수입을 마감하여 정산하는 일을 맡는다. 야간감사자의 고유기능을 살펴보면, 수취계정의 총잔액과 개별원장의 비교 검증, 개별원장의 정확한 검증, 당일 수입일람표 작성 등이다.

Night Auditor's D Card {야간감사자의 디 카드}
야간감사자가 체킹 리스트에 따른 점검 도중 오기나 누락 등 잘못을 발견해 낸

경우 작성하여 제출하는 카드를 말한다.

Night Cap {나이트 캡}

객실을 이용하는 여성고객이 머리에 쓰고 잘 수 있도록 제공되는 위생적인 모자를 일컫는다.

Night Clerk {나이트 클럭}

나이트 클럭은 야간에만 근무하는 자로서 야간 내 일어나는 업무만이 아니고, 프런트 오피스에서 주간에 발생되었던 업무의 연장이다.

Night Clerk's Report {나이트 클럭 보고서}

당일의 영업성과를 통계수치화 하기 위한 목적으로 작성되는 보고서이다. 이 보고서는 판매된 객실수나 매출액을 기록하는 것보다는 경영자에게 객실판매에 관한 보다 세밀한 경영자료와 경영성과를 보고하기 위한 것이다.

Night Club {나이트 클럽}

야간에 술과 음료를 판매하는 전문시설로서 대개 무도를 즐길 수 있는 장소를 구비하고, 바와 같은 영업 형태로 하는 사교상소로도 이용된다.

Night Spread {나이트 스프레드}

고객에게 청결하고 완벽한 객실을 제공한다는 이미지를 주기 위해, 객실정비 후 침대 위를 덮는 덮개를 일컫는다.

Night Stand {나이트 스탠드}

더블 침대의 경우, 침대 양 옆 나이트 테이블과 사이드 테이블 위에 각각 등이 한 개짜리가 설치된 스탠드나 혹은 트윈 침대 중간 나이트 테이블 위에 설치된 스탠드를 말한다.

Night Table {나이트 테이블}

호텔 침대 머리맡에 있는 작은 테이블로 전화, 전기스탠드 등이 놓여지며 취침 시에도 침대에서 손이 닿을 수 있도록 위치해 있다. 최근에는 이 테이블 안에 붙박이식 라디오, 전기 스위치, 에어컨 스위치 등이 설비되어 있는 것이 보통이다.

No Show {노 쇼우}

고객이 예약해 놓고 예약취소의 연락도 없이 호텔에 나타나지 않는 고객을 말한다.

No Tax {면세}

우리나라에 주재하거나 파견된 외교관 또는 외교사절이 국세청장이 정하는 바에 따라 재화 또는 용역에 대하여 면세의 적용을 받는 것을 말한다. 그리고 일정기간 관광객 유치를 목적으로 「관광진흥법」에 의해 면세를 하기도 한다.

No Through Booking {노 부킹}

호텔의 특정된 예약상황에서 손님의 체류기간 지속적으로 연장될 때 어떠한 예약도 받지 않는 경우를 말한다.

No Tipping {노 티핑}

사례금 없음을 뜻하며, 호텔을 이용하는 모든 고객은 의무적으로 팁을 지불하게 되어 있어, 별도의 팁을 받지 않는 경우로, No Tip과 같은 의미이다.

No Vacancy {노 베이컨시}

판매 가능한 모든 객실 100%가 판매된 경우인데 Full House라고도 한다.

No Voucher {노 바우처}

전표(계산서)를 분실하였을 때 전표 없음 표시를 함으로써 보충전표를 받기 위한 표시이다.

Noble Wine {노블와인}

프랑스의 보르도 타입의 레드, 로제, 화이트 3종류의 와인을 생산하고 있다.

Noisette {누아제뜨}

야채를 자르는 방법으로, 지름 3cm 정도의 둥근 형으로 자르는 방식이다.

Non Alcoholic Beverage {비알코올성 음료}

비알코올성 음료란, 알코올이 전혀 들어 있지 않은 음료를 총칭한다.

Non-guest Folio {비고객 원장}

호텔 내에서 외상구매권을 가지고 있지만 호텔에 고객으로 등록되어 있지 않은 개인들을 위하여 작성한 것으로, 이러한 개인들은 헬스클럽 회원, 단골회사 고객, 특별회원 들이 포함된다.

Non-smoking Area {금연지역}

호텔의 로비, 레스토랑, 기타 부대시설에서 흡연 금지를 위해 지정해 놓은 장소이다.

Non-smoking Room {금연 객실}
호텔을 이용하는 고객층의 다양화와 전 세계적인 금연운동의 확산으로 담배를 피우지 않는 고객의 투숙이 늘고 있어 그들을 위한 서비스 차원에서 금연객실 및 금연층을 지정하여 객실 배정을 하고 있다.

Note Payable {노트 페이어블}
회계에서 '지불해야 할 어음'을 뜻한다.

Note Receivable {노트 리시어블}
회계에서 '받을 어음'을 뜻한다.

Nougat {누가}
호도 따위가 든 캔디의 일종으로, 설탕과 꿀을 끓여 기포한 계란 흰자에 넣고 견과류, 안제리카 등을 혼합한 과자인 누가 몬테리아, 끓인 설탕에 아몬드 슬라이스를 넣어 반죽상태로 만든 것과 초콜릿을 혼합한 것을 지칭한다.

Novelty {노벨티}
노벨티는 호텔 이용객에게 제공하는 호텔 측의 새로 출시된 선물인 동시에 호텔 광고를 목적으로 한 판촉물로서 원칙적으로 무료로 폭넓은 고객을 대상으로 배부하는 것이다. 호텔 이용객에게 제공하는 노벨티의 종류로는 볼펜, 메모지, 재떨이, 달력, 수첩 등이 있다. 이외에도 전화번호부, 성냥, 우편엽서, 편지봉투를 이용한 호텔의 광고가 있다.

Number of Room Unit {유니트 객실수}
호텔기업이 보유하고 있는 객실수를 대외적으로 공표하는 경우, 즉 호텔을 정부기관에 등록하거나 호텔의 판매촉진을 위한 선전과 광고 등에 있어서 이 유닛 객실수를 공표하게 된다. 왜냐하면, 호텔의 객실수가 호텔의 규모를 결정짓기 때문이다. 그러므로 객실의 칸 수, 즉 객실의 단위 수에 의해 계산되는 객실수를 말한다. 물론 여기에는 호텔의 임원 숙소나 창고 등으로 사용되는 House Use Room까지도 포함되는 객실수인 것이다.

Numbering Stand {넘버링 스탠드}
연회행사나 컨벤션 참석자가 본인의 테이블을 찾기 쉽도록 하기 위하여 각 테이

블마다 표시한 번호를 말한다.

Nut Cracker {호두 까는 기구}
호두 까는 기구로 보통 호두나 껍질이 딱딱한 것을 깨기 위한 집게이다. 음식에는 특히 바닷가재, 게(Crab) 종류를 깨기 위해 사용된다.

Nutmeg {넛맥}
향미료로 쓰이는 육두구과에 속하는 상록 교목으로 열대지방에서 널리 재배되는데, 이 열매를 굵은 분말로 갈아서 Hot Whisky, Alexander 등에 뿌려서 강한 향을 즐긴다.

Nutritious Drink {영양음료}
영양음료란, 사람이 마셔서 건강에 도움을 줄 수 있는 영양성분이 많이 들어있는 음료를 말하는데, 일반적으로 각종 주스류와 우유가 있다.

Oatmeal {오트밀}
귀리를 재료로 한 곡물요리의 일종으로 우유와 설탕을 섞어 먹은 아침식사이다.

Oblong {우브롱}
직사각형 모양의 테이블로 연회장에서 많이 사용하며, 영업장에서 꽃을 세팅하는 단계에서 사용하기도 한다.

Oblong-shape {I자형 배열}
예상되는 참석자수에 따라 테이블을 배열하며 Oblong(직사각형 테이블)을 두 개 또는 3개를 붙여 I자형으로 배치하는데, 의자와 의자의 간격은 60cm의 공간을 유지하도록 하며 특히 고객의 다리가 테이블 다리에 걸리지 않게 유의한다.

Occupancy {객실점유율}
객실수입에서 사용객실수를 찾이시 객실 이용률을 산출하여 기입한다. 룸 어큐펀시(Room Occupancy)는 호텔에 있어서 객실 경영상황을 판단하기 위하여 가장 보편적으로 사용되는 지표이다. 객실 이용률의 산출방법은 판매된 객실수를 판매가능한 객실수(총 객실수 - 고장 객실수)로 나누어 값을 퍼센트로 나타낸다.

Occupied {아큐파이드}
현재 고객이 사용(점유)하고 있는 객실을 말한다.

Octopus {문어}
낙지과에 속하는 연체동물로 고기는 연하고 맛이 좋아서 말려서 식용한다.

Oeuf a la Coque {외프 아 라 코크}
껍질째 삶은 계란 반숙을 뜻하며, Oeuf(외프)는 불어로 계란이다.

Oeuf au lard {외프 오 라드}
베이컨을 곁들인 계란요리를 뜻한다.

Oeuf en Cocotte {외프 앙 코코트}
작은 접시에 담아서 조리한 계란요리이다.

Ouef sur le Plat {외프 쉬르 르 플라}
계란을 작은 접시에 담아 구워 그 접시 상태로 제공하는 것이다.

Off Day {오프 데이}
쉬는 날 또는 비번 날을 뜻한다.

Off.J.T {Off the Job Traning}
직장에서의 실무 또는 영업장을 떠나서 전문적으로 실시하는 훈련이다.

Off Line {오프라인}
컴퓨터의 입출력 정보의 전송에 사람의 손이 필요한 상태를 말하며, 주변기기의 작동이 중앙처리장치의 제어 하에 있지 않은 시스템을 기술할 때 쓰이는 말이다.

Off-premise Dining {오프 프레미시스 다이닝}
레스토랑에서 음주는 금지하되 주류는 판매되는 경우이다.

Off-season Rate {비수기요금}
비수기의 경영대책으로 호텔의 이용률이 낮은 계절에 한하여 공표요금에서 할인해 주는 요금을 말한다. 우리나라의 호텔경영은 도시호텔이나 휴양지 호텔에서 비수기 경영정책으로 계절별 할인요금을 적용하고 있다.

Official Check {오피셜 책}
외부손님 방문 시 접대를 이유로 직원이 사용하는 계산서이다.

Oignon au Gratin {오뇽 오 그라탱}
세계적으로 유명한 프랑스의 양파 수프이다.

Oil {오일}
기름류로 대두유, 올리브유, 참기름, 호두기름, 돼지기름, 버터, 쇠기름 등이 있다.

O.J.T {On the Job Training}
직장 내 훈련은 상급자가 일하는 실무과정에서 부하 직원을 개별적으로 실무 또는 기능에 관하여 훈련시키는 것을 말한다.

Okra {오크라}
아욱과에 속하는 1년생 야채로 수프, 스튜, 기름 볶음 등을 하며, 열매는 볶아서 커피 대용으로 쓰기도 한다.

Old Fashioned Glass {올드 패션드 글라스}
짧고 두터운 글라스로 아래보다는 위가 약간 넓은 것이 특징이며, 용량은 4~6온스이다.

Old Wine {Aged Wine}
와인을 병입하고 5~10년 혹은 15년 이내에 마시는 포도주를 말한다.

Olive {올리브}
올리브는 2가지 뜻이 있는데 첫째, 목서과에 속하는 상록 교목으로 소아시아 지방의 원산지로 지중해 연안 이탈리아 등지에서 생산되며, 열매는 50~60%의 지방질을 함유하고 있다. 둘째, 조리과정에서 올리브는 야채를 Chateau(샤토 : 작고 둥글게 잘라내는 방법)보다 작은 올리브형으로 자르는 방법이다.

Omelette {오믈렛}
계란요리의 하나로 계란을 깨뜨려 흰자와 노른자를 잘 섞은 후 프라이팬에 기름을 두르고 약한 불로 스크램블식으로 휘저어 타원형으로 말아서 제공하는데 고객의 기호에 따라서 오믈렛 안에 햄, 치즈 등을 넣을 수 있으며 그에 따라 오믈렛 종류가 다양한데, Plain Omelette은 계란만으로 만든 것이다.

On Change {객실정비 중}
고객이 객실에서 Check-out을 하였으나 아직 객실청소가 완료되지 않은 객실을 뜻한다.

On Change Room {온 체인지 룸}
하우스키핑에 의해 정리정돈을 요하는 객실을 말한다.

On Line {온라인}
컴퓨터의 CPU와 떨어진 장소에 단말기가 통신회선으로 결합되어 있는 상태이다.

On Line Real Time System {온라인 실시간시스템}
원격지의 정보를 즉시 처리하여 단말기로 보내는 시스템을 말한다.

On Request {온 리퀘스트}
예약담당자가 예약을 확인하거나 거절하기 전에 호텔과 의논을 필요로 하는 것을 말한다.

On the Rocks {온더락}

글라스에 얼음을 2~3개 넣어 그 위에 술을 따르면 마치 바위에 따르는 것처럼 보인다는 표현된 이름으로, 칵테일 기법 중 하나이다.

On the Table System {온더 테이블 시스템}

온더 테이블 시스템이란, 레스토랑에서 직원이 고객으로부터 받은 주문에 대해 직접 요금계산서를 발행하는 시스템 방식으로 좌석 회전이 빠르고 고객에게 신속한 서비스를 제공하기 위한 시스템 방식이다.

Ondol Room {Korean Style Room}

한국 고유의 객실로서, 일반가정과 같이 방바닥이 온돌(현대는 스팀) 형태로 한국의 정취를 느끼게 하는 객실이다.

One Pull Dialing {원 풀 다이어링}

객실 내에서 교환실의 도움 없이 전화버튼 1개만 눌러서 교환실, 프런트 데스크, 룸서비스, 벨 데스크를 직접 연결할 수 있는 전화번호 시스템이다.

One Shot Key {1회용 열쇠}

단 1회만 가능하며 Room Showing을 한다든지, 객실에 이상이 생겼을 경우 신분이 확인된 사람에게 발행한다.

One Shot {One Finger}

한 잔이라는 뜻으로 대개 1온스를 기준으로 한다.

One Waiter System {원 웨이터 시스템}

원 웨이터 시스템의 편성은 한 레스토랑에 헤드 웨이터를 두고 그 밑에 한 명씩 정해진 웨이터가 스테이션에 근무하면서 직접 손님에게 식사와 음료를 주문 받아 서비스를 하는 시스템으로, 비교적 능숙한 접객원으로서 모든 업무에 숙달하여야 한다.

Onion {양파}

백합과에 속하는 다년생 풀로 서양요리에 주로 사용하는 야채이지만 향신료로 쓰이는 등 용도가 넓다. 육류요리의 고기 특유의 냄새를 없애고 맛을 더한다. 뿐만 아니라 양파를 이용한 빵을 만들기도 한다.

Open Bar {오픈 바}
연회를 시작하기 전 또는 결혼식 피로연 등에서 무료로 음료를 제공하는 바를 말한다.

Open Bed {오픈 베드}
베드 스프레드가 씌워진 채로 있으면 고객이 베드를 사용할 때 불편함으로 고객이 베드를 사용하기 이전에 일정한 시간을 정하여 이 베드 스프레드를 벗겨서 고객이 베드에 들어가기 쉬운 상태로 만드는 것을 말한다. 이와 같은 서비스를 Turn Down Service라고 한다.

Open Market Buying {공개시장 구입}
대부분의 식당에서는 특히 변질되기 쉬운 식품은 공개시장에서 구입한다. 이를 위하여 한 명 이상의 상인으로부터 받은 견적서를 가지고 품질과 서비스가 철저하고 가장 낮은 가격을 제시한 사람에게 주문한다. 즉 공개입찰과도 같다.

Opener {병따개}
병마개를 따는 기구이다.

Opener {오프너}
카지노에서 각 게임 테이블마다 새 교대시간, 시작시점에 있어서의 테이블칩기 일체를 정리하는 것을 뜻한다.

Opening and Closing Stock {초기 기말재고}
식음료 가격을 결정하는데 있어서 재고품의 가치가 결정되어야 한다. 그리고 재고품가치 파악 후 주방으로 들어오는 음식가격을 추가하여야 한다. 음식을 제공하고 난 뒤 남은 재고가치는 공제되어야 하며 이것이 재고마감이다.

Operating Department {영업부서}
대고객 서비스와 직접 관련되는 부서이며, 즉 레스토랑, 프런트 데스크, 연회장과 같은 부서이다.

Operating Equipment {운영비품}
호텔의 운영비품은 린넨, 은기류, 도기류, 유리제품, 유니폼 같은 것들이다. 이러한 운영비품은 호텔서비스에 직접 사용되는 물품으로서 영업장 서비스를 위

해 적정 재고량을 유지해야 한다.

Operation Hour {영업시간}
호텔의 경우는 24시간 운영되지만, Operation Hour는 영업장의 경우 운영시간을 의미한다.

Optional Rate {미결정 요금}
객실의 예약시점에서 정확한 요금을 결정할 수 없을 경우에 사용되는 용어이다. 예를 들어, 다음 연도의 객실요금이 결정되지 않은 상황에서 예약이 들어오면 결정권자가 부재중이어서 요구사항에 대한 답을 줄 수 없을 경우 사용된다.

Orange {오렌지}
열대성 과일로 비타민C가 풍부한 껍질과 함께 마멀레이드 등을 만들어 사용하기도 한다.

Orange Bitters {오렌지 비터즈}
칵테일이나 기타 드링크 조주 시에 사용되는 씁쓰름하고 단맛을 가지고 오렌지 향을 가진 착향제이다.

Orange Flower Water {등화수}
오렌지 꽃에서 채취하여 증류시킨 향료를 뜻한다.

Orange peel {오렌지껍질}
설탕에 절인 과자 재료 또는 약용으로도 사용된다.

Order for Credit {오더 훠 크래디트}
게이밍에 사용되는 칩 또는 동전을 게임 테이블로부터 Banker로 옮기기 위해 카지노 관리자가 작성하는 Manual Credit System의 서식이다.

Order Ped System {오더 패드 시스템}
주문을 직접 계산서에 기입하지 않고 고객의 주문을 주문서(Order Pad, Order Slip)에 터치하는 시스템으로 주문서와 계산서를 분리 처리하는 시스템이다.

Order Slip {주문서 : Order Pad}
웨이터, 웨이트리스가 작성하는 식음료의 주문 전표이다.

Order Taker {오더 테이커}

오더 테이커의 업무는 고객으로부터 각종 주문을 접수 처리케 하는데 있지만, 그 중에는 호텔 전반에 걸친 인포메이션도 포함되어 있기 때문에 호텔 각부서로부터 영업 전반에 걸쳐 매일 같이 정보를 수집하여 자신 있는 대답을 하여 줄 수 있는 준비가 되어 있어야 한다.

Ordering System {Auto Bill System}

수문 자동시스템이라고도 말할 수 있으며, 웨이터, 웨이트리스에게 주문을 하면 주문을 접수한 어느 위치에서도 Handy Terminal(Hand-held Terminal)로 주문 내용을 입력하면 Receiver(R.C)를 통하여 주방과 식당회계기에 주문내용이 자동 전송처리 되는 시스템이다.

Oregano {오레가노}

박하와 비슷한 향을 갖고 있는 향신료, 멕시코, 스페인, 이탈리아가 주산지로 스파게티, 미트소스에 최적합하다.

Organization Expenses {창업비}

새로운 호텔의 설립준비에 소요된 기초적 지출로서 정관 및 제 규칙 작성비, 설립등록비, 창립 사무비, 창립 총회비 등이 있다.

Orgeat {올쟈트}

씁쓰름하고 단맛을 가진 아몬드로 만든 시럽이다.

Origin Code {오리진 코드}

고객의 유형을 시장별로 분류하여, 자료의 구분 및 기초 통계자료를 내는데 쉽게 하기 위하여 사용하는 문자이다. 예를 들면, 일반고객은 FI, 단체고객은 GR 등과 같이 약자로 표시하는 코드이다.

Origin Country {오리진 컨트리}

여행객이 태어난 곳 또는 출발장소를 의미한다.

Ounce {온스 : OZ}

1온스를 1포니(Pony) 또는 1샷(Shot)이라 하여, 1온스의 중량은 4℃일 때 28.35g이 된다.

Out of Order Room {O·O·O}
호텔의 예상치 않았던 사고나 객실의 상태가 수리 중 또는 객실에 문제가 생겼을 경우 판매할 수 없는 경우를 말한다.

Out of Town {아웃 오브 타운}
객실 투숙 중 타 지역으로 출장 간 고객의 객실을 뜻한다.

Outlet Manager {영업장 지배인}
식음료부장(F & B Director)의 하위직으로 업장지배인을 뜻한다.

Outside Call {외부전화}
호텔 외부로부터 호텔 교환실로 들어오는 전화를 말한다.

Outside Catering {출장연회}
출장연회란, 연회행사를 부득이하게 호텔 내의 연회장에서 하지 못하고 고객이 원하는 장소나 시간에 행하는 행사이다. 요리, 음료, 식기, 테이블 등 모든 호텔 기물을 고객이 원하는 장소에 운반하여 고객이 만족할만한 연회행사를 실시하는 것을 말한다.

Outside Laundry {외부세탁 서비스}
호텔 내부 고객서비스가 아니라 외부에서 들어오는 세탁 업무를 말한다.

Outside Room {아웃사이드 룸}
호텔 건물의 외측이 시가지나 정원 쪽을 향하고 있어서 전망이 좋은 객실을 가리킨다. 이것은 인사이드 룸과 반대개념이다.

Oval Plate {오발 플레이트}
타원형의 접시를 뜻한다.

Oval Shape {Oval형 배형}
I형 테이블 모형과 비슷하게 배열하나, Oval형은 양쪽에 Half Round를 붙여 사용한다.

Ovaltine {오발틴}
우유 음료를 만들기 위한 분유 또는 착향된 몰트와 분유의 상표를 말한다.

Oven {오븐}

열을 가하여 만들어 조리하는 식음 기자재로서 종류에는 레인지, 도크, 로스팅, 로터리, 컨벡션, 마이크로 웨이브, 적외선 등이 있다.

Over & Short {오버 앤 쇼트}

캐셔가 갖고 있는 현금과 계산상의 현금이 많고 적음이다. 항상 실제 현금과 계산상의 현금이 일치하여야 한다.

Over Booking {초과예약}

호텔에서 객실 보유수 이상의 초과예약 접수를 말한다. 호텔 객실의 예약은 판매하지 못한 것에 대해 시간적으로 재판매가 불가능하므로 예약이 취소되는 경우와 예약 손님이 나타나지 않는 경우에 대비하여 호텔의 전가동을 위해 실제 판매가능 객실보다 최소 10% 정도의 예약을 초과 접수하고 있다. 그러나 현재 호텔에서는 자사 호텔의 취소율과 오지 않는 율을 고려하여 초과예약률을 결정한다.

Over Charge {초과요금}

초과요금이란, 호텔이 정하고 있는 퇴숙시간을 넘겨 객실을 사용할 경우 부과되는 요금을 말한다. 또한 Late Departure Charge라고도 한다.

Over Easy {오버 이지}

계란요리의 명칭으로 앞 · 뒤를 다 익힌 것으로, 속을 완전히 익히지 않은 계란요리이다.

Over Heat {오버 히트}

석쇠 위에 고기를 얹어 직접 열을 받게 하여 뒤집어 가며 굽는 요리법이다. 열원으로는 숯불, 가스, 코크스, 전기 등이 쓰이고 조리할 때는 소금, 후추, 향료 등을 뿌려가면서 굽는다.

Over Night Stay {오버나이트 스테이}

1박을 숙박하는 일로, Part Day에 대응하는 용어이다.

Over Night Total {오버나이트 토털}

당일 숙박계산서의 총합계 금액, 즉 그날의 객실 매출액을 말한다.

Over Stay {숙박연장}

고객이 머물고자 하는 체재일보다 초과하여 연장하는 고객을 말한다.

Over Time {오버 타임}

오버 타임이란, 호텔 직원이 정상 근무시간보다 더 많은 시간을 근무한 초과근무의 경우를 말한다.

Override {오버라이드}

오버라이드란, 무효화시킨다는 의미로, 호텔에 많은 예약을 한 대가로 격려하기 위하여 표준비율보다 더 많은 커미션을 지급하는 형태로 해석할 수 있다. 호텔에 있어서는 대개 Market Segment(시장 세분화)에 따라 가격을 차별화하며, 특히 그룹 고객은 다른 시장보다 파격적인 할인을 하는 것이 보통이다.

Overweight {오버웨이트}

예정 체류기간을 넘겨 투숙하는 손님을 뜻한다.

Ox Tail {옥스 테일}

조리에서 사용하는 소꼬리를 뜻한다.

Ox Tail Soup {옥스 테일 수프}

영국의 수프로 Ox Tail, Bacon, Tomato Puree 등을 넣은 수프이다.

Oyster {굴}

굴을 뜻하며, 굴과에 속하는 패류의 총칭하기도 한다.

P

PABX {교환실 : Private Automatic Branch Exchange}

외선과 접속되어 있는 전화의 자동화를 뜻하지만, 전화 교환실을 나타내기도 한다.

Paella {파엘라}

파엘라는 스페인 요리로 고기, 어패류, 쌀, 야채 등에 사프란 향을 가미한 음식이다.

Paella Valenciana {파엘라 바렌시아나}

스페인 고유의 요리로서 새우, 조개, 게살로 양념된 해산물에 닭, 스페인 소시지, 양파, 스페인 붉은 고추, 야채, 사프란으로 양념한 요리이다.

Paging {페이징}

호텔이나 공항에서 고객을 찾는 것을 뜻하며, 메시지 등을 전달하기 위해 찾을 때도 같은 의미를 내포하고 있다.

Paging Service {고객호출 서비스}

호텔의 고객이나 외부 고객의 요청에 의해 필요한 고객을 찾아주고 메시지 전달을 해주는 것을 말한다. Paging Board에 인적사항을 적어 작은 종을 울려서 고객의 주위를 끌어 찾는 방식이었으나, 최근에는 실내방송을 통해 사람을 호출하는 방식으로 운영하기도 한다.

Paid {결제}

요금을 지불했다는 뜻으로 사용된다.

Paid Bar {페이드 바}

제공되는 모든 음료가 미리 선지불하는 바를 뜻한다.

Paid Call {페이드 콜}

통화신청자가 요금을 지급하는 통화방식이다.

Paid In Advance {선입금}

객실에 투숙 전에 객실료를 선 청구하는 것으로, 휴대품이 없거나 예약 없이 투숙하는 고객에 대하여 미리 청구하여 받는 금액을 말한다. 현금으로 지불하고 숙박을 하는 경우에는 2배의 요금을 청구하는 것이 일반적이다.

Palour {팔라}

팔라 룸은 응접실을 겸한 스위트룸으로, 특실의 응접실이라고 볼 수 있다.

Pan-broiling {팬 보울링}

뜨거운 팬 위에 뚜껑을 덮지 않은 채 요리하는 조리법으로, 기름은 제거되고 다른 액체는 추가되지 않는다.

Pancake {팬케이크}

프랑스의 전통적인 후식으로 밀가루, 계란, 우유, 설탕 등을 혼합한 후 프라이팬을 이용하여 만든 내용물에 시럽을 곁들여 제공된다.

Pancake Roll {팬케이크 롤}

표고, 고기, 부추 따위로 만든 속을 넣고 빚어 튀긴 중국식 만두이다.

Pane Tone {빠네 토네}

이탈리아의 대표적인 빵으로 빠네는 '빵', 토네는 '달다'는 뜻인데, 이 빵은 종류도 많고 맛과 모양도 다양하며, 식품점, 제과점 등 어디서나 볼 수 있다.

Pan Fry {팬 프라이}

기름을 얕은 팬에 넣고 생선을 조리하는 방법으로, 이때 생선이 1/3 가량 기름에 잠긴다.

Panning {패닝}

반죽을 밀고 말아서 성형하여 팬에 올려놓는 과정인데, 팬의 온도는 32℃가 이상적이고, 팬에는 샐러드 오일, 팬 오일, 쇼트닝 등을 알맞게 발라야 한다.

Panier {패니어}

와인용 바구니를 뜻하는데, 와인병 하나를 뉘어 놓을 수 있는 크기의 바구니로 와인을 따를 때 앙금이 생기지 않도록 하기 위한 도구이며, 액세서리로 사용하기도 한다.

Pantry Room {팬트리 룸}

객실이 있는 층에 소모품 창고와 직원이 사용할 수 있는 공간이며, 레스토랑(Restaurant)에서는 영업을 위한 모든 집기를 정리해 둔 룸이다. 서비스 룸으로 불리기도 한다.

Pantry Towel {식기용 타월}

기물을 닦을 때 사용하는 타월로, 우선 기물을 종류별(Spoon, Knife & Fork 등)로 구분하여, 왼손에 잡을 수 있는 적당량을 클리닝 타월로 감싸 잡고서 오른손으로 클리닝 타월을 엄지와 둘째손가락으로 겹쳐서 그 사이에다 기물을 살짝 잡으면서 닦아준다.

Pao {빵}

밀가루와 물, 이스트, 정제된 소금, 설탕, 지방분, 우유 등의 재료로 미생물인 효모가 유기물에 작용해서 일으키는 발효현상을 이용하여 만든 것이 빵이다.

Papaya {파파야}

파파야는 고기류를 부드럽게 하기 위하여 사용되는 효모를 만드는데 쓰이며, 방향이 있어 식용 또는 단백질 소화제와 구충제, 맥주, 간장의 청정제로 쓰인다.

Paper Work {문서업무}

서류에 관한 일로 탁상에서 하는 업무를 뜻한다.

Papillote Paper {장식용지}

파피요트 페이퍼는 가금류나 생선류 등을 알미늄 호일로 넣어 요리를 하고, 서브할 때 장식의 종이로 모양을 내는 것인데, 기름종이를 Frill Paper라고도 한다.

Paprika {파프리카}

단맛이 나는 고추의 일종으로 씨를 빼고 말려서 가루로 만든 향신료로도 사용하며, 피망이라고도 한다.

Par {파}

침대 당 필요한 린넨의 기준량 또는 고객 당 타월의 수를 뜻한다.

Par Boiling {파 볼링}

물에 끓여 부분적으로 요리하고, 다른 방법에 의하여 완전히 요리하는 방법이다.

Par Stock {파 스톡}

파 스톡이란, 바 등 주류 영업장에서 물품 공급을 원활히 함으로써 신속한 서비스를 도모하기 위한 목적에서 일정 수량의 식료재고를 저장고에서 인출해서 업장의 진열대나 기타의 장소에 보관하고 필요한 때 사용하는 재고를 지칭한다.

Parador {파라도}

호텔 형태의 하나로서 스페인 말로 성(Castle)이라는 뜻으로, 숙박시설로 이용되기도 한다.

Parent {House Parent}

유스호스텔의 관리자 또는 지배인을 의미한다.

Parfait {파르페}

과일 시럽과 달걀, 크림을 휘핑하여 만든 풍미 있는 빙과 후식이다.

Parfait Amour {파르페 어무얼}

시트런 열매로 만든 자주색 혹은 보라색을 가진 단맛이 강한 리큐르류로서 프랑스와 네덜란드산이 유명하다.

Parisienne {빠리지엔}

둥근 구슬형으로 자르는 것을 말한다.

Parking Boy {대리주차 서비스}

호텔의 현관 서비스의 하나로 호텔 고객의 차가 도착하면 직원이 직접 운전하여 전용주차장에 주차해 주는 서비스이다. 고객의 신속한 호텔 출입을 위한 주차 대행 서비스로 Valet Parking 또는 Jockey Service라고도 한다.

Parlor {Parlour}

팔러는 호텔의 객실 특실에는 있는 휴게실로, 스튜디오와 비슷하며 리빙 룸이라고도 하는데 Suite에 달려 있다.

Parlor Maid {팔러 메이드}

고급 객실인 스위트와 공공장소의 청소와 정리 정돈을 담당하는 직원을 말한다.

Parmentier {빠르멘티에}

이것은 감자요리의 이름인데, Antenio Augastine Pormentier라는 프랑스 사람이 처음으로 감자를 들여와, 20가지의 감자요리를 가르쳤다고 한다.

Parmesan Cheese {파메산 치즈}

전통 이탈리아 치즈로 대표적인 경질 치즈이기 때문에 갈아서 사용한다.

Parsley {파슬리}
미나리과에 속하는 2년생 풀로 주로 서양요리의 장식용으로 다른 요리의 곁들임으로 사용되는 두 가지의 약한 향료들 중의 하나이다.

Parsnip {파스닙}
방풍나무로 뿌리는 식용으로 사용된다. 양파와 파슬리 뿌리의 교잡종으로 모양은 당근과 비슷하고 맛은 달며 고소하다. 그리고 향신료 향을 가지고 있어 셀러리 향과 비슷하다.

Party for Fund Raising {모금파티}
미국에서는 선거 때가 되면 특정후보를 위하여 자금을 모금하기 위한 파티를 하게 되는데 모임은 정당주최, 개인주최 등 다양하다. 민간단체에서도 '화이트 엘러펀트 세일'이라고 부르는 파티가 있는데, 이것은 사용하지 않는 용품 교환회가 이러한 모임을 통하여 판매대금을 모금하게 된다.

Pasha Turkish {파샤 터키}
커피 리큐르의 일종이다.

Pass Key {패스 키}
이 열쇠는 각 층별로 주어지는 것으로서, 해당 층이 모든 객실은 열 수 있도록 되어 있는 비상용 키인 동시에 룸 메이드가 객실 청소 때에 사용하기도 한다.

Pasta {파스타}
이탈리아 전통요리에 사용되는 것으로 밀가루와 계란으로 만들어지며 보통 곱게 잘 갈라진 단단한 밀 종류를 정제하여 밀가루로 만든 것으로 고은 것, 중간 것, 거친 것으로 만들어지며 색은 연크림색이고 건조하다. 이 밀은 글루틴을 가지고 있기 때문에 모양과 조직 형성에 도움을 준다.

Paste {페이스트}
생선, 닭고기, 간, 토마토 등을 갈아서 이긴 식품으로 빵에 발라서 먹는다. 밀가루에 버터, 우유 또는 물을 섞어 반죽한 식품이다. 파이요리에 사용된다.

Pasteurization {파스테우리제이션}
파스퇴르가 발명한 살균방법으로 저온 살균법이다.

Pastry {패스트리}
밀가루 반죽으로 만든 과자류로 Pie, Tart, Turnover 등이 있다.

Pastry Bag {패스트리 백}
작은 끝부분이 금속조각이 부착된 원추형의 천으로 만든 가방으로 이것은 식품을 장식할 때 사용한다.

Pate {파테}
고기나 간을 갈아 반죽하여 Double Boiling하여 만든 것으로, 식욕촉진제로 많이 사용된다.

Patent Still {패턴트 스틸}
위스키 증류법으로서 대량을 증류시키는 연속적 증류법이다. 높은 온도에서 연속적으로 대량 생산할 수 있는 증류법으로 생산원가가 단식증류보다 적게 든다. 순수한 알코올에 가까운 이점이 있으나, 반면에 높은 온도에서 증류하기 때문에 중요한 성분을 잃게 되고 현대적인 자동시설을 하여야 하므로 시설비가 많이 든다.

Patty {패티}
작은 파이를 뜻한다.

Patty Pan {패티 팬}
파이를 굽는 작은 냄비를 말한다.

PAX {Passenger, PSGR}
사람의 수를 말할 때 사용하며, PSGR로도 쓰인다.

Payout {지출}
카지노게임 테이블에서 고객이 Win한 금액을 지급하는 것이다.

Paysanne {페이잔느}
도미노(얇은 직사각형 모양으로 약 1~2cm 두께로 자르는 방법)보다는 작은 장방형으로 약 1cm 크기로 써는 방법이다.

PBX {Private Board Exchange}
PBX는 호텔의 전화 교환실을 뜻하며, 교환실에서 사용하는 외선과 접속되어 있

는 전화의 자동화를 말하며, 호텔에서 통화의 신뢰성과 징수의 정확성을 기할 수 있다.

PC-POS {Personal Computer Based Point of Sales}
상품의 판매시점에서 매입, 매출관리, 재고관리, 고객관리, 이익관리, 매장관리 등의 경영분석 자료를 신속하고 정확하게 제공해 주는 휴먼테크로 완성된 첨단 경영관리시스템이다.

PCO {국제회의용역업 : Personal Convention(Congress) Organizer}
국제회의 용역업체는 각종 국제회의, 전시회 등의 개최 관련 업무를 행사 주최측으로부터 위임받아 부분적 또는 전체적으로 대행해 줌으로써 회의 개최에 따른 인력과 예산의 효율적 관리, 시간과 자금의 절약, 세련된 회의진행을 가능하게 해준다.

Peak Load Pricing Theory {가격이론}
호텔 객실가격 결정방법의 하나로서 수요를 근거로 한 이론이다. 이 이론은 효율적인 가격결정이 변동되는 수요를 가지고 있는 객실상품에 내해 설정되도록 토대를 제공한다. 이러한 가격 결정방법은 경제적 분석의 전적인 목표와 일치한다.

Peak Power Demand Control {동력수요 통제}
객실현황 시스템과 전기회로로 연결되어서 고객이 퇴숙하거나, 객실에 손님이 없을 경우에는 공기조절, 냉·난방, 환풍시설이 자동으로 꺼지고 켜지는 설비와 전등이 자동으로 들어오게 되는 장치이다.

Peeling {피일링}
껍질을 벗긴다는 뜻이다. 레몬이나 오렌지의 껍질을 벗겨 칵테일 조주 시에 글라스 장식을 하면서 향기를 내게 한다.

Pendent Lamp {펜던트 램프}
천정에 매달아 늘어뜨린 전등으로, Chandelier이다.

Pension {빵숑}
유럽에서 발생된 전형적 하숙식 여인숙으로, 저렴한 숙박시설에 장기체재형이

며, 주변에 레스토랑, 음식점이 많은 데서 조식은 제공되지만 석식은 제공되지 않는 것이 통례이다. 소규모의 객실을 보유하고 손님의 접대도 극히 제한된 서비스 외에는 하지 않지만 저렴한 숙박비가 매력이다. 3식이 포함되면 Full Pension, 1식이 포함되면 Half Pension이라고 한다.

Penthouse {펜트하우스}
옥상주택이란 뜻에서 유래된 것으로, 호텔이나 호화여객선 등의 최상층에 꾸민 특별객실의 한 형태로 보통 스위트룸이 호텔 맨 꼭대기 층에 위치해 있다.

Pepper {페퍼}
후추과에 속하는 상록 교목으로, 동남아시아가 원산지인 덩굴식물로 열매들은 길게 매달리고, 완전히 익으면 붉은색으로 변한다. 열매는 채 익기 전에 따라 말리면 검어지는데, 맵고 향기로운 풍미가 있어서 조미료 및 향신료, 건위제 등에 널리 이용된다.

Pepper Grass {페퍼 글라스}
다닥냉이 무리의 식물로 샐러드용 야채로 쓰인다.

Pepper Mill {페퍼 밀}
식탁기물의 하나로 후춧가루를 만들기 위한 즉석 후추 분쇄기이다.

Peppermint Schnapps {페퍼민트 스냅스}
박하향이 강한 리큐르이며 초록, 빨강, 무색의 세 종류가 있으며, Cream de Menthe라고도 한다.

Perch {농어}
농어는 육식성이며, 해수 및 담수성이며, 비늘이 많고 날카로운 지느러미를 가지고 있다. 육질은 희고 탄력이 있으며 부드럽다.

Percolator {퍼콜레이터}
조리방법 중 여과방법을 이용하여 불 위에서 직접 끓이는 방법이다.

Periodical {피어리어디컬}
호텔에 들어는 신문이나 잡지류에는 여러 종류가 있는데, Periodical은 일간지가 아닌 정기간행물 또는 잡지를 뜻한다.

Permanent Guest {장기 체류객}
장기 체류객을 뜻하며, 대체로 7일 이상 체류하게 되면 장기 체류객으로 분류되는데, 장기 투숙객이라고도 한다.

Permanent Hotel {퍼머넌트 호텔}
장기 체류객을 전문으로 하는 아파트식 호텔이다. 그러나 최소한의 식음료 서비스 시설이 있는 것이 보통이다. 이 호텔은 단순히 아파트와 다른 것은 메이드 서비스가 제공된다는 것이다.

Permod {퍼모드}
다양한 향초가 들어간 리큐르의 일종으로, 알코올 도수가 높아 희석을 하여 마시는데, Absinthe라고도 한다.

Perpetual Inventory Card {품목별 재고카드}
저장고에서 입고와 출고 현황에 따른 기록카드로서 품목에 대한 기록이 되어 있으며, 창고 또는 물건이 비치되어 있는 장소에 비치된 재고현황 카드, 즉 Bin Card라고 한다. 예를 들면, 와인 등의 적정재고량을 확보하는데 사용 되는 것으로 와인의 품목별 카드의 기록은 와인 타입, 와인 이름, 포도 수확 연도, 공급 회사명, 최종 주문일자, 주문된 수량, 입고일자, 최종 점검일자, 재고량 수 등이 기록된다.

Person Call {지명통화}
통화 상대자를 직접 연결하여 통화하게 하고 상대자와 직접 연결되지 않으면 요금을 계산하지 않는 방법이다.

Person Night {1인 고객숙박비}
당일 객실 사용한 수입통계로 고객 한 사람이 지불한 일일 숙박비를 말한다.

Person to Person {지정통화}
통화 상대자를 직접 연결하여 통화하게 하고 상대자와 직접 연결되지 않으면 요금을 계산하지 않는 방법이다.

Petit Dejeuner {뿌띠 데죄네}
불어로 '작은, 소형'의 의미가 있는데, Petit Dejeuner는 Small Lunch란 뜻으로 아

침식사 중에서도 Continental Breakfast를 말한다.

Petit Four {뿌띠 푸르}

식후에 커피와 함께 제공되는 작은 케이크로, 오븐에 구워낸 과자를 뜻한다.

Petit Knife {작은 칼}

칵테일을 만들 때 또는 장식용 과일을 자르거나 간단한 오드볼을 만드는데 사용하는 소형의 칼이다.

Petit Marmite {쁘띠 마르미트}

콩소메와 닭고기 국물을 함께 합치고, 다이아몬드 모양으로 잘라 삶은 야채, 소고기, 닭고기와 함께 차려낸 음식이다.

Petit Marmite Henry IV {쁘띠 마르미트 앙리4세}

이것은 Petit Marmite Soup으로서 소고기보다 닭고기를 많은 비율로 끓여낸 것이다.

Petit Sales {쁘띠 살레}

짭짤한 맛이 나는 요리용 또는 칵테일파티용 스낵이다. 퍼프페스트리에 훈제연어나 치즈 등을 올려놓고 구워 내는 것이다.

Petit Suite {쁘띠 수위트}

큰 객실에 응접실과 침실 및 가구가 구비되어 있으며 칸막이로 구분되어 있는데, Junior Suite라고도 한다.

Phone Cab {Call Taxi}

전화로 부르는 택시를 뜻하며, Call Taxi와 같은 의미이다.

Pick Up {픽 업}

객실부에서 픽업은 투숙 예정이거나 투숙중인 고객을 공항이나 시내 등에서 모시고 오는 경우도 픽업이라 할 수 있지만, 회계상 픽업이라 함은 전 잔고의 이월을 뜻하기도 한다.

Pick Up Service {픽업 서비스}

예약 고객의 요청에 의해서 공항이나 기차역 등에서 영접하여 호텔에 투숙 시키는 서비스를 말한다. 퇴숙 때도 이 서비스는 가능하다.

Pick Up Stage {픽업 스테이지}

저속으로 2분 정도 반죽하는 것을 말하는데, 재료가 섞이고 물이 흡수되는 단계를 말한다.

Pickles {피클즈}

서양식 김치로 오이와 양파 등의 야채를 식초, 설탕, 소금, 향신료를 섞어 만든 액체에 담아 절여서 만든다. 고기, 생선, 빵 등에 곁들여서 먹는다. 단수의 '피클'은 식초나 소금물을 말하는 것이고, 복수의 '피클'은 절인 음식물을 말한다. 야채, 과일과 고기종류도 식초 또는 소금에 절인다. 식초만 사용한 것은 식초라 하고, 설탕과 초를 같이 사용한 것을 Sweet 또는 Sour라고 한다. 또 여러 가지를 섞어서 절인 것은 Mixed Pickles라고 한다.

Pigeon Box System {피전 박스 시스템}

주문서, 영수증, 서류 등을 잠시 보관하는 박스를 피전 박스라고 한다.

Pilau {필로}

쌀 요리로서 동양적 또는 터키식이라고 하는데, 날짐승의 고기 또는 간에 후추를 섞어 만든 요리로 볶음밥 같은 것이다.

Pillow {베개}

베개는 딱딱한 것, 부드러운 것, 높은 것, 낮은 것 등이 있으나 대체적으로 내용물에 따라서 다르다. 호텔에서는 깃털 베개를 많이 사용하고 있고, 싱글 침대에는 2개, 더블 침대에는 4개가 준비되어 있다.

Pillow Case {필로우 케이스}

베갯잇은 Case란 말과 같이 주머니로 되어 있으며, 이 속에 베개를 넣어 입구를 접어 넣어 쓰고 있다. 그러므로 베갯잇 길이는 베개 길이보다 약 3분의 2 가량 길어야 한다.

Pilsner {필젠 : Pilsener}

두 가지의 의미가 있는데, 하나는 길고 좁은 형태의 글라스를 뜻하고, 다른 하나는 맥주로 체코슬로바키아 필슨 지방에서 생산되는 맥주형으로서 향이 강하며 엷은 색을 가진 Light Bodied Beer이다.

Pimento {피망}
맵지 않고 단맛이 나는 고추 품종의 총칭이다. 가짓과에 속하는 1년생 풀로 맛이 단 고추의 하나이다. 열매는 타원형으로 꽈리와 비슷한데 매운 맛이 없으며, 여러 가지로 조리해서 먹으며 붉은 것은 주로 향신료로 쓰인다.

Pineapple {파인애플}
아나니스과에 속하는 다년생 풀의 열매로 향기가 좋으며 단백질을 소화시키는 작용이 있고 통조림에 쓰인다.

Pink Wine {핑크 와인}
분홍색 포도주로 양식 코스 중 어느 코스에도 잘 어울리는 식탁용 와인으로, 로제 와인이라고도 한다. 이 와인의 색깔은 포도주를 담글 때 검은 포도를 사용하여 껍질째 담갔다가 발효 도중에 껍질을 제거하면 껍질의 색이 완전히 우러나지 않은 핑크색이 되는데 여기서 색깔이 생겨난 것이다.

Piquant {피컨트}
맛이 얼얼한 뜻으로, 향을 곁들이고 양념을 많이 가한 요리를 말한다.

Pit {피트}
계산이 정산되지 않은 게스트 폴리오 파일을 뜻하며, Cashier's Well이라고도 한다. 카지노에서는 카지노가 정한 바에 따라 게이밍 테이블의 배열로 에워싼 카지노의 구역을 뜻한다.

Pit Boss {피트 보스 : Floorman}
주임급부터 계장, 대리, 과장급까지 게임 테이블을 운영할 책임이 있는 간부로서 딜러의 관리, 근무배치, 교육 등을 담당하고, 담당테이블의 상황을 위 상사에게 보고한다.

Pizz {피즈}
탄산가스가 물에서 떨어져 나갈 때 '피익' 하는 소리에 비롯된 의성어인데, 주로 스피릿이 기본이 되며 과즙이나 감미를 가미해서 소다수로 희석한다.

Pizza {피자}
이탈리아식 파이로 토마토, 치즈, 고기, 양념 등을 혼합한 후 이스트를 넣어 반죽

한 밀가루 떡을 얇고 평평하게 민 것 위에 담아 오븐에 넣어 구운 것을 말한다.

PKG {Package}
패키지라는 뜻으로, 객실예약 시 패키지 프로그램을 통하여 예약하는 방법 중 하나이다.

Place Plate {플레이스 플레이트}
식탁용 장식 접시를 뜻한다.

Plain {플레인}
아무것도 가미하지 않은 음식이나 음료의 본래 그대로인 상태를 말한다. 플레인 요구르트는 요구르트에 아무것도 첨가되지 않은 순수 요구르트를 뜻한다.

Plain Eggs {플레인 에그 : Raw Eggs}
생계란 또는 날달걀을 뜻한다.

Plants Liqueur {프랜츠 리큐르}
초목을 재료로 하여 만든 리큐르로서 주로 브랜디에다 약 2일간 놓아 두어 향이나 색이 배어나면 포트 스틸법으로 증류하여 캐러멜 색소를 넣어서 착색시키는 동시에 단맛을 첨가시키고 나무 술통에 넣어서 1년간 숙성시킨다.

Plat du Jour {플라 뒤 주르}
메뉴의 일종으로 호텔 레스토랑에서 그 날의 특별요리를 말한다.

Plate {플레이트}
보통 납작한 둥근 접시를 뜻하기도 하고, 요리의 한 접시, 즉 요리의 1인분을 나타내기도 한다.

Plate Service {플레이트 서비스}
레스토랑에 있어서 보편적으로 행해지고 있는 서비스방식이다. 주방의 요리를 담은 플레이트(접시)를 웨이터나 웨이트리스가 손으로 들고 가서 손님 앞에 제공한다. 이는 테이블 서비스 가운데서 가장 간략화 된 서비스인데, 신속한 서비스를 할 수 있는 것이 특징이다.

Plug {마개}
물이 내려가지 않도록 막아주는 마개이다.

Plum {플럼}
앵두과에 속하는 자두를 뜻한다.

Pneumatic Tube {Air Shooter}
호텔 내의 각 영업장에서 발행하는 모든 전표를 Front Cashier에 신속히 보내주는 전달되는 장치로, 에어 슈트와 같은 의미로 사용되었으나 요즈음은 사용되지 않고 있다. 하지만 객실에서 발생되는 세탁을 세탁실로 보내기 위해 사용되고 있다.

Poaching {포우칭}
원형을 상하게 하지 않은 채 뜨거운 물에서 삶는 것으로, 달걀 요리로는 Poaching Egg가 있다.

Poached Eggs {깨어 삶은 계란}
계란을 깨어서 약한 불로 끓는 물에 대략 3~5분이면 계란 흰자위가 노른자를 둘러싸며 익는다. 삶은 계란은 껍질 없이 반숙한 계란 요리로 소형 토스트 위에 얹어 서브된다. 노른자가 달걀 모양같이 터지지 않게 살짝 익히는 것이 중요하다.

Poche {포셰}
끓는 액체에 넣어 데치거나 반죽하는 조리법이다.

Pochet {포켓}
Room Rack Slip Pocket를 말하며, 룸 랙 슬립을 꽂을 수 있도록 제작된 룸 랙의 한 부분으로 객실 숙박의 기록과 객실료를 기재한다.

Podere {뽀데레}
이탈리아의 포도농장을 의미한다.

Poeler {Poelage}
이 방법은 오븐을 조절해 가면서 많은 양의 버터 속에 고기를 조리하는 방법으로, 오븐 속에서도 계속 위에 버터를 발라가면서 조리하다가 뚜껑을 벗겨서 색깔을 낸 다음 고기와 브라운스톡, 와인을 분리시켜 조린다.

Poisson {뽀아송}
생선요리는 수프 다음에 제공되는 정식요리의 세 번째 고스로 알려져 왔으나, 요즘에는 주식을 대신한 주요리로 많이 찾기도 한다. 생선요리를 제공할 때는

머리 부분은 고객의 좌측으로, 배 부분은 고객의 앞쪽으로 가도록 놓아야 한다.

Polivit Plate {폴리비트 플레이트}

Entrée나 채소요리 등을 담는 납작하고 큰 은기물을 뜻한다.

Pomelo {자몽}

왕귤나무류의 자몽을 뜻한다.

Pony Glass {작은 잔}

리큐르 등 혼성주를 마실 때 쓰이며, 손잡이가 짧고 대단히 작은 글라스이다. 용량은 3/4~1온스이다.

POP {Point of Purchase Advertising}

구매시점 광고는 식음료부서, 연회장소, 선물가게 등의 서비스를 광고할 때 많이 사용하며 눈에 띄는 장소, 즉 엘리베이터, 객실, 로비 등에 광고문을 붙여놓음으로써 고객에게 알리는 광고라고 할 수 있다.

Poppy {포피 : 양귀비}

양귀비과에 속하는 1년생 또는 2년생 풀, 극동아시아와 네덜란드에서 재배되며, 양귀비나무에서 얻은 것으로 열매 속에 들어 있는 씨를 쓰기 위해서 재배된다. 씨는 빵, 롤케이크, 과자 위에 붙여 장식으로도 쓰이며, 샐러드, 국수에도 사용한다. 미성숙한 캡슐은 우유 같은 액즙이 있으며 마약의 원료가 되기도 한다.

Port Wine {포트 와인}

포르투갈 와인으로 Douro강 상류 계곡에서 생산되는 포도로, 양조한 강화 된 포도주(Fortified Wine)이다. 포도를 수확한 후에 12시간 동안 맨발로 계속 밟아 색깔을 낸 후 양조한다. 포르투갈 최대의 수출국이었던 영국에 수출할 때 도중에 변질되는 것을 방지하기 위하여 40도짜리 브랜디를 첨가하여 효모의 발효를 중지시켰기 때문에 달고 독하다.

Pork {돼지고기}

돼지고기 요리로는 Pork Chop, Pork Cutlet 등이 있다.

Porridge {포리지}

곡물을 삶아서 죽으로 만들어 놓은 더운 간편식으로 반드시 더운 우유와 설탕을 곁들여 제공해야 한다.

Porter {포터}

벨 맨의 업무와 비슷하지만, 호텔의 고객이 투숙하여 퇴숙 할 때까지 짐을 보관, 운반해 주어야 할 때 이러한 서비스를 담당하는 직원을 말한다.

Porter House Steak {허리 등심 스테이크}

허리부분, 윗부분에 안심과 뼈를 같이 잘라낸 부위를 말한다. 이 스테이크를 잘라낸 후 조그마하게 잘라낸 것을 Bone Steak라 한다.

Porterage {포터이지}

Porter Service에 대한 팁이다.

Portion {포션}

음식의 1인분으로, Two Portion은 2인분을 뜻한다.

Portion Cost {포션 코스트}

1인분 식료에 대한 표준원가로 1인분 혹은 1회 분량의 재료의 원가를 말한다.

POS {판매시점 : Point of Sales}

점포에서 판매시점에 발생한 정보를 컴퓨터가 수집할 수 있도록 입력하는 기기이다. POS는 어디까지나 점포에서의 매상기록에 준해 컴퓨터 처리함으로써 경영판단에 필요한 정보자료를 작성하려고 하는 것이다. POS 시스템의 특징은 온라인 시스템으로 현장의 각종 데이터를 거래발생과 동시에 직접 컴퓨터에서 전달하므로 수작업이 필요 없으며, Real Time System이므로 판매와 동시에 거래정보 및 영업정보를 즉시 파악할 수 있으므로 정보의 변화에 즉시 대응할 수 있다.

Posting {포스팅}

분개한 것을 각 계정에 옮겨 기록하는 것을 Posting(전기)라 하며, 전기하는 방법은 차변 과목은 해당 계정 차변에, 대변과목은 해당 계정에 계정계좌로 거래자료를 이전시키는 과정이다.

Posting Machine {포스팅 머신}

거래업무에 따른 금액을 기록하는데 사용되는 등록기계를 말한다.

Pot au Feu {포토푀}

소고기와 뼈를 채소 등과 함께 고아서 만든 육수이다.

Pot Roasting {포트 로스팅}

큼직하게 자른 고기를 Braising(고기나 야채를 기름으로 살짝 튀긴 후 약한 불에 끓이다)으로 요리하는 것으로 찜 구이 한 소고기 덩어리이다.

Pot Still {포트 스틸}

위스키 증류법으로서 소량을 증류시키는 단식 증류법이다.

Potable Water {음료용 냉각수}

남미 쪽의 호텔을 보면 세면대에 냉 · 온수 수도꼭지 외에 제3의 수도꼭지를 설치한 곳이 많다. 이 수도꼭지는 냉 · 온수 수도꼭지보다 길고 가늘며, 옆 부분에 버튼이 부착되어 이 버튼을 누르면 음료용 냉각수가 나온다.

Potage {포타지}

수프를 뜻하는데, 이는 Potage Clair와 Potage Lie로 나누어진다.

Potage Clair {포타지 클레어}

이것은 콩소메와 같은 맑은 수프를 뜻하는데, 주재료를 소나 닭, 생선, 자라 등 어느 것이나 한 가지 재료만을 사용한다.

Potage Creme {포타지 크림}

부용에다 밀가루를 버터에 볶아 우유를 넣어 만든 수프로서, 화이트스톡을 사용하거나 기타 스톡으로 만든다.

Potage Lie {포타지 리에}

포타지 리에는 진한 수프를 말하며, 주재료는 부용에다 야채, 밀가루, 생선, 닭고기나 소고기를 버터에 볶아 양념하여 넣은 탁하고 진한 것을 말한다.

Potage Puree {포타지 뿌레}

야채수프가 그 대표적인 것인데, 화이트스톡, 생선 스톡, 포울트리 스톡으로 만들 수 있으며, 여기에다 각종 야채를 버터에 볶아 넣고 만든 것이다.

Potage Velute {포타지 벨루떼}

부용에다 밀가루를 버터에 볶아 넣은 것을 기본으로 하고, 여기에 달걀과 야채를 섞어 만든 것이다.

Potluck Dinner {포트럭 디너}

미국인들이 고안해 낸 파티인데, 이를 Convered Dish Supper라도고 하며, 각자 일품식사를 지참하여 한자리에 모여 즐기는 파티로서 이를 코퍼레이팅 파티라고도 한다. 주최자가 음식 목록을 작성하여 주요리, 샐러드, 디저트로 분류하고 참석자들에게 그 중 한 가지의 음식을 지참케 하는 것이다.

Poulet A La Marengo {뿌레 아 라 마렝고}

닭을 잘라서 버터로 튀겨 계란을 곁들인 요리이다. 요리의 이름은 지명인 마렝고의 이름을 따서 마렝고식의 닭요리라고 한다.

Poultry Stock {포우트리 스톡}

각종 가금류나 엽조류의 뼈나 날개, 목, 다리를 야채 다발과 향료를 넣고 2~3시간 끓인 후 백포도주와 후추, 소금으로 양념하여 걸러낸다.

Pourer or Pouring Lip {포우러 또는 포우링 립}

술병의 입구에 부착하여 술을 따르고 술의 커팅을 용이하게 하고 술의 손실이 없게 하기 위해 사용한다. 그러나 과당이 된 리큐르나 그리나딘에는 사용을 금한다.

Pousse-cafe {오색주}

커피와 함께 내는 작은 잔의 리큐어 술이다.

Powder Room Maid {파우더 룸메이드}

공공 여성용 화장실을 청소하는 메이드를 뜻한다.

Powder Sugar {파우더 슈가}

파우더 슈거는 백사탕을 분쇄해서 미세한 결정을 만든 것이다. 이와 같이 음료에 사용되는 사탕은 알코올에는 용해되지 않지만 물에는 잘 용해된다. 따라서 믹싱 드링크를 만들 때 알코올 도수가 높을수록 사탕은 용해되지 않으므로 칵테일 조주 시, 특히 주의해야 한다.

PP Card {선불카드 : Prepaid Card}

사용대금을 미리 내고 물품을 살 수 있는 카드로 영어의 Prepaid Card를 줄여 PP카드라고도 한다. 현재 사용되고 있는 공중전화 카드와 지하철 정액권 등이 선불카드 성격을 띠고 있다. 선불카드는 현재 통용되고 있는 신용카드가 물품을 먼저 사고 사용대금은 나중에 내는 후불카드라는 점과 구별된다. 또 물품을 사는 것과 동시에 대금을 내는 직불카드와도 다르다.

Pre-registration {사전등록}

사전등록으로 고객이 도착하기 전 호텔이 등록카드를 사전에 작성하는 절차로 그룹이나 관광단체가 도착하여 프런트 데스크에 혼잡을 피해 등록을 마칠 수 있도록 하기 위해 사용되어지는 것이다.

Pre-assign {프리어 사인}

고객이 도착하기 전에 예약이 할당되고 특별한 객실은 블록을 시키는 예약 직원의 작업이다.

Premium Beer {프리미엄 비어}

양질의 원료를 사용한 고급맥주로서 알코올함량을 5% 정도 높인 맥주이다.

Press Release {프레스 릴리스}

무료광고를 뜻하며, 언론에 노출되면서 이용되는 뉴스이다.

Pressing Service {프레싱 서비스}

고객 세탁 서비스의 다림질 서비스를 말하며 하우스키핑의 라운드리에서 일임하고 있다.

Pricasseing {프리세잉}

닭, 송아지고기, 토끼 따위의 가늘게 썰은 고기의 스튜 또는 프라이한 프랑스 요리이다.

Prime {육류등급 }

육류등급은 크게 품질 등급과 산출량 등급 2가지로 나누어지는데, 산출량 등급은 도살육에서 고기와 뼈의 양으로 산출하는 방식이고, 품질 등급을 살펴보면 프라임은 최상급 등급으로 호텔에서 사용하고 양이 제한되어 생산되며 맛과 육즙이 뛰어나다.

Principal {프린서펄 }

사전상으로는 장, 사장, 교장을 뜻하지만, 여행사의 도매업자를 뜻하기도 한다.

Printaniere {푸린타니에르}

조리 시 약 1cm 크기의 주사위 모양으로 자르는 방법이다.

Priority Hot Line {긴급 직통전화}

직통전화는 손님의 요구를 즉각적으로 만족시키기 위한 방안으로 전화를 받은 담당 직원은 다른 직원이나 다른 부서로 전화를 돌려서는 안 되며 항상 손님의 요구에 직면한 사람이 직접 책임을 지도록 하는 것이다. 고객에 대한 신속한 서비스를 제공하기 위해서는 24시간 응답할 수 있는 교환실, 프런트 데스크로 연결되어 있어야 한다.

Private Bill {개인 계산서}

각 영업장에서 개별적으로 발행하는 계산서를 말한다.

Private Room {개인 전용객실}

개인이 사적으로 사용할 수 있는 특별실이라 할 수 있다.

Prix Fixe {프리 픽스}

정식(Table D'hote)의 가격을 뜻하며, 다른 메뉴로 대치하거나 변경할 수 없는 고정된 가격을 말한다.

Processor {프로세서}

하드웨어 관점으로는 보통 중앙연산 처리장치를 말하고, 소프트웨어 관점으로는 BASIC 등의 프로그램 언어로 쓴 프로그램 기계어로 변환하는 번역기를 총칭해서 프로세서라고 부른다.

Production Kitchen {Main Kitchen}

호텔에서 음식을 조리하는 메인 주방이다. 메인 주방은 각 업장에서 필요로 하는 음식, 기본적인 음식, 가공식품 등을 준비하여 공급한다. 메인 주방에는 Hot Kitchen과 Cold Kitchen로 나누어져 있다. 시설 면에서는 조리용 장비, 기물 등을 갖추고, 위생 면에서도 식품위생, 환경위생, 개인위생 등을 철저히 유지한다. 메인 주방은 음식을 생산하는 조리구역, 식기류 세척구역, 세척장으로 구분한다.

Profit and Loss Statement {손익계산서}

기업의 경영성과를 명확히 하기 위하여 회계기간에 발생한 모든 수익과 비용을 기재하고, 그 기간의 순이익을 계산하는 회계보고서이다.

Proof {프루프}

미국에서 사용되는 알코올 도수의 표시방법으로서, 100 Proof는 국내 도수의 50도와 동일하다. 그러나 국내와 유럽 대다수의 국가에서는 Gay Lussac이 고안된 용량 배분율(Volume by Percent)을 사용한다.

Professional Congress Organizer {PCO}

국제의회용역업은 각종 전시회 및 국제회의 등의 개최 관련 업무를 행사 주최측으로부터 위임받아 부분적 또는 전체적으로 대행하여 주는 조직체로서 보다 효율적인 컨벤션 준비와 운영을 위한 전문회의 기획자이며 국제회의에 대한 각종 전문용역을 대행한다.

Profit & Loss Transactions {손익거래}

손익거래는 수익이나 비용이 발생하는 거래로, 당기순이익에 영향을 미치는 거래이다. 손익거래는 수익거래, 비용거래, 수익과 비용이 동시에 발생하는 수익비용이 동시거래로 나누어진다.

Property {호텔 자산}

인적 · 물적 요소를 포함하는 호텔에서의 모든 자산을 포함하고 있다.

Property Management System {PMS}

자산감리시스템은 프런트 데스크와 백 오피스 사이에 원활한 기능을 위해 고안된 호텔 컴퓨터시스템이다.

Property Maintenance {프로퍼티 메인트넌스}

주로 호텔에만 있는 부서로서 건물의 전 · 후 힘든 청소업무를 행하며, 흔히 야간청소원을 포함하여 건물 외곽과 호텔 대지를 보존하는 책임을 맡는다.

Provence Sauce {프로방스 소스}

프로방스는 프랑스 남동부 지방에 있던 왕국의 이름을 딴 것이다. 흰색소스로 약초, 안초비, 버섯에 백포도주를 가미하여 만든 것으로, 육류에 많이 사용한다.

Prunelle {푸룬엘}

서양 살구 Prune 혹은 Plum의 향미를 가미한 주정 도수 25도의 갈색 리큐르이다.

Prunier Restaurant {푸루니에 레스토랑}
어패류 요리를 전문적으로 서비스하는 레스토랑인데, 이 레스토랑의 유래는 1930년대 초 일본의 제국호텔(Imperial Hotel : 일본에서 최고급 호텔 중의 하나)에서는 당시 파리에 있던 'Prunier'라는 생선요리 전문점에 쿡을 파견하여 생선요리를 익혀 오도록 하였다. 이 쿡이 요리수업을 마치고 귀국하자, 쿡이 수업한 레스토랑의 이름을 따서 '푸루니에'로 이름을 붙이게 된 것이다.

Psychological Pricing Method {심리학적 가격결정방법}
심리학적 가격결정방법은 한정되어 있거나 희소가치가 있는 시설과 서비스에 대해 호텔의 경영진이 의식적으로 가격을 결정하는 방법이다.

Pub Bar {펍바 : Pub Restaurant}
Pub은 Public House의 약어로서 아일랜드와 영국인들이 사람을 만나고 새 친구를 사귀던 전통적인 선술집으로, 대중적인 사교장을 말한다. 현시대의 호텔산업에 있어서 Pub의 형태는 호텔의 종합 사교 오락장으로 디스코텍, 생음악 라운지, 당구장, 레스토랑, 닷트게임, 전자오락 등을 즐길 수 있는 호텔의 레저 공간 장소로 이용되고 있다.

Public Area {퍼블릭 에리어 : Public Space}
호텔의 경우 로비, 주차장, 현관, 호텔 내 정원 등과 같은 공유 지역, 공공장소이다.

Published Rate {공표요금}
호텔에 의해 책정된 호텔 객실기본요금이다. 또한 Room Rack에 할당된 요금으로 이것은 할인되지 않은 공식화된 요금, 즉 Rack Rate, Full Charge라고도 한다.

Pudding {푸딩}
밀가루에 과일, 우유, 달걀 등을 넣고 향료와 설탕을 넣어 구워 만든 것으로 식후에 먹는 케이크의 일종을 말한다.

Pulque {풀케}
Agave란, 용설란으로 만든 멕시코산 토속주이다. 멕시코 사람들은 이 술을 맥주처럼 널리 음용하며 여기에 레몬이나 소금 또는 콜라 등을 타서 마시기도 한다. 이 술을 증류하면 테킬라라는 증류주가 된다.

Pumkin {호박}

박과에 속하는 1년생 덩굴풀로 열매는 '호박'이라 하며 장과식물로서 중요하고 잎과 순을 식용한다. 호박을 '펀지'라고도 하고, 어린 것을 '애호박', 여물어서 잘 굳은 것을 '청둥호박'이라 한다.

Punch {펀치}

레몬즙, 설탕, 포도주 등의 혼합음료이다.

Purchase Order {구매 발주서}

구매 청구서가 물품을 청구한 부서로부터 구매부서의 담당자에게 도착하면 구매발주서가 작성되는 것으로 물품을 청구하는 부서에 원하는 물품을 제공하는 단계이다.

Purchase Request {구매 청구서}

저장창고에 필요한 아이템 구매 시 의뢰서를 작성하여 구매부서에 전달하는 양식서이다. 구매 청구서는 필요한 아이템과 필요한 수량의 질, 주문한 아이템 입고 날짜, 구매를 요구하는 부서가 기록되어 있다.

Purchase Specification {구매 명세서}

호텔 식음 자재 및 기자재의 특정한 아이템의 질, 크기, 등급 등을 표준화하여 그 내력을 기록한 것으로 육류, 생선, 과일, 야채 등에 많이 쓰인다. 구메명세시를 이용함에 있어서는 장점은 주문상에서 생기는 실수와 오해를 해소시키고, 음식의 질을 계속 유지하며, 원가관리가 용이하여 구매업무에 효율적일 수 있다.

Purchasing {구매}

호텔의 모든 식음료 및 기자재, 가구, 비품류 등을 구입하는 것으로 최대한의 가치효율을 창출하기 위하여 호텔 전부서의 긴밀한 의사소통과 엄격한 통제의 바탕에서 이루어진다. 상품구매는 상품의 질이 좋고 필요한 양을 저렴한 가격으로 구매하는 것이 구매부의 주요 업무이며 구매된 물품은 검수실에 의하여 구매청구서에 따라 품목, 수량, 가격, 질 등을 검사하는 절차가 필요하다.

Puree {퓌레}

포타지리에(Poragelie)의 기본 수프로 각종 야채, 고기를 삶아 걸쭉하게 만든 수프의 일종이다.

Q-grader {큐 그레이더}
커피의 맛과 향을 결정짓는 원두의 등급을 결정하는 사람이며, 큐그레이더(Q-grader)라고 한다. 또는 커피의 품질과 등급을 정한다하여, 커피 감정사라고도 한다.

Quad {쿼드}
4인이 이용할 수 있는 호텔의 객실 형태로서 Quadruple or Twin Double이라고도 한다.

Quail {메추라기}
메추라기는 들새과에 속하며 수렵조 중 제일 작다.

Quality Assurance {품질 보장 : QA}
고객에게 최상의 서비스를 제공하기 위해 노력은 호텔 매뉴얼에 따라서 각 부서의 평가가 이루어지고 있고, 측정에 의해서 관리되어지고 있다.

Quality Control {품질관리}
품질관리는 최고의 서비스를 위해서는 표준적인 상품의 질을 유지하여야 하기 때문이고, 더 나아가 서비스 개선점을 통한 최고의 품질을 인정받기 위함이다. 이는 고객에게 표준적인 품질의 서비스 상품을 제공함으로써 고객의 만족도를 제고할 수 있다.

Queen {퀸}
객실 침대의 종류로 일반적으로 190~200cm 정도의 특별히 길고 넓은 더블베드 형태이다.

Quetsch {퀘치}
알라스 지방에서 생산되는 오얏으로 만든 증류주이다.

Queuing Theory {큐닝 이론}
관리 측면에서 고객의 흐름에 따라 최적의 요금을 산출하기 위한 수학적 관리시

스템으로 Waiting-line Theory이라고도 한다.

Quick Lime {생석회}

생석회로 흡수성이 강한 물질이며, 설탕으로 만드는 작품의 방습제 및 보존제로 쓰인다.

Quick Reference {조견표}

시간, 요금 등을 나타내는 조견표이다.

Quince {마르멜로의 열매}

장미과에 속하는 낙엽 교목으로, 잎이 난형 또는 타원형이고 잎 가장자리에 톱니가 없다. 열매는 서양 배 모양인데, 노랗고 단맛과 향기가 있어 날로 먹거나 잼으로 만들어 먹는다.

Quinquina {퀴잉쿼}

키니네(Quinine)와 약초들로 착향시킨 적갈색의 방향성 와인으로, 그 독특한 향미 때문에 아페리티프(Aperitif)로 애음된다.

Quinta {퀸타}

포르투갈의 포도원을 뜻한다.

Quoto {쿼트}

객실료 또는 다른 요금을 계산하는 일이다.

R

Rack {객실 현황판}

호텔 전체의 객실 이용 상황을 한눈에 알 수 있게 하는 현황판으로, Room Rack 이라고도 하며, Room Indicator와 연결되어 있는 프런트 오피스의 비품 중의 하나이다. 금속성으로 제작된 포켓이 객실 번호순으로 배열되어 있어 층별, 객실 종류, 객실요금, 객실형태, 현재의 객실상태 등을 마크나 색깔로 나타내고 있다. 현대 호텔의 전산화에 의해 룸랙이 설치되어 있다.

Rack Rate {공표요금 : Published Rate}

호텔에 의해 책정된 할인되지 않은 호텔 객실기본요금이다. 공표요금을 Full Charge라고도 하는데, 이는 호텔이 소재하고 있는 관할 관공소에 신고한 공식화된 요금이다.

Raclette {라클렛}

삶은 감자에 녹인 치즈로 맛을 낸 스위스 요리이다.

Radish {래디쉬}

겨자과에 속하는 1년생 풀로 우리나라의 무와 같고, 뿌리는 잎과 함께 식용으로 쓰이며 비타민, 단백질의 함유량이 많아 약재로도 쓰인다.

Ragout {래구}

이것은 영어의 Stew인데, 진하게 양념한 고기 졸임으로 소고기를 불에 데친 것으로 일반에 잘 알려져 있다.

Rainbow Trout {레인보우 트라우트}

송어는 맑고 서늘한 오염되지 않은 깨끗한 물에 서식한다. 머리부터 꼬리까지 양쪽 면에 붉은 띠가 뻗어 있으며 무지갯빛이다.

Raisin Bran {레이진 브란}

콜드 시리얼의 하나로 건포도와 곡류를 섞은 것이다.

RAM {Random-access Memory}

임의의 주소를 찾아가는데 걸리는 시간을 모두 기억하는 장치가 특징이다.

Rare {레어}

육류를 요리할 때 색상과 촉감으로써 그 익은 정도를 나타내는 용어의 하나로서 완전 날고기를 따뜻하게 데운 정도를 표시하는 용어이다. Rare 다음 단계로 익을수록 색이 진해지고 딱딱한 정도가 커지는데 Rare, Medium-rare, Medium, Medium-well, Well Done 이렇게 5단계로 나누어진다.

Raspberry {라스베리}

장미과에 속하는 낙엽 관목이다. 가시가 빽빽하게 나고 잎은 3~5개가 모여 난다. 열매는 털이 많고 가을에 붉게 여문다. 딸기와 비슷하며 색깔은 빨강, 검정, 보라 3 종류가 있다.

Rate {요금}

요금, 가격이라는 뜻이지만, Charge와는 쓰이는 의미에 차이가 있다.

Rate Cutting {기격인히}

새로운 고객창출이나 시장개척보다는 경쟁 호텔로부터 고객을 끌어들이는 마케팅 기법 중 하나이다.

Rate Change {요금변경}

객실요금이 변경되는 경우는 현재 투숙중인 고객의 Room Rate가 변경될 때 발생한다. 투숙 후 할인의 혜택을 주어야 할 고객은 객실예약과 부서의 상사의 결정에 따라 요금 변경하고 이유를 달아야 한다. 즉 객실요금이 다른 객실로 Room Change할 때, Package Rate였으나 투숙 연장으로 Regular Rate로 변경되었을 때, 주중요금과 주말요금이 다르게 적용될 때, 단체요금이었으나 투숙 연장으로 개인요금으로 변경되었을 때, Special Rate로 숙박한 고객이 특별요금의 유효기간이 지났는데도 계속해서 숙박을 원할 경우, Up-grading된 고객이 객실 변경을 원하지 않고 계속 현재의 객실을 사용하고자 할 경우 요금 변경을 한다.

Ravigote {라비고트}

찬 소스로서 계란, 오이, 식초 또는 마요네즈로 만든 것이다.

Ravigotte {라비고트}
드레싱의 일종으로 차이브, 처빌, 파슬리, 카퍼를 다져 혼합하여 향초를 적셔 시게 만든 것이다.

Ravioli {라비올리}
이탈리아 만두로 져며서 양념한 고기를 얇은 가루 반죽에 싼 요리이다.

RCI {Resort Condominium International}
미국 인디아나폴리스에 본사를 둔 세계적인 휴양지에 시설교환 업무를 대행해 주는 전문적인 콘도미니엄 컨설팅 회사이다.

Re-exchange {재환전 : Reconversion}
재환전이라 함은 비거주자가 입국하여 외국환을 원화로 환전한 후 사용하고 남은 원화를 출국 시 다시 외화로 환전하는 것을 말하는데, 이는 공항에서만 가능하며 환전했던 영수증이 요구된다.

Ready Food {레디 푸드}
식품을 데우거나 익혀서 먹을 수 있는 단계까지 처리, 준비되어 있는 식품으로 통조림 제품이나 냉동제품이 대부분이다. 이 레디 푸드는 RTC(Ready to Cook)와 RTE(Ready to Eat)로 나눈다.

Real Time {리얼 타임}
프로세스로부터 자료를 받아서 계산을 실행한 결과가 그 일이나 프로세서의 진행에 영향을 주고 제어할 수 있도록 빠른 응답을 되돌려 보내는 온라인 처리에 관련된 것이다. 충분히 빠른 시간 내에 응답을 주어 실제 시간 내에 반드시 문제를 해결하게 하는 것을 말한다.

Rebate {리베이트}
Allowance와 같은 뜻으로 사용되며, 가격 할인과 기재나 입력 잘못으로 금액을 조정 또는 반환하는 경우이다. 이때 금액 조정이 있을 경우는 부서책임자에게 승인을 받아야 한다.

Receipt {영수증}
금액을 지불한 고객에게 주는 영수증을 말한다.

Receiving {검수}

검수의 주요 목적은 공급업자로부터 배달된 상품을 주문한 대로 정확한 양과 질을 규정가격대로 확실하게 수령하는 데 있다.

Reception {리셉션}

프런트 데스크에 근무하는 직원을 나타낼 때 사용되는 용어이다.

Rechaud {리차우드}

요리된 음식이 식지 않게 냄비나 접시를 올려놓은 뜨거운 쇠판 또는 데우는 기구로, Warming Stand라고도 한다.

Recipe {레시피}

제조법을 뜻하며 조리나 칵테일에 있어 재료 배합의 기준량과 만드는 순서를 총칭하여 레시피라고 한다.

Recommend {레코멘드}

레스토랑에서 주문을 받을 때 고객에게 레스토랑 메뉴를 추천하는 것을 말한다.

Record Clerk {레코드 클러}

호텔 고객에 관한 등록카드를 입력하고, 관련부서에 고객정보를 송달해 주며, Room Clerk의 업무를 보조한다. 그리고 고객의 정보를 토대로 감사편지 및 생일축하 카드 등을 제작 발송한다.

Red Book {레드 북}

미국호텔모텔협회(AH & MA)에 가입되어 있는 회원호텔의 시설과 가격을 지역별로 기재해 놓은 간행물로, 호텔에 대한 전반적인 사항을 비교할 수 있다.

Red Cabbage {레드 캐비지}

양배추의 일종으로 색은 붉거나 보라색이다.

Red Pepper {레드 페퍼}

고추라는 식물의 열매는 선홍색이고 크기와 모양이 다양하다. 햇볕에 말리며 Cayenne Pepper를 건조시킨 열매로 가루를 만든다. Red Pepper는 강한 향을 낸다.

Red Snapper {적 도미}

바다 숭어과의 일종으로 일명바다의 도요새라고 한다.

Reduce {리듀스}
축소한다는 뜻으로, 액을 농축시키기 위해 서서히 끓이는 것을 말한다.

Reception Desk {리셉션 데스크}
일반적으로 고객을 안내하는 곳이라는 의미가 있으며, 호텔의 프런트 데스크 또는 고급 레스토랑의 입구에 놓여 있는 안내 데스크를 뜻한다.

Referral Group {리퍼럴 그룹}
리퍼럴 그룹은 중소기업이 대기업의 환경에서 살아남기 위해서 자구책으로 체인경영을 조직한 경영방식으로, 세계적인 체인에 대응하기 위해 문화체육관광부의 지원 하에 '한국관광공사'에서 만든 베니키아(BENIKEA) 호텔 체인이다.

Refreshment Center {리프레시먼트 센터}
미니 바에서 사용한 것들을 새로운 것으로 계속 바꾸어 주는 등 미니 바를 관리하는 것이다.

Refreshment Stand {가벼운 식사}
주로 샌드위치 등 가벼운 식사를 미리 준비하여 진열해 놓고 고객의 요구대로 판매하며 고객은 즉석에서 구매해 사서 먹을 수 있는 식당이다. 카페테리아 또는 고속도로 휴게실에서 간단한 식사를 하고 갈 수 있도록 되어 있는 식당이다.

Refrigerated Storage {냉장창고}
유제품, 신선한 육류, 신선한 가금류, 생선과 어패류, 과일, 야채, 난류, 가공식품, 제과 등을 보관하기 위한 곳으로, 아이템 별로 각각 분류하여 보관하는 것이 이상적이다.

Refund {환불}
고객이 호텔에 보관한 선납금 중에서 고객이 퇴숙하고자 할 때 남은 금액을 되돌려 받는 것이다.

Regina {레지나}
어린 닭을 끓여 만든 수프를 말한다.

Register {등록}
투숙을 목적으로 호텔에 도착한 고객이 등록카드에 고객의 인적사항을 기재하

고 서명함으로써 고객이 되기 위한 절차 및 과정이다.

Register Reading Report {레지스터 리딩 리포트}
투숙객에 대한 등록 리스트 또는 전날까지의 판매고와 당일까지의 판매 합계를 기록한 회계보고서이다.

Register Sheet {레지스터 시트}
고객 등록을 받기 위한 양식 또는 회계처리에 대한 감사를 하기에 편리하도록 한 장씩 낱개로 만든 회계 등록 양식이다.

Registered Not Assigned {등록미입식 : RNA}
호텔에 등록한 고객이 본인이 원하는 객실이 준비될 때까지 기다리는 것을 말한다.

Registration {등록}
숙박등록, 숙박계약 등록 또는 멤버십 등록을 하는 경우를 말한다.

Registration Card {등록카드 : Reg Card}
호텔고객의 숙박절차로서 소정의 카드에 필요한 사항을 기재하는 것을 뜻하는데, Reg Card라고도 하여, 대개 호텔의 이름, 주소, 카드 넘버, 고객의 성명, 주소, 객실번호, 요금, 도착시간, 출발 예정시간, 담당자 성명 등이 기재된다.

Regular Chain {레귤러 체인}
일반적으로 2곳 이상의 숙박시설을 한 기업이 운영할 때 체인이라 부르며, 세계 체인호텔의 발달은 1907년 리츠, 1949년 힐튼 인터내셔널이 오늘날의 체인호텔의 개념을 설정한 호텔이라 할 수 있다.

Regular Sandwich {레귤러 샌드위치}
간식용 또는 야외용으로 간단히 먹을 수 있는 순수한 샌드위치를 말한다.

Rehabilitation {복귀}
리허빌리테이션은 업무를 올바르게 행할 수 있도록 재훈련시키는 것이다.

Relief Cook {릴리프 쿡}
주방 조리사들 중에서 와병, 비번, 휴가 등으로 결원이 생겼을 때, 업무를 대행하는 경험 있는 조리원으로 Chef Tournant이라고도 한다.

Relish {레리쉬}

각종 야채들이 이에 속하며, 주스와 같이 Garnish로서 서브된다.

Reminder Clock {리마인더 클럭}

호텔 객실에 있는 특수한 알람시계로서 15분간 48회 울릴 수 있도록 맞추어 놓은 것으로, 모닝콜을 위해 주로 사용한다.

Rennet {레넷}

송아지 제 4번째 위의 내막에 들어 있는 액으로서 응고 효소를 함유하고 있으며, 치즈나 우유를 응고시킬 때 쓴다.

Rennin {레닌}

응유효소의 일종으로 송아지 제 4위 내막의 위액에서 추출하여 조제한다.

Repeat Guest {재방문 고객}

재방문하는 고객을 뜻한다.

Report Form {보고서 양식}

자산항목을 기재하여 합계를 산출하고 다음에 부채항목을 기입하여 그 합계를 산출하고 다시 계속해서 자본을 기입하여 그 합계와 부채의 합계를 가산하여 자산의 합계에 일치시키는 것을 말한다.

Representative {호텔 대리인}

호텔의 대리인의 자격으로 공항, 터미널 등 외국인 여행객이나 관광객이 많이 왕래하는 곳에 근무하며, 호텔 투숙객들을 위하여 객실 상황에 관한 정보를 제공하며 바로 그곳에서 예약의 접수를 하기도 한다. 공항에 근무하는 직원을 Airport Representative(Rep)이라고 한다.

Requisition Form {청구서}

청구서는 호텔 물품을 받기 위한 양식으로, 청구서에는 허가를 받은 서명이 있어야 하며, 물품 청구 후 하루에 한 번 담당부서에 보내져 엄격한 재고변동관리에 필요하다.

Reservation {예약}

객실예약은 타제품과는 달리 예약을 거치지 않고는 거의 판매가 불가능하다.

일반제품의 경우 대개가 직접 그 제품을 보고 거래가 성립되지만, 객실의 경우에는 신용과 편리한 시설 등을 바탕으로 예약에 의해 판매되기 때문이다. 객실 예약은 주로 전화, E-mail, FAX 등을 통하여 접수되기 때문에 제반사항을 정확하게 기록하여 불편사항이 발생하지 않도록 세심한 주의를 기울여야 한다.

Reservation Clerk {예약 직원}

예약 직원은 고객이 주문하는 내용에 적절하게 응하며 사무처리를 하게 되므로, 담당자는 판매에 실수 없이 정중하게 대하여야 한다.

Reservation Confirmation {예약 확인}

호텔을 이용하기 전 예약이 확실히 되어 있는지를 재확인하는 것을 말한다.

Reservation Department {예약 부서}

고객의 예약 상황을 신속하고 정확한 응답기능을 수행하는 부서로서, 새로운 예약을 위한 정확한 데이터와 정보가 있어야 원활한 예약을 할 수 있다.

Reservation Rack {레저베이션 랙}

고객이 요구한 서비스 내용의 요약, 도착예정 일시, 고객의 성명 등을 알파벳 순서와 날짜별로 정리되어 있는 상황판이다.

Reservation Status {예약현황}

판매 가능한 상품 중 얼마만큼의 상품이 남아있고, 예약되었는지에 대한 상황판이라 할 수 있다.

Residential Hotel {주거용 호텔}

이 호텔은 주로 장기체류객을 대상으로 하는 주택용 호텔이다. 객실 구조는 침실, 거실, 응접실, 부엌, 욕실, 화장실 등이 편리하게 갖추어져 있다.

Resort Hotel {리조트 호텔}

관광지 호텔로 보양, 휴양 또는 레크리에이션을 목적으로 한 호텔로, 산악지대, 해안, 경치 좋은 곳에 있는 별장식 호텔을 일컫는다.

Rest Room {화장실}

일반적으로 화장실이라는 의미가 크지만 휴게실의 의미도 있다.

Restaurant {레스토랑}
일반적으로 레스토랑은 대중에게 식사나 음료수를 제공하는 시설인데, 정식의 식사와 서비스가 수반된 호텔의 메인식당으로서 식당 내에 테이블과 의자가 설비되고 테이블 세팅이 된 식당이다. 이 식당은 웨이터와 웨이트리스가 음식을 서브하며 고급요리와 정중한 서비스가 수반되어 있는 식당이다.

Restaurant Cashier {레스토랑 캐셔}
레스토랑을 이용한 고객의 정산을 돕는 직원을 뜻한다.

Restaurant Cashier's Report {레스토랑 캐셔 리포트}
식당 매출수익 현황을 파악하기 위하여 식당 현금출납원이 작성하는 일일식당 영업보고서이다.

Restaurant Manager {레스토랑 지배인}
레스토랑의 식음료 캡틴이나 웨이터나 웨이트리스 등을 지휘 · 감독하고 또한 레스토랑 전체의 서비스, 종업원의 근무태도, 스케줄, 교육, 인사 및 고용 등을 관리하는 사람이다.

Return Check {리턴 체크}
식당 경영상의 엄격한 전표통제를 위하여 사용하는 제도로서 한 번 쓰여진 전표는 재이용될 수 없도록 하는 것이다. 만약 고객에게 주어졌던 상품이 어떤 이유로서 주방이나 Bar로 되돌려 보내질 때 다른 새 전표를 발행해서 'Return'이란 표시를 하여 그 음식과 함께 보내어진다.

Revenue Center {수익 부문}
수익 부문을 호텔영업의 결과, 직접적으로 수익을 가져오게 하는 영역들을 가리킨다. 이러한 수익 부문은 서비스를 제공하여 수익을 발생시킨다는데 공통적인 특징이 있다.

Revenue Report {수입 보고서}
프런드 데스크에 근무하는 Night Auditor가 모든 업장이 마감 된 후 작성하는 것으로 식음료부서의 영업장별 매출, 객실 점유율, 평균 객실요금 등을 주된 내용으로 하는 보고서이다.

Rib Steak {갈비 스테이크}

소 등쪽에 있는 부위로서 두터우며 지방이 많다. Rib Steak로는 Roast Beef(Prime Rib)가 있다.

Right Joint {라이트 조인트}

건전한 나이트클럽을 뜻하는데, 공정하고 신뢰할 수 있는 갬블링 시설과 시스템을 갖춘 공인된 곳이다. 현재 우리나라의 카지노 대부분이 Right Joint리고 볼 수 있다.

Risotto {리조토}

쌀에 치즈, 버섯, 샤프론, 아스파라거스 등을 넣어 만든 이탈리아 요리의 일종이다.

Rissoles {리솔레}

닭의 내장을 파이 껍질에 싸서 기름에 튀겨낸 요리이다.

Rissolette {리솔레트}

다진 고기를 싸서 만든 빵 혹은 고기만두를 말한다.

Ritz {리츠 : Cesar Ritz}

리츠는 1850년 스위스의 농촌에서 가난한 양치기 집안의 열세 번째 아들로 태어나지만, 15세 때 호텔맨의 수업을 시작하였고, 17세 되던 해 당시 호텔산업의 중심지였던 파리로 나와 당시 파리에서 가장 유명했던 레스토랑인 보와상(The Voison)의 웨이터가 되었다. 이후 1877년에는 27세의 나이로 당시 스위스에서 가장 규모가 크고 호화로운 리조트호텔이었던 루체른(Lucerne)의 지배인이 되었다. 리츠가 호텔맨으로서 성공을 거둔 다른 이유는 요리사의 황제 에스꼬피에(George Augeste Escoffier)를 만나면서였으며, 1897년 파리에서 'Hotel Rits'를 개업하여 성공을 거두었고, 1899년에는 런던의 'Carlton'을 오픈시켰다. 1918년에 리츠는 세상을 떠났는데 그의 뜻을 이어 현재의 Ritz를 체인화하여 이어지고 있다.

Roast {로스트}

일반적으로 엽조류를 재료로 긴 쇠꼬챙이에 끼워 숯불이나 직렬로 구워내는 것으로, 식품의 가치와 맛을 완전히 보존하는 조리법 중에서 가장 우수한 방법이다.

Roasting {로스팅}

커피나무 열매인 생두에 열을 가하여 커피를 볶는 과정이다.

Roaster {로스터}

최상의 커피 맛과 향을 내기 위하여 숙련된 기술로 커피를 볶는 사람을 뜻한다.

Roast Beef {로스트 비프}

소고기를 요리하는 것으로, 크게 자른 소고기 덩어리를 소금으로만 양념을 하여 석쇠나 팬에 구운 것을 말한다. 이렇게 구운 후 여러 가지 소스를 뿌리거나 야채 등과 함께 먹는다.

Rock & Rye {록 앤 라이}

과일주스, 얼음사탕, 라이보리 위스키 등으로 만든 리큐르로서 병속에 과일 조각이 들어 있는 것이 특징이다.

Rocks or on the Rocks {록 온 더 록}

소형 각얼음을 뜻하며, On the Rocks이라고 할 때에는 글라스에 얼음 몇 덩어리를 넣고 그 위에 증류주 등의 술을 부어 제공하는 것을 뜻한다.

Roll {롤}

빵의 무게가 60g 이하인 것을 말하며, German Hard Roll, Soft Roll, Breakfast Roll 등이 있다.

Roll Cake {롤 케이크}

롤 케이크는 만드는 법이 케이크와 동일하여 기포상태에 따라 등급을 나눈다.

Roll In {로울 인}

객실에 이동침대를 셋업 하는 과정을 말하며, 반대개념으로는 롤 아웃이다.

Rollaway Bed {로올어웨이 베드}

일반적으로 30~72인치 정도의 크기로 운반 가능한 침대를 말한다.

Rollar {롤라}

롤라는 세탁실에서 사용하는 기계로 대형 세탁물, 즉 시트, 이불, 베드패드, 담요 등을 다리는 기계를 말한다.

Romano Cheese {로마노 치즈}

현재는 우유나 산양유로 만들어지고 있지만, 이탈리아 원산의 초경질 치즈로 로마 주변의 Latium 지방에서 양유로 만들어졌다고 한다.

Rondelle {론델}

조리과정에서 식재료를 둥글게 자르는 방법이다.

Room {객실}

고객들의 숙박을 위한 방으로, 건축물이나 구조물의 내부에 다른 부분들로부터 칸막이를 하거나 벽으로 분리시킨 공간의 일부이다.

Room Assignment {객실 배정}

객실 배정이란, 예약한 고객에게 객실을 배정하는 것이며, 고객이 도착하기 사전에 객실을 준비하여 도착 시 객실 배정에 따른 시간을 단축시킴으로써 효율적인 업무를 수행함에 있다.

Room Attendance {객실 정비원}

호텔고객의 객실을 안전하고, 쾌적하게 또한 청결한 객실상품을 제공하기 위하여 호텔의 모든 객실을 정리정돈하는 호텔 직원이며, 일반적으로 Room Maid라고 한다.

Room Change {Accommodation Change}

호텔 측 사정으로 인한 객실 변경을 하는 경우와 고객의 요청으로 객실을 변경하는 경우를 Room Change라고 하는데, 객실요금이 변경되었는지를 알려주고, VIP인 경우 교환실, 식음료부서, 하우스키핑 등 관련 부서에 통보해야 한다.

Room Clerk {룸 클럭}

프런트 데스크에 근무하는 직원 중 객실 배정, 정보 제공 등을 담당하는 직원을 말한다.

Room Count {룸 카운트}

호텔에서 보유한 객실 중 판매된 객실수를 계산하는 것을 말한다.

Room Count Sheet {룸 카운트 시트}

객실의 점유 통계를 정확성을 증명하는데 사용하여, 야간에 기록하는 룸 랙의 기록표이고, Daily Room Report, Room Charge Sheet 등이 있다.

Room Demand {객실 소요량}
호텔 객실경영에 있어 일드 매니지먼트의 하나로서, 기존객실 공급량 혹은 미래에 필요한 호텔 객실수의 소요량을 말한다. 수요객실은 호텔의 잠재적인 수요를 분석하여 결정하며 경쟁관계를 평가하게 된다.

Room Door {객실문}
호텔에 투숙하는 고객이 들어가야 할 객실입구 문을 뜻한다.

Room Income {객실 수입}
객실 수입은 판매된 객실 요금의 전체 금액을 말하는데, 평균치를 계산하기 위해서는 판매한 객실수에 평균 객실요금을 곱하여 측정하기도 한다.

Room Inspection {룸 인스펙션}
객실정비원(Room Attendance, Room Maid)의 객실청소, 정리정돈 후 고객에게 객실을 판매하기 전에 최후로 객실을 점검하는 것을 하우스키핑에서는 매우 중요한 업무이다.

Room Inspection Report {룸 익스펙션 리포트}
객실점검자에 의해 객실이 완전한 상품으로 준비되어 있는지 객실상태의 점검기록장이다.

Room Inspector {룸 인스텍터}
객실정비가 완료되면 판매하기 직전 최종 객실을 점검하는 직원을 Room Inspector라 한다.

Room Inventory {객실조사}
객실조사라고 하는 것은 계속해서 객실에 대한 현재의 상황, 즉 재실, 숙박 연장, 객실 변동, 고장 객실, 가용 객실 등을 하우스키핑, 예약, 영선실과 상호 연결시켜서 프런트 오피스에서 객실을 판단하는데 있어서 아무 지장이 없도록 도와주는 것이다.

Room Locksmith {룸 락스미스}
객실 열쇠수리공을 뜻한다.

Room Key Tag System {객실자동 전원장치}

호텔의 에너지 절약차원에서 객실 입실시 키를 키 센서에 꽂으면 객실이 자동적으로 점등되고, 키를 빼내면 자동으로 점멸되는 시스템 방식을 말한다.

Room Number Key {룸 넘버 키}

현관회계기(NCR)에서 객실의 번호를 찍기 위한 버튼을 말한다.

Room Occupancy Rate {객실점유율}

당일 판매 객실수를 판매가능 객실수로 나눈 비율, 즉 전 객실수에 대한 당일 판매 객실수의 비율을 말한다.

Room Rack {룸랙}

호텔 전체의 객실 이용 상황을 알 수 있게 하는 현황판으로, 룸 인디케이터(Room Indicator)와 연결되어 객실의 상황을 한눈에 알아볼 수 있다.

Room Rack Slip {룸 랙 슬립}

객실 투숙객 개개인의 인적사항이 기록되어 있는 등록카드로부터 중요한 내용을 발췌한 양식으로, 여기에는 고객의 성명, 국적, 투숙일자, 투숙기간 등이 기록되어 있으며, Room Rack의 포켓에 꽂아둠으로써 객실의 판매 여부를 식별하는 작은 카드를 말한다. 하지만 최근에는 대부분의 호텔이 객실관리 프로그램을 이용하기 때문에 사용하지 않고 있다.

Room Rate Sales Mix {객실판매율 믹스}

객실 판매와 관련된 사항들을 경영자에게 제공하는 것으로 고객의 수, 객실형태, 객실요금 등을 타 호텔과 비교한 통계자료, 즉 세분화된 정보자료로 Competition Report(경쟁사 리포트)와 같은 보고서이다.

Room Renovation {객실 수리}

객실 수리에 있어서는 일반적인 객실수리와 전반적인 객실 수리로 나누어 생각할 수 있겠다. 일반적인 객실 수리는 평상시에 발생되는 부분적인 객실의 고장(Out of Order or Service Room)을 수리하는 것을 말하고, 전반적인 객실 수리는 객실시설의 노후로 5년 정도의 간격으로 새로운 설계로부터 시작하여 객실의 디자인, 가구, 전기, 기계 등의 시설을 완전히 새로운 시설로 교체하는 전반적인 객실의 보수를 의미한다.

Room Revenue {객실 매출}
당일의 객실 매출액을 Room Earning에서 찾아 총 객실 매출액 비율을 산출한다.

Room Service {룸서비스}
호텔 객실에 고객의 요청으로 음료, 식사 등을 보내주는 직원으로, 호텔 객실에서 룸서비스를 통하여 주문하는 경우는 보통 메뉴 요금보다 10% 정도 비싸다.

Room Status Report {객실현황 보고서}
객실현황에 대한 보고서는 객실의 종류 및 형태별로 판매가능 객실수, 수리중인 객실, 빈 객실, 이미 배정된 객실수, 청소완료 객실수 등의 사항을 알 수 있다.

Room Tray {룸 트레이}
객실의 미니바 위에 놓여 있으며, Kettle, Cup, 무료로 제공되는 차 종류 등을 올려 놓는 쟁반이다.

Room Type {객실 종류}
호텔 객실의 종류는 침대의 수와 크기에 따라 기본적인 4가지 종류로 분류되는데, Single Bed Room은 1인용 객실 또는 싱글베드가 있는 1인실을 말하는데 최근에는 거의 없다. Double Bed Room은 더블 침대가 있는 객실로 두 사람이 사용할 수 있는 넓은 형태의 객실이며, Twin Room은 객실에 1인용 베드 2개를 넣어서 두 사람이 동시에 투숙할 수 있는 객실을 말한다. Suite Room은 객실 하나에 리빙룸으로 구성되어 있다.

Rooming {재실}
고객이 투숙하고 있는 재실을 뜻하며, 호텔에 도착하는 고객은 프런트 데스크에서 입실 절차와 영접을 받게 되고, 객실 배정이 끝나면 벨맨이 고객을 객실로 안내하는 제반 과정을 거쳐 손님이 사용 중에 있는 객실을 말한다.

Rooming Control {객실 판매관리}
호텔의 효율적인 객실 판매로서 최고의 가격으로 최대의 객실을 판매하기 위한 관리를 말한다.

Rooming List {투숙객 명단}

단체고객이 도착하기 전에 단체객의 인적사항을 기록한 고객의 명단을 미리 받아 단체객의 사전 등록과 사전 객실 배정을 하기 위한 단체객의 명단이다.

Rooming Slip {Rooming Card}

룸 슬립은 룸 카드로 호텔직원과 고객 사이의 의사소통기능이라 할 수 있으며, 호텔시설물 이용정보와 부대시설 이용하도록 하는 마케팅할동, 호텔의 규칙 등이 포함되어 있는 카드이다.

Roquefort {로크포르}

프랑스의 Roquefort 마을에서 유래된 치즈로 1, 000년 이상의 역사를 가지고 있다. 1666년에는 이 지방의 치즈만 Roquefort라고 프랑스 법률로 정한 바 있다. 이 치즈는 강한 자극성 냄새와 푸른곰팡이의 대리석 무늬가 특징인데, 이 같은 타지방 치즈는 Blue Cheese라고 한다.

Rose Wine {로제 와인}

로제와인은 분홍색 포도주로 Pink Wine이라고도 하며, 양식 코스 중 어느 코스에도 잘 어울리는 식탁용 와인이다. 이 와인의 색깔은 포도주를 담글 때 검은 포도를 사용하여 껍질째 담갔다가 발효 도중에 껍질을 제거하면 껍질의 색이 완전히 우러나지 않은 핑크색이 되는데, 여기서 색깔이 생겨난 것이다. 로제 와인은 10℃ 정도로 서브하면 더욱 좋은 맛과 향을 즐길 수 있다.

Rosemary {로즈메리}

지중해 연안이 원산지인 로즈메리는 솔잎을 닮았으며, 은녹색 잎을 가진 키 큰 잡목으로 이 잎을 말려서 그대로 또는 가루로 만들어 사용한다. 신선한 향을 갖고 있는 마늘 형태의 향료이다. 감자요리에 많이 쓰이며, 수프, 로스트비프 수프, 스톡의 향미에 쓰인다.

Rotel {로텔}

Road Hotel의 줄임말로 도로상에 위치하여 이용객이 편리하도록 교통 및 숙박시설을 갖춘 서비스 형태의 호텔로서, 1916년 독일의 슈투트가르트에서 처음으로 생겨났는데, 자동차 여행객이 이용하는 모텔과 같은 숙박업소라 할 수 있다.

Roulette {룰렛}

룰렛은 '카지노 게임'의 여왕이라 불우며, Wheel 안에 Ball이 회전하다 Pocket 안에 들어간 번호가 Winning Number이다. 그 번호라든가 High, Low, Color, 홀수, 짝수 등에 배팅하며 승부하는 게임이다.

Round Table Shape {원형 테이블}

원형 테이블은 2~10인용까지 수용하여 식사는 물론 디너쇼나 패션쇼 등의 테이블을 배치할 때 많이 쓰인다. 테이블은 무대를 중심으로 중앙 부분을 고정한 뒤 앞줄부터 맞추면서 배열하면 되나 뒷줄은 앞줄의 중앙부분이 보이도록 엇박자로 맞추기도 한다.

Roux {루}

밀가루와 버터를 무게를 기준으로 1 : 1 비율로 넣고 볶은 것을 말하고, 각종 소스와 수프를 만드는 재료로 사용된다. Roux Blanc는 가루를 흰색이 되도록 살짝 볶은 것이며, Roux Blond는 밀가루를 엷은 갈색이 되도록 볶은 것이다. 그리고 Roux Brun은 밀가루를 진한 갈색이 되도록 볶은 것이다.

Roy Hubert Method {로이 휴버드 방법}

이 방식은 1960년대 미국호텔모텔협회(AHMA)에서 채택한 방법으로, 1970년대 우리나라도 이 방법을 도입하였는데 목표이익을 미리 설정하고, 평균객실요금을 산출하는 방법인 것이다.

Royalty {로열티}

일반적으로 특허권과 저작권 사용료, 인세 등 전용권을 가진 사람의 허락을 받아 권리를 행사하고 권리권자에 대해 지급하는 요금을 말한다.

R.T.E {Ready to Eat}

조리가 완료된 상태를 뜻하며, 원가요인 분석에서 요리 또는 식사로 제공되기 직전 단계까지 준비된 원재료의 원가이다.

Ruban {루반}

요리 시 야채를 리본 모양으로 자르는 방법이다.

Rubber Mat {고무매트}

고객이 목욕할 때 욕조 안에서 미끄러지는 것을 방지하기 위한 고무판으로, Bath Mat라고도 한다.

Rug Joint {러그조인트}

융단을 깔듯이 화려하게 치장한 부대시설, 특색 있고 다양한 게임 및 게임장비와 연회장, 카지노는 물론 여흥 프로그램까지 완벽하게 갖추고 있어 많은 경비부담을 지니고 있다.

Rule-of-thumb Rate {건축비에 의한 객실가격}

객실가격 구성에 대해 1/1, 000 비율로 부가하는 호텔에 객실요금을 정하는 것에 대한 유도지표이다. 이것은 호워드 방법(Horwath Method)의 객실요금 결정 방법이다.

Rum {럼}

Rhum 또는 Ron으로도 같은 뜻이며, 사탕수수를 원료로 하여 만든 증류주이다. 이것의 어원은 원산지인 프에르토리코(Puertorico)의 원주민의 언어인 럼블리언(Rum-bullion : 흥분)이란 단어에서 생겨났다고 한다.

{Rum의 분류}

- 맛에 의한 분류
- Heavy Rum : 맛이 강하고 색이 짙은 갈색이다.
- Medium Rum : 맛이 강하지 않고 색이 연한 갈색이다.
- Light Rum : 부드럽고 델리케이트한 맛으로 청량음료와의 칵테일 혼합에 적당하다.
- 색에 의한 분류
- Dark Rum : 색이 짙고 갈색이 나는 것으로 자메이카산이 이에 속한다.
- Gold Rum : Amber Rum이라고 불리어지며 캐러멜 색소로 착색한 것이다.
- White Rum : 백색 또는 무색으로 Silver Rum이라고 불리며 칵테일용이다.

Run of The House Rate {런 오브 더 하우스 레이트}

호텔 객실료방식을 단체용으로 설정하되, 스위트를 제외한 모든 객실에 있어서 최소요금과 최대요금 사이에 평균요금으로 결정하는 협정가격으로 객실료는 최저 이용 가능한 객실을 기준으로 한다.

Runner {런너}

여러 가지 의미를 있으며, 저장실에서 식음료를 식당에 운반하는 사람을 뜻하기도 하고, 객실 복도에 까는 좁고 기다란 카펫을 뜻하기도 한다. 청소가 완료된 객실 침대 위에 까는 좁고 긴 천을 뜻하기도 한다. 즉 런너는 좁고 긴 천을 뜻하는 것으로 손님을 받기 위한 모든 준비가 완료되었다고 보면 된다.

Rush Periods {러시 피어리어드}

다른 시간대보다 많은 고객들이 입장하는 시간을 뜻한다.

Rusk {러스크}

살짝 구운 빵이나 비스킷을 뜻한다.

Russian Service {러시안 서비스}

러시안 서비스는 호텔이나 고급 레스토랑에서 폭넓게 사용되는 서비스 형태이다. 러시안 서비스는 음식이 주방에서 은쟁반에 준비되고 웨이터가 고객에게 서비스한다. 러시안 서비스는 연회 행사에 많이 이용되는 형태로 일정한 시간에 많은 인원을 서비스할 수 있는 것이 특징이다.

Ryokan {료칸}

다다미를 이용한 일본의 전통여관을 뜻한다. 현재도 일본에는 이와 같은 여관이 성업 중에 있다.

Sabra {사브러}
초콜릿 맛을 느끼게 하는 이스라엘산의 오렌지 리큐르이다.

Safe Deposit Box {귀중품 보관소}
호텔 객실에 투숙하는 고객의 귀중품을 보관해 주는 금고로, 프런트 캐셔가 관리하는데, 일반 고객도 이용할 수 있지만 Key를 분실할 경우는 많은 수리비용을 지불해야 한다.

Saffron {사프란}
붓꽃과에 속하는 다년 생풀로 마늘 비슷한 비늘줄기가 있고, 사프란은 스페인, 이탈리아, 프랑스 등 유럽에서 재배하며 요리에 사용되는 사프란은 이 꽃의 암술만을 색에 따라 분류한 것이다. 스페인의 요리 및 황색 계통의 과자를 만들 때 쓰이며 최고의 향료이다.

Saffron Cake {사프란 케이크}
영국 Cornwall 지방의 전통적인 과자로 유명하다.

Sage {세이지}
Salvia(쑥)의 일종으로, 건조시킨 Sage(Sagebrush)는 잎 부분만 사용하며 향은 강하고 약간 쓴맛이 난다. 돼지고기 요리에 특히 조화가 잘 되어 소시지나 생선구이 등에 쓰이는 최고의 향료이다.

Saint Marcellin {생 마르슬랭}
프랑스산 연질 치즈로 지방 함량은 50% 정도이며, 소형의 원반형으로 껍질에는 청회색 곰팡이가 피어 Blue Cheese라고도 한다.

Saint Maure {생 모르}
프랑스산 염소젖 치즈로 막대 모양을 하고 있다.

Salad {Vagetable}
샐러드란, 라틴어의 'Sal' 소금에서 비롯된 말로서 싱싱한 야채를 주재료로 하여

소금을 가미하면 되는 것이다. 샐러드는 야채와 과실, 생선, 육류, 조류 등 어느 재료와도 잘 어울리며, 여러 가지 특성이 있는 드레싱과 함께 제공되기도 한다. 샐러드는 크게 Simple Salad(순수한 야채로만 구성)와 Combined Salad(다양한 야채와 과실, 생선, 육류, 조류 등이 혼합된 샐러드)로 나누어지는데, 다음과 같다.

{Simple Salad}

- Green Salad : 순수한 그린 색으로 구성된 야채샐러드이다.
- Leaf Salad : 먹을 수 있는 잎으로 구성된 야채샐러드이다.
- Vegetable Salad : 여러 가지 야채를 혼합하여 만든 샐러드이다.

{Combined Salad}

- Fruit Salad : 야채와 함께 과실이 제공되는 샐러드이다. Fresh Fruit Salad.
- Fish Salad : 야채와 함께 생선이 제공되는 샐러드이다. Tuna Fish Salad
- Meat Salad : 야채와 함께 육류가 제공되는 샐러드이다. Beef Salad.
- Poultry Salad : 야채와 함께 조류가 제공되는 샐러드이다. Turkey Salad.

Salamander {샐러맨더}

그리스-로마 신화에 나오는 신의 이름에서 따온 조리기구로, 음식 내용물 위해서 불을 쬐여서 조리하는 조리법이다.

Salami {살라미}

돼지고기나 소고기를 원료로 레드와인과 진한 양념을 넣어 만든 이탈리아식 훈제소시지의 일종이다.

Sales Promotion {판매촉진}

기업이 자사제품이나 서비스의 판매를 촉진하기 위해 수행하는 모든 촉진활동을 포함한다. 호텔 레스토랑에서는 외국의 전통음식과 민속춤 등을 선보여 호텔 음식과 서비스를 프로모션 하기도 한다.

Salisbury {살리스버리}

햄버거와 유사한 것으로, 갈은 고기와 빵가루, 우유 등에 양념하여 만들어 2cm 정도 두께와 넓이로 뭉친 고기를 말한다.

Salmon {연어}

산란 전에는 살이 붉고 중량감이 있으며, 산란 후에는 중량감이 줄어들며 수컷

보다 암컷이 좋다.

Salmon Caviar {살몬 캐비아}
태평양 연안에서 잡히는 연어의 알이다.

Salon Room {살롱 룸}
호텔 객실 중 스위트룸에 달려 있는 팔러 룸이라고 할 수 있다.

Salpicon {살피콘}
요리에서 야채를 사각형으로 자르는 방법이다.

Salsa {살사}
이탈리아어로 '소스'라는 뜻이다.

Salt and Pepper {솔트 앤 페퍼}
레스토랑에서는 보통 이것을 테이블중앙에 놓기 때문에 Center Piece, Caster Set 이라고도 한다. 테이블 세팅 시 중심이 되는 기물 중 하나이다.

Sample Room {Display Room}
판매용 객실이 아니라 회사가 지사의 상품을 전시, 진열할 목적으로 임대한 호텔의 객실을 일컫는다.

Samsoe {삼소}
덴마크산 경질치즈로 가온 압착하여 만든다. 원반형이거나 사각형인데 구멍이 있고 맛은 온화하다.

Sancerre {상세르}
프랑스산 염소젖 치즈로 원추의 꼭대기를 잘라낸 모양이다.

Sanitary Bag {위생 백}
여성고객의 눈에 보이지 않게 처리하여야할 물건들을 넣기 위한 주머니로, 대부분 호텔 욕실에 비치하고 있으며, 불순물이 새어나오지 않도록 내부에 비닐로 코팅이 되어 있다.

Sanitary Tape {위생테이프}
위생상 변기청소는 철저해야 한다. 빈번히 교체되는 고객들이 사용하는 관계로 고객들은 위생적인 청소여부에 크게 신경을 쓰고 있다. 그러므로 메이드가 위

생적으로 청소가 끝나면 변기커버와 시트를 함께 위생테이프로 감는다. 위생테이프는 변기커버를 열면 터지도록 되어있어 재사용할 수 없다.

Sapsago Cheese {삽사고 치즈}
경질치즈로 스위스에서 약 500년 동안 만들어지고 있는 원추대형 치즈로, 분말상태인 것을 식용하는데 버터와 섞어서 빵에 발라먹는다.

Sardine {정어리}
청어과의 일종으로 등푸른 생선이다. 단백질이 풍부하고 기름을 많이 함유하고 있다.

Sauce {소스}
소스는 라틴어의 Sal(소금)에서 나온 것으로, 이는 소금을 기본으로 하여 만들어졌다는데서 유래되었다고 한다. 소스는 크게 뜨거운 소스와 찬 소스로 나누어지는데, 종류를 살펴보면 다음과 같다.

- Bechamel Sauce(베샤멜소스) : Sauce Mornay, Sauce Creme, Sauce Soubise.
- Espagnoll Sauce(에스파뇰소스) : Sauce Dianne, Sauce Madere, Sauce Piquance.
- Veloute Sauce(베루떼소스) : Sauce Aux Capres, Sauce Cham-pion.
- Tomato Sauce(토마토소스) : Sauce Portugaise, Sauce Provencale.
- Hollandise Sauce(홀랜다이즈소스) : Sauce Mousseline, Sauce Mlataise.
- Mayonnaise Sauce(마요네즈소스) : Tartar Sauce, Tyroline, Sauce.

Sauce Boat {소스보트}
테이블서비스를 할 때 음식과 함께 나가는 소스를 담는 보트 모양의 용기라고 할 수 있다.

Saucer {사우서}
보울이나 컵 및 핑거볼 등을 받치는 접시로, Underliner라고도 한다.

Sauer Braten {사워 브라튼}
독일 남부의 요리로, 식초에 절인 소고기, 돼지고기를 뜻한다.

Sauerkraut {사우어크라우트}
잘게 썬 양배추에 식초를 쳐서 마요네즈로 버무린 독일식 김치를 뜻한다.

Sausage {소시지}
다진 고기에 양념과 야채를 섞은 송아지, 돼지 등의 창자 속에 넣고 삶아서 만든 음식을 말하며, 훈제한 소시지, 소고기와 돼지고기를 섞어 만든 프랑크 푸르터 등이 있다.

Saute {소테}
소테는 기름에 살짝 튀긴 것을 말한다. 약한 불에서 뜨겁게 달구어진 팬에서 짧은 시간에 익혀내는 방법으로, 고기나 야채의 표면조직을 익히되, 내부의 영양분이 밖으로 흘러나오지 않도록 하는 조리방법이다.

Sauternes {쏘턴}
세계적으로 유명한 Sweet White Wine을 생산하는 산지로, 프랑스 보르도지방의 지역명이다.

Savory {세이버리 : Savoury}
식전, 식후의 짭짤한 맛이 나는 요리로, 디저트 코스에 나오는 것으로, 짜거나 매콤한 요리를 카나페 위에 놓아 서브하며, 치즈 종류가 많다.

Savoy {사브아}
양식요리에 사용되는 야채로, 양배추의 일종이다.

Savoy Cabbage {사보이 캐비지}
초록, 황색잎이라 분별하기가 쉬우며, 녹색양배추보다 봉오리가 더 넓게 퍼져있고 부드럽다.

Sawdust Joint {소더스트 조인트}
규모가 작고, 품위 없는 Gambling 시설로 이용자 형태를 작은 금액으로 플레이하는 고객을 유치하여 Gaming Style로 시설투자 및 경비부담을 경감하는 효과가 있으나, 삼류라는 이미지를 벗어나기 힘들다.

Scalding {스콜딩}
비등점에 오르지 않을 정도의 온도에서 가열하여 밀크를 데우는 방법이다.

Scaling {스케일링}
계량을 하는 과정으로, 조리 시 무게를 재는 일은 매우 중요한 일이다.

Scallop {스칼롭}
가리비과에 속하는 대합으로, 패류껍질이나 판에 요리를 담아 빵가루나 버터를 뿌려 조리하는 것이다.

Scaloppine {스칼로삐네}
이탈리아 요리로 송아지다리 부분에서 잘라낸 작고 얇은 고기로서 소금, 후추로 양념하여 밀가루를 뿌린 후 소테하여 마테리아 소스를 곁들인다.

Scampo Lobster {스캄포 랍스터}
긴 촉수, 머리와 가슴에 가시가 있지만 집게발이 없는 갑각류로서 속살은 매우 맛있으나 바닷가재보다 건조한 맛이 있다.

Schwarzwalder {스왈즈왈더}
체리를 원료로 하여 만든 버찌술(Kirschwasser)로, 독일제품이 유명하다.

Scoop {스쿱}
국자라는 뜻이며, 설탕, 소맥분, 아이스크림 등을 푸는 기구이다.

Scotch Whisky {스카치위스키}
스코틀랜드의 맥아와 전통적인 단식증류방법(Pot Stills)에 의하여 생산되는 스코틀랜드산 위스키로서, 최소한 3년 이상 숙성한 80~86proof로 하여 수출된다.

Scrambled Eggs {스크램블 에그}
계란을 깨어 잘 휘저어서 우유, 소금, 후추 및 기타 조미료를 가미한 다음, 프라이팬에 버터를 바르고, 계란을 깨어 익는 대로 휘저으면서 볶는 것이다.

Scrapple {스크래플}
기름요리의 일종으로, 잘게 저민 돼지고기, 야채, 옥수수가루 따위로 만든다.

Screw Capped Wine {스크류캡 와인}
스크류캡 와인은 오래 보관하지 못하므로 빨리 소비되어야 하는 와인이다.

Screw Driver {스크류 라이버}
보드카와 오렌지주스를 섞어 만든 칵테일이다.

Screw Top {스크류 탑}
술병과 같은 병뚜껑을 돌려서 막는 마개이다.

Sea Cucumber {해삼}

해삼류 몸은 보통 밤색과 갈색이 서로 엇길리어 얼룩얼룩한 무늬를 이루고 있지만 살은 식용되고 영양가가 높다.

Sealed Bid Buying {비밀입찰 구매}

필요한 상품의 목록을 입찰신청서와 함께 업자들에게 보내면 업자들은 거기에 가격을 기입해서 봉함우편으로 다시 우송한다. 일반적으로 업자들은 입찰신청서와 함께 보증수표나 계약보증금을 우송하도록 되어 있다. 공개입찰을 할 경우에는 최저가격의 입찰자에게 낙찰된다.

Seamstress {재봉사}

호텔 린넨류의 파손품 수리와 고객용 세탁의 파손부분을 보수 및 유니폼보수가 주요업무이다.

Seaport Hotel {항구호텔}

항구에 위치한 호텔로 선박이 출입하는 항구부근에 위치하고 있으며, 여객선이나 크루즈를 이용하는 선객과 선박에서 근무하는 승무원 및 선원들이 주로 이용하는 호텔이다.

Seasonal Menu {계절별 메뉴}

계절에 따라 출하되는 과일, 채소, 특산물 재료를 가지고 만드는 메뉴 구성을 말한다.

Seasonal Rate {계절별 요금}

판매촉진을 도모하기 위하여 동일한 상품을 계절에 따라 가격의 변동을 허락하는 차별요금제도를 말한다.

Seasoned {시즌드}

고객의 식성에 맞는 양념을 넣어 맛을 맞춘 음식을 말한다.

Seasoning {시즈닝}

양념을 하여 간을 맞추는 것을 뜻하며, 조미료의 의미하기도 한다.

Seat No {좌석 번호}

연회장 또는 레스토랑 테이블의 좌석번호로, 서비스와 안전에 만전을 기하기 위해 정하여 놓은 번호이다.

Second Class Hotel {2등급 호텔}
우리나라 관광호텔은 5등급으로 나누어져 있는데, 2등급 호텔은 1급 호텔보다 낮은 시설과 서비스가 제공되지만, 여러 가지 면에서 경제적 관광호텔을 말한다.

Second Cook {보조요리사}
요리장을 보조하고 일반 요리지도와 준비 상황을 확인하고, 주방의 모든 업무를 확인하는 업무를 한다.

Security {안전}
호텔 경비업무로서 호텔 내 · 외부에서 고객의 안전과 직원을 보호하는 업무를 담당한다. 때에 따라서는 고객의 수하물을 조사하기도 한다.

Security Department {안전 관리부}
호텔의 안전 관리부는 고객에게 안전하고 안락한 호텔 분위기를 제공하는데 있어, 중요한 역할을 수행하는 부서이다. 직무역할은 소방 대피업무, 비상 시 대피업무, 고객재산의 보호 등이다.

Sediment {세디먼트}
병속에 발생하는 침전물을 뜻하는데, 와인의 경우도 침전물이 생기는 경우도 있다.

Self Service {셀프서비스}
뷔페식당의 서비스 방식으로 단체고객의 아침식사 및 브런치 스타일로 각자가 선호하는 음식을 가져다 먹는 서비스 형식으로, 만들어 놓은 음식을 직접 가져다먹기 때문에 신속한 식사를 할 수 있으며, 호텔 측은 인건비를 절감할 수 있다.

Sell-through {셀 드러우}
예약 업무용어로서 예약하지 않은 도착손님을 받지 않는 날짜를 표시한 것이지만 사전 예약손님은 받는다.

Selling Up {셀링업}
호텔에서 판매촉진을 위해 이미 예약된 객실의 요금보다 높은 가격의 객실을 선택하도록 권유하는 경영방법이다.

Semi-double Bed {세미-더블침대}

더블베드의 약 3/4 크기의 침대로서 Three-quarter Bed라고도 한다.

Senior Bartender {시니어 바텐더}

호텔 식음료 영업장 중 Bar에 근후하고 있는 직원, 즉 바텐더나 Bar Boy를 감독할 임무를 띠고 있으며, 월말재고조사(Monthly Inventory)도 할 수 있는 Head Bartender를 말한다.

Serial Call {시리얼 콜}

직원들이 Official Call로 전화가 걸려올 때 정확한 통화시간을 알기 위해 사용하는 작동법으로, 통화가 끝난 후 자동적으로 통화가 끝났음을 통보해 주는 신호이다.

Servery {서버리}

레스토랑 영업을 위해 반찬이나 기물류 등을 준비하는 공간이다.

Service {서비스}

서비스란 가장 일반적인 용어이면서도 실천하기 어려운 용어로, 어떤 서비스의 대가를 받을 만큼 제공하는 한정된 서비스가 아닌 인간미가 담긴 인적서비스가 물적 서비스에 부가된 서비스를 뜻한다. 호텔에서의 서비스는 고객에게 부담을 주지 않는 진심에서 우러나오는 서비스여야 한다. 호텔 시설이 아무리 훌륭하고 뛰어났다 하더라도 그 곳에서 일하는 직원의 봉사정신이 결여 된 상태에서의 서비스를 제공은 훌륭한 시설들도 빛을 잃을 것이다.

Service Bars {서비스 바}

레스토랑과 같이 직원이 주문을 받아 바텐더에게 전달하면 주문한 음료를 종업원이 고객에게 서빙하는 바를 말한다.

Service Charge {봉사료}

외국의 호텔이나 레스토랑에서는 고객이 직원의서비스에 대하여 Tip을 주는 것이 일반적인 관례이다. 그러나 우리나라는 외국에서 볼 수 있는 것과 같은 팁의 관례는 다르다. 따라서 우리나라 호텔의 봉사료는 독특한 제도로 고객의 숙박이나 식음료에 대한 소비액에 일률적으로 10%의 금액을 청구하는 방식이 법제화 되어 있다.

Service Elevator {직원 승강기}

벨맨, 룸서비스, 객실청소 등을 담당하는 호텔직원들이 사용하는 승강기로, 직원 전용승강기를 말한다.

Service Plate {서비스 플레이트}

서비스 플레이트는 주요리 접시와 같은 크기의 접시로서, 일종의 장식접시라고 할 수 있다. 그러므로 은이나 고급재료를 사용하여 만들며 그 모양이나 디자인이 호화스럽게 제작 된다. 접시에는 호텔이나 레스토랑의 '로고'나 상징물 혹은 마크의 무늬를 넣어 만든다.

Service Room {서비스 룸}

객실이 있는 층에 소모품 창고와 직원이 사용할 수 있는 공간이며, 레스토랑 영업을 위한 모든 집기를 정리해 둔 공간으로 Party Room이라고도 한다.

Service Sequence {서비스 순서}

음식을 서비스 할 때는 음식이 나오는 순서를 말한다.

Service Spoon and Fork {서비스 스푼과 포크}

일반적인 디너 스푼이나 포크보다 크며, 직원들이 음식을 덜어내거나 서브할 때 사용하는 스푼과 포크를 말한다.

Service Station {서비스 스테이션}

영업을 위해 사전 준비물을 갖추어 놓은 테이블 또는 서비스 공간을 의미한다.

Service Towel {서비스 타월}

레스토랑직원들이 사용하는 클로즈는 면으로 된 수건으로, 팔에 걸치는 수건으로 암 타월(Arm Towel)이라고도 한다. 이것은 수저류, 접시류, 글라스 류를 마지막 손질 할 때 혹은 뜨거운 접시나 기물 등을 받쳐 들 때, 음식을 엎질렀을 때, 혹은 식탁 위에 빵부스러기를 쓸어낼 때 쓰이며, 이것은 위생수건이기 때문에 본래의 용도 외에 사용해서는 안 된다.

Servidor {서비도어}

서비스 도어의 단축어로 우편물, 세탁물 따위를 넣어 주기 위하여 호텔객실에 마련한 작은 창을 뜻한다.

Sesame Leaf {깻잎}

참깨과에 속하는 1년생 풀로 밭에 심어 가꾸는 농작물이다. 씨는 참깨라고 하여 볶아서 양념에 쓰이며, 어린잎은 식용으로 쓰인다.

Set-up {셋업}

테이블마다 손님이 스스로 이용하도록 술과 얼음 등을 충분히 놓아두는 것을 의미한다. 그리고 레스토랑에서 메뉴의 코스에 따라 고객이 주문한 음식의 순서에 따라 손님이 사용하기 편리하도록 식탁 위에 나열하는 것을 말한다. 일반적으로 이러한 경우 테이블 세팅이라고도 한다.

Seven-day Forecast {주간 수요예측}

호텔의 예약부서에서 예측하는 자료로서, 예약 고객에 대한 1주일간의 수요예측을 프런트, 하우스키핑 등 관련부서에 자료를 제공하는 것을 말한다.

Sewing Kit {쏘우잉 키트}

객실 Amenity의 하나로, 단추와 실, 바늘이 들어 있은 바늘 쌈지를 말하며, 객실에 준비되어 있다.

Shade {셰이드}

전기스탠드에 씌우는 갓을 뜻한다.

Shake-up {셰이크 업}

두 종류 이상의 위스키 등을 칵테일 한 음료를 말한다.

Shaker {셰이커}

음료를 섞을 때 사용하는 기구이며, 잘 섞이게 하고 동시에 내용물을 제거하기도 한다. 셰이커는 세부분으로 나누어지는데, 뚜껑, 거름기, 몸통으로 구분된다.

Shaking {흔들기}

칵테일을 주조 할 때 얼음덩어리와 위스키 등을 Shaker에 넣고 흔들어 배합하는 과정을 말하며, 내용물이 잘 섞이지 않을 때는 Shaker에 얼음과 같이 넣어서 흔들어야 한다.

Shallot {샬롯}

양파의 변종으로 줄기는 하나가 아니고 여러 개가 송이처럼 되어 있다. 맛은 양파와 차이는 없으나, 회색으로 향기가 있고 팬에 구우면 향내가 난다.

Shallow Frying {섈로 프라잉}
깊이가 얕은 팬을 사용하며 팬을 뜨겁게 한 뒤, 기름과 버터를 넣어 급히 익혀내는 방법으로, 스테이크조리 시 고기의 표면조직을 수축시켜 내부의 영양분과 고기즙이 밖으로 흘러나오지 않도록 조리하는 방법이다.

Shandy {섄디}
맥주와 레몬향을 혼합하여 알코올 함유량을 1~2도 정도의 음료용 맥주로서, 유럽지역에서 여성용으로 많이 생산된다.

Shaved Ice {셰이브 아이스}
가루얼음을 뜻하며, 빙수용으로 쓰이는 얼음과 같이 눈처럼 곱게 빻은 얼음이다.

Sheet {시트}
매트리스와 이불 사이에 깔아주는 홑이불이다.

Sheer Curtain {시어 커튼}
호텔 객실에는 대부분 2개의 커튼이 있는데, 그 중 얇고 미치는 커튼을 망사 커튼이라고 하며, 레이스 커튼이라고도 한다.

Sherbet {셔벗}
불어로는 '소르베(Sorbet)'라고 불리며, 과즙과 리큐어를 사용하여 만든 빙과를 말한다. 과즙, 설탕, 물, 술, 계란흰자 등을 사용하여 만드는 저칼로리식품으로 시원하고 산뜻하여 생선요리 다음에 제공하거나 후식으로 제공하는데, 이는 소화를 돕고 입맛을 상쾌하게 해주기 때문이다.

Sherry {셰리}
스페인산 백포도주를 말한다. 이것은 포도수확기에 포도의 잎을 쳐서 일광에 오래 건조시켰다가 통속에 담가 블로르(Flor)라고 하는 효모를 발효하여 양조한 포도주이다.

Shift {근무조}
호텔은 24시간 영업을 하기 때문에 근무자의 근무조를 나타내는 것으로, 일반적으로 A조(오전근무), B조(오후근무), C조(야간근무)로 되어 있다.

Shift Sheet {시프트 시트}
근무자의 근무 스케줄을 나타낸 시트로 나타낼 수도 있고, 카지노에서는 교대시마다, 그에 따른 각 게임들에 대한 이득과 손실을 계산 기록하는 장부로 설명할 수도 있다.

Shoe Horn {슈 혼}
구둣주걱을 뜻하는 것으로 객실의 옷장 안에 비치한다.

Shoes Rag {구두닦이 천}
호텔에 따라 구둣솔을 비치하는 곳도 있으나, 구둣솔보다는 천이 사용하기에 편리하고 위생적이어서 이를 비치해 놓은 호텔이 많다. 천 종류는 얇고 부드러우며 주머니처럼 만들어져 그 속에 손가락을 넣어 닦을 수 있다.

Short Bread {쇼트브레드}
부서지기 쉬운 카스텔라식의 과자, 즉 버터, 설탕, 밀가루로 만든다.

Short Cake {쇼트케이크}
과일을 카스텔라 사이에 끼우고 크림을 얹은 과자이다.

Short Drink {쇼트 드링크}
용량이 적은 6oz(180㎖) 미만의 칵테일글라스에 제공되는 음료를 말한다.

Shot {샷}
술의 양을 나타내는 단위로, 1oz(Ounce)를 말한다.

Shot Glass {작은 유리잔}
샷 글라스는 용량이 1oz(Ounce)로 작은 글라스이다. 일명 스트레이트 글라스라고도 표현한다.

Shoulder {숄더}
어깨라는 뜻도 있지만, 성수기와 비수기 사이의 기간을 가리키는 마케팅 용어이다.

Show Plate {쇼 플레이트}
쇼 플레이트는 서비스 플레이트와 같은 말이며, 주요리 접시(Entrée Plate)와 같은 크기의 접시로서 은이나 고급재료를 사용하여 만들며, 그 모양이나 디자인이 호화스럽게 제작된다.

Shower {샤워}

호텔객실의 욕조벽에 부착된 샤워기를 뜻한다.

Shower Cap {샤워 캡}

호텔 객실의 욕실 안에 준비되어 있으며, 샤워 할 때 사용하는 비닐 모자를 일컫는다.

Shower Curtain {샤워 커튼}

욕조, 즉 Bath Tub에 들어가 샤워할 때 물이 밖으로 튀지 않게 하기 위한 커튼이다.

Shower Hanger {샤워 행거}

욕실 또는 샤워부스에 설치되어 있는 샤워기를 걸어 놓을 것을 뜻한다.

Shut out Key {셧아웃 키}

귀금속을 다루는 고객의 요구에 의해, 고객 부재 시 어떠한 직원도 개방 또는 출입 할 수 없도록 고안된 장치이다.

Side Board {사이드 보드}

객실의 침실과 응접실을 분리하여 사용하는 경우, 침대가 보이지 않도록 침대 뒷면에 위치한 칸막이를 뜻한다.

Side by Side Room {사이드 바이 사이드 룸}

2개의 객실이 연속해서 연결된 룸을 뜻하기도 하지만, 연결된 객실 사이 문을 열어 1개의 객실로 사용할 수도 있다.

Side Car {사이드 카}

칵테일이름으로, 제1차 세계대전 당시 프랑스 파리의 목로주점거리에서 사이드카를 타고 달리던 군인이 처음 만들어낸 술이라 하여 파리의 Ritz에서 일하는 Frank라는 바텐더가 Recipe를 정립시킨 술이다.

Side Chair {사이드 체어}

레스토랑 등에서 인원에 비하여 적은 테이블에 여러 사람이 같이 앉을 목적으로 놓는 팔걸이 없는 작은 의자이다.

Side Dish {사이드 디시}

술을 마실 때 안주라는 의미로 쓰이기도 하지만, 주 요리에 곁들여 나오는 요리를 말한다.

Side Order {사이드 오더}
요리 주문 시 코스 이외의 추가 주문을 말한다.

Side Work {사이드 워크}
근무시작 전에 업무의 효율성을 높이기 위하여 준비하는 것을 뜻한다. 즉 레스토랑 영업시작 전에 테이블 정렬, 세팅, 소금, 설탕, 후추 등 보충, 청결유지 등을 준비하는 추가적인 업무를 말한다.

Sightseeing Tour {경치관광}
경치를 감상하기 위한 여행이라 할 수 있다.

Sightseers {관광객}
경치를 보기위해 흥미를 가지고 있는 관광지로 이동하는 사람을 말한다.

Signature {서명}
우리나라에서는 'Sign'이라고 통상적으로 사용하는데, 서류에 본인이 직접 서명날인하는 것을 뜻하며, 영어권 손님에게 사인이라고 하면 이해를 하지 못하므로, 'Signature'라고 표현해야 한다.

Silverware {실버웨어}
식당기물 중에서 은으로 도금되어 있는 식기류를 말한다.

Silvowitz {실보위츠}
살구를 원료로 하여 만든 술로, 루마니아와 유고슬라비아 일부의 국민주를 말한다.

Simmering {시멀링}
섭씨 85℃의 약한 불에 끓이는 것을 말한다.

Simple Salad {순수 샐러드}
순수 샐러드는 한가지의 야채만으로 만들어졌으나, 현재는 한 종류의 야채보다는 여러 가지 야채를 적당히 배합하여 영양, 색, 맛 등이 조화되도록 변화되었으며, 각종 드레싱이 곁들여진다.

Single {싱글}
음료에서 싱글이라고 하면 1 Ounce, 즉 30㎖의 분량을 나타내기도 하지만, 1인

용이라는 뜻으로 설명되기도 한다.

Single Rate {싱글 레이트}
고객이 싱글 룸을 예약하고 호텔에 들어왔을 때 호텔 측의 사정으로 싱글 룸 제공이 불가능 할 경우, 호텔측은 싱글 룸보다 가격이 높은 더블 룸이나 트윈 룸을 제공하고, 요금은 싱글요금을 적용시키는 경우를 말한다.

Single Room {싱글 룸}
1인용 베드를 설비한 객실로, 보통 기준면적은 13m^2 이상이어야 한다.

Single Service {싱글 서비스}
레스토랑에서의 1인분을 싱글 서비스라고 하며, 다른 의미로는 단 한 번 사용하기 위해 한 번 사용하고 버리는 종이나 냅킨 등을 말한다.

Single Supplement {싱글 서플리먼트}
호텔객실의 전체 가격을 더블 아큐펀시(Double Occupancy) 객실 사용료에 기초했을 때, 싱글 아큐펀시(Single Occupancy) 사용료에 대해 할당한 투어 패키지 가격(Tour Package Rate) 이상의 특별요금이다.

Single Use {싱글 유스}
2인용의 객실을 1인이 투숙하는 경우로, 보통 객실요금에 대하여 10% 정도 할인할 주는 것을 말한다.

Sippet {시피트}
다진 고기에 곁들여 굽거나 프라이한 빵조각을 말하며, 대표적인 것으로 바삭바삭한 Melba Toast를 들 수 있다.

Sirloin {등심}
소고기의 등 쪽으로 안심과 갈비 부위 근처에 있는 부위로, 영국의 찰스II세가 즐겨먹던 고기로서, 이 스테이크는 남작의 작위를 받을 만큼 훌륭하다 하여 Loin에 Sir를 붙여 Sirloin이 되었다고 한다.

Sitting Room Enuite {시팅 룸 엔스위트}
침실과 연결된 객실, 즉 거실을 뜻한다.

Skewering {스큐어링}

요리하는 방법으로 육류나 어류, 가금류를 기다란 대나무 혹은 쇠꼬챙이에 다른 부재를 곁들여 꿰어서 조리하는 기법이다.

Skip Account {스킵 어카운트}

호텔을 이용한 고객이 아직 계산하지 않은 계정을 의미한다.

Skipper {스키퍼}

호텔 객실, 레스토랑, 기타 부대시설을 사용하고, 정상적인 절차로 계산하지 않고 몰래 도망가는 고객을 말한다.

Skirt {스커트}

객실침대의 스프링 박스 밑이 보이는 것을 가리기 위해 두루는 천을 스커트라고 한다. 또한 벽지의 아래 부분을 보호하기 위하여 부착된 띠 또는 가구의 가장자리장식을 뜻하기도 한다.

Sleep Out {슬립 아웃}

호텔에서는 고객에게 객실을 판매하였지만, 고객은 객실 안에 짐과 옷 등을 놔두고, 사용하지 않은 것을 말한다.

Sleeper {슬리퍼}

객실이 비어있어서 판매 할 수 있는 객실이지만, 객실 점검이 제대로 이루어지지 않아 고객이 투숙한 객실로 오인된 경우를 말한다.

Sleeper Occupancy {슬리퍼 어큐펀시}

판매할 수 있는 침대수와 이미 판매한 침대수와의 관계비율을 말한다.

Slice {슬라이스}

레몬이나 오렌지의 껍질을 얇게 자르는 것을 말하며, 풀 슬라이스(Full Slice)는 통째로 얇게 자르는 것을 말하고, 하프 슬라이스(Half Slice)는 절반으로 쪼갠 다음 다시 얇게 조각을 내는 형태를 말한다. 전자의 것은 목이 없는 글라스(Cylindrical Glass)에 데커레이션 하면 좋고, 후자의 것은 목이 긴 글라스(Stemmed Glass)에 장식하는 것이 적당하다.

Sling {슬링}

독일어의 마신다고 하는 'Schingen'에서 비롯된 말로, 증류주에다 단맛과 신맛을 더해 희석하는 것이 기본형이다.

Sloe Gin {슬로진}

자두술, 즉 야생 오얏을 원료로 하여 만든 진한 적색의 리큐어이다. 여성들이 즐기는 술이다.

Slot Machine {슬롯머신}

슬롯머신이란 투입구에 동전을 넣고 투기의 수단으로, 카지노에서 오락하는 것을 말한다.

Small Charge {스몰 차지}

소액화폐 또는 잔돈을 말한다.

Smoked {스모크}

연한생선을 조리할 때 많이 쓰이는 훈제 조리방법으로 연어, 장어, 송어 등을 Smoked Box 안에서 연기냄새가 스며들도록 조리한다.

Smorgasbord {스모가스보드}

스모가스보드는 스칸디나비아에서 유래된 것으로 뷔페의 어원이며, Smor는 Butter를 의미하고, Gas는 Goos와 같은 가금류를 의미하고, Bord는 Board을 말하는 것으로, 식탁위에 가금류 종류를 Roast하여 각종 Garnish(곁들인 요리), 빵, 버터 등을 함께 진열하고 먹고 싶은 대로 먹을 수 있는 뷔페라고 할 수 있다.

Snack {스낵}

간단한 식사를 뜻한다.

Snack Bar {스낵바}

서서 식사를 할 수 있는 간이식당을 말한다. 주로 Count Service와 Self Service 형식으로 제공된다.

Sneeze Guard {스니즈 가드}

뷔페용 테이블 같은 음식물 주변을 기침이나 재채기로부터 음식물을 보호하기 위해 유리나 보호플라스틱 막을 말한다.

Snifter {스니프터}

브랜디용 글라스로서 튤립 모양을 한 글라스이며, 윗부분이 좁은 서양 배 모양의 기둥이 있는 글라스도 있다.

Snow Style {스노우 스타일}

글라스의 가장자리에 Lemon 또는 Lime 즙을 적신 다음 흰 설탕가루를 묻히는 방식이다.

S.O.B {Source of Business}

고객을 유형별로 분류하여, 현재와 과거 자료를 바탕으로, 미래고객 유형을 예측할 수 있어 마케팅에서는 중요한 자료가 된다.

Soda Water {소다수}

탄산가스가 함유된 천연 광천수와 인공적인 제품이 있으며, 위스키용 칵테일로 많이 사용된다.

Sofa Bed {소파 베드}

펼치면 침대가 되고, 접으면 소파가 되는 조립식 침대로 스튜디오 룸에서 사용하고 있다.

Soft Drink {청량음료}

알코올 성분이 없는 음료로서 특히 칵테일과정에서 없어서는 안 될 재료이다. 콜라, 소다수, 진저에일, 토닉워터, 사이다 및 광천수, 영양음료(주스류 · 우유류), 기호음료(커피 · 차 · 인삼차) 등이 있다.

Sommelier {소믈리에}

와인 전문가로서 와인주문, 와인연도, 와인추천, 요리와 적합한 와인 추천(Cook Harmony with Wine), 와인창고 관리, 와인 진열과 고객으로부터 주문을 받고 직접테이블에 서브하며, 와인시음과 테스팅을 하는 사람이다.

Sontag Hotel {손탁호텔}

1902년 독일인(여성) Sontag(프랑스 혈통으로 제정 러시아에서 주로 거주)이 건립, 프랑스식 식당이 처음 서울에 등장했다. 현재의 서울정동 이화여고자리에 최초로 건립하여 서양가구, 장식품, 악기, 의류, 서양요리를 처음 도입하여 호텔을 1908년경까지 운영하였다.

S.O.P {Standard Operating Porcedure}
운영절차 또는 운영규정집을 뜻한다.

Sorbet {셔벗 또는 소르베}
정식(Full Course)에서 생선요리나 앙트레 다음에 나오며, 입 안을 청결하게 할 목적으로 귤을 넣은 과즙에 얼린 것을 말하는데, 와인, 향료, 과즙을 넣어 만들기도 한다. 아이스크림과 차이점은 밀크류를 사용하지 않는 것이다.

Souffle {수플레}
달걀의 흰자위에 우유를 섞어 거품을 일게 하여 구워 만든 디저트이다.

Soup {수프}
수프를 정의하면 수프는 고기 뼈나 야채와 향료를 섞어서 끓여낸 스톡을 기본으로 하여 각종 재료를 넣어 만든 것이다.

Soup Stock {수프스톡}
고기 뼈나 생선의 지느러미, 닭다리, 날개 등 조리용으로 사용할 수 없는 재료에 야채와 향신료 등을 넣어서 끓여낸 국물이다.

Soup Tureen {수프 튜린}
연회행사 및 레스토랑에서 여러 사람에게 수프를 제공하기 위한 깊이 파인 그릇이다.

Sour {사워}
신맛이 난다는 뜻으로, 셰이커에 얼음과 함께 넣고 흔든 후 글라스에 따른 후 레몬조각과 체리로 장식하는 산성음료이다.

Sour Cream {사워크림}
스테이크에 같이 나오는 Baked Potato와 함께 먹는 양념으로 물, 기름, 콘 시럽, 젤라, 소금, 젖산, 색소 등을 넣어 만든 소스이다. 이 때 Bacon과 Chive(Spring Onion, Green Onion)를 함께 곁들이면 좋은 맛을 즐길 수 있다.

Source Code {고객정보 코드}
호텔고객의 도착방법, 예약상황 등을 추적해나가는 방법으로 Guest History라고도 한다.

Source Document {고객정보 자료}

거래의 기록을 위한 정보자료로, Guest History와 같은 자료라고 할 수 있다.

Source of Business {S.O.B}

S.O.B와 같은 뜻으로, 고객을 유형별로 분류하여, 현재와 과거 자료를 바탕으로, 미래고객 유형을 예측할 수 있어 마케팅에서는 중요한 자료가 된다.

Sous Chef {수셰프}

직속상관이 부총주방장이나 총주방장으로, 그의 주된 임무는 자기가 담당하는 주방에 대해서 조리작업을 직접 지휘 · 감독하고, 조리장의 근무스케줄을 체크, 고객분석, 영업분석, 메뉴연구 등을 한다.

Soy Sauce {간장}

콩의 추출물과 설탕, 소금, 향료를 섞어 만들어진 액체 형태의 소스이다. 이것은 주로 일식과 한식요리에 사용된다.

Space Sleeper {스페이스 슬리퍼}

접이식의 침대로 낮에는 벽 쪽으로 집어넣어, Wall Cabinet을 형성하여 벽의 장식품으로 전환되는 침대이다.

Spaghetti {스파게티}

이탈리아음식에서 직경 0.3mm 이하의 가장 대표적인 Long Pasta이다.

Spanish Restaurant {스페인 레스토랑}

스페인은 주위가 바다로 둘러싸여 해산물이 풍부하므로 생선요리가 유명하다. 또한 스페인요리는 올리브유, 포도주, 마늘, 파프리카, 사프란 등의 향신료를 많이 쓰는 것이 특색이며, 왕새우 요리가 유명하다.

Sparkling Beverage {스파클링 음료}

탄산가스를 함유하고 있는 음료(Carbonated Drink)를 총칭하며, 탄산가스 때문에 마실 때에는 청량감을 준다. 최근에는 감미료, 착향료 등을 넣어 맛이나 향기를 나게 한 탄산음료가 상품화되어 시판되고 있다.

Spearmint {스피아민트}

유럽이 원산지인 민트, 즉 박하를 뜻한다.

Special Attention {특별주의}

특별한 주의와 접대를 위한 중요 고객에게 관심을 요하는 귀빈(VIP : Very Important Person) 표시 부호이다.

Special Consumption Tax {특별소비세}

특별 소비세는 사치성 오락물품을 구입하거나 골프장 또는 호텔 나이트클럽 등 특정한 장소에 출입하는 행위 등에 대하여 과세하는 세금이다.

Special Menu {스페셜 메뉴}

미리 예약된 사항에 의해서만 구성된 특별한 메뉴이다. 고객으로 하여금 예약 주문에 한하여 고객한사람에 대한 책정된 예산에 의하여 고객과 연회지배인 그리고 셰프에 의하여 이루어진 메뉴를 가리켜 스페셜 메뉴라고 한다.

Special Use {스페셜 유스}

각종의 행사 및 세미나를 주관하는 실무담당자나 행사의 진행요원, 단체를 안내하는 여행사의 가이드 혹은 단체를 위해 수행하는 여행사의 직원 등에게 무료로 제공되는 객실을 말한다.

Specific Cost Method {개별법}

개별법은 출고된 식품재료의 매입원가를 각각 소비단위로 계산하는 것이다.

Spice {스파이스}

양념이나 조미료와 같이 만들어진 칵테일의 맛을 더 내기위하여 첨가하는 것을 말하는데, 스파이스에는 시나몬, 너트맥, 민트 등이 있다.

Spices {향신료}

향신료란, 요리하는데 있어서 특유한 향기, 맛과 색깔을 내는데 중요한 재료이다. 이것은 요리의 목적을 달성하기 위한 일반적인 향신료로 파, 마늘, 고추, 생강, 냉이, 후추, 계피 등이 있다. 향신료는 요리의 마지막에 사용하는 것이 일반적이다.

Spinach {시금치}

좋은 시금치는 짙은 초록색으로 부드러운 잎을 가지고 있으며, 잎에는 비타민과 철분이 많이 함유되어 영양가가 높다.

Spirits {스피리츠}
양조주를 알코올의 비등점(약 80℃)을 이용하여, 단식증류(Pot Still)와 연속증류(Patent Still)의 방법으로 증류한 주정이 강한 주류의 총칭이다.

Split {스프리트}
'쪼개다, 나누다'의 뜻이 있으며, 음료에서는 '반병, 반잔'이란 뜻으로 1Split은 16온스를 말한다.

Split Rate {분할가격}
객실의 몇몇 고객이 지불해야 할 총 객실 요금을 분할해서 지급하는 방법이다.

Split Shift System {스프리트 시프트 시스템}
경영상 근무조의 시간을 두개 조로 나주어 근무시키는 시스템인데, 규모가 작은 호텔에서 이러한 시스템을 적용한다.

S.P.O.R {Small Profits and Quick Returns}
마케팅 기법의 하나로, 이익을 조금 남기고 많이 팔고자하는 것으로, 박리다매와 같은 기업의 전략이다.

Spray Dried Coffee {분무건조 커피}
원두를 배전하여 추출한 커피원액을 약 25~30m이 높은 탑으로부터 고압으로 분무시킨 후 그 사이에 뜨거운 바람을 통과시켜 수분을 증발시킨다. 커피 분무액은 수초 내에 건조되기 때문에 커피의 맛과 향이 그대로 남아 있다.

Spread & Dips {스프레드와 디프}
카나페처럼 샌드위치와 같이 만들어지기도 하나, 재료는 역시 Crisp Cracker, Melba Toast, Bread Stick, Biscuit, Potato Chip 등으로 나누어지기도 한다.

Spread Rate {단체고객 평균가격}
가격이 고시 가격보다 떨어지지만, 단체 고객이나 회의참석 고객에게 표준요금을 적용한 객실가격이다.

Spring Cleaning {대청소}
대청소를 General Cleaning이라고도 하는데, 정기적으로 객실과 연회실을 철저히 청소하는 것을 일컫는다. 대청소는 호텔의 비수기를 이용하여 실시하여야

하며, 계획을 수립하여 층 단위로 순서에 의하여 실행한다. 아울러 대청소를 실시하는 동안에는 시설부와 협조하여 객실 내의 각종시설물의 점검과 가구의 도색 및 벽지의 보수 등이 병행되어져야 한다.

Squash {호박}
호박이라는 뜻으로, 다른 표현으로 Pumpkin이라고 한다.

Squeeze {스퀴즈}
과일의 즙을 짜내는 것을 의미한다.

Squeezer {스퀴저}
레몬, 오렌지 등과 실을 짜낼 때 사용하는 기구로 글라스제품이나 도기제품이 있다.

Stacking Chair {스태킹 채어}
의자를 여러 개 포개어 쌓을 수 있도록 만든 의자로서, 많은 양이 필요한 컨벤션이나 연회행사에 많은 양을 한꺼번에 이동할 수 있다.

Staff Canteen {스태프 캔틴}
직원이 이용하는 구내식당을 의미하며, 대개 셀프서비스 식당으로 운영된다.

Staff Organization {참모식 조직}
참모식 조직은 경영활동이 원만한 업무수행을 돕고, 각 부문 간의 조정을 도모하여 최고경영자를 보좌하기 위한 조직을 말한다. 이를 스태프라인 조직(Staff & Line Organization)이라고도 한다.

Standard Cover {스탠다드 커버}
대개 레스토랑에서는 고객이 요리를 주문하는데, 최소한의 기준을 두고 기본적으로 갖추어야 할 기물의 차림을 말하는데, Basic Cover라고도 한다.

Standard Drink Recipe {표준음료 레시피}
주로 칵테일에 해당되는 것으로, 어느 아이템을 만드는데 소요되는 음료 성분의 양과 원가, 만드는 방법, 사용하는 글라스 등을 기술한 표준 주조표를 말한다.

Standard Drink Size {표준 음료 사이즈}
음료의 단위별 표준 크기는 메뉴에 수록되어 판매될 모든 종류의 음료이며, 잔으로 음료를 판매할 경우에 해당하는 표준으로 정해진 한 잔의 분량을 말한다.

Standard Food Cost Report {표준 식료원가 보고서}
호텔의 조리 또는 식음료부서에서 효과적인 식품관리를 위해 작성하는 보고서로, 당월의 식료원가에 대한 전반적인 내용을 나타낸다.

Standard Glassware {표준 글라스웨어}
표준 드링크 레피시에는 그에 적절한 글라스를 사용하여야 하며, 특정한 아이템에 대하여 특정한 표준 글라스가 필요하다는 것이다.

Standard Portion Size {표준 분량}
표준 분량은 고시된 가격으로 얼마만큼의 식품을 드려야 하는 것에 대한 것으로, 판매되는 각 식품별 그램으로 나타낸다. 표준 분량은 코스별 모든 품목에 적용되어야 한다.

Standard Purchasing Specification {표준 구매명세서}
표준 구매명세서는 호텔에서 사용하는 모든 물품에 대한 수요와 공급을 정확히 파악한 명세서이다.

Standard Recipes {표준 조리기준}
표준 조리기준은 호텔 레스토랑사업에서 매우 중요한 비용에 필요한 항목이다. 이것은 일정한 양으로 양질의 음식을 만들기 위한 지침으로, 여러 번 시험을 거친 후 결정된다. 또한 이것은 재료의 량을 기록하고, 조리 준비과정이나 메뉴를 완성함에 있어서 1인분의 양을 조절 · 통제하는데 매우 유용하다.

Standard Yield {표준 산출량}
조리과정에서 낭비를 최소화함으로써 재료의 원가를 관리하는 목적에서 수립되는 능률적인 표준 생산량이다. 즉 한 품목이 준비단계, 조리단계의 절차에 의해서 가공될 때 생기는 산출을 말한다.

Star Reservation {주요 고객계약}
중요한 고객이 호텔에 도착함을 가리키는 용어이다.

Station {근무구역}
호텔업장에서 고객에게 서비스하기 편리하도록 직원에게 주어진 서비스구역을 말한다.

Station to Station {번호통화}

교환원을 통해서 지정된 전화번호에 연결시켜주는 방법인데, 통화될 때만 비용을 지불한다. 따라서 일반 전화비용보다는 조금 비싸진다.

Station Waiter System {스테이션 웨이터시스템}

스테이션 웨이터시스템은 One Waiter System과 동일하게 편성되어 있으며, 한 레스토랑에 헤드 웨이터를 두고 그 밑에 한 명씩 정해진 웨이터가 스테이션에 근무하면서 직접 손님에게 식사와 음료를 주문 받아 서비스를 하는 시스템으로, 비교적 능숙한 접객원으로서 모든 업무에 숙달하여야 한다.

Stationary {스테이션어리}

호텔 객실비품 중의 문구류로 봉투, 편지지, 엽서, 볼펜 등을 말한다.

Statler {Ellsworth Miltion Statler}

스타틀러(1863~1928)는 1863년 독일계 이민의 아들로 태어났는데, 13세에 호텔의 보이가 되었고, 32세에 버펄로로 진출하여 레스토랑을 개업하여 대성공을 거두었다. 스타틀러는 그랜드호텔시대의 호텔업의 상태를 근대산업의 위치로까지 끌어올린 인물이었다. 그가 1928년 65세로 타계할 때까지 7개 호텔에 9, 050실을 소유하고, 경영하는 대기업으로 성장했다.

Stay {체류}

호텔에서 1박 이상을 체류하는 고객을 뜻한다.

Stay Over {체류연장}

고객이 머물고자하는 체재일보다 초과하여 연장하는 것을 말한다.

Steak {스테이크}

스테이크란, 두껍게 자른 고기(대개 200g)를 구워낸 것을 말한다. 특히 스테이크를 구워낼 때 고기육즙이 떨어지는 현상의 양을 줄이는데 주의를 기울여야 한다.

Steamed {스팀}

식품을 찜통에 넣고 수증기의 압력으로 조리하는 방법으로, 모든 식품을 조리 시 사용된다.

Steamed Foods {스팀 푸드}
찐 음식 또는 증기로 연하게 한 음식을 말한다.

Stew {스튜}
고기를 삶는 것을 뜻하는데, 많이 사용하는 조리방법 중 하나이다.

Steward {기물관리}
호텔레스토랑 주방과 홀에서 사용되는 기물, 접시, 글라스 등을 세척하여 즉시 사용할 수 있도록 보관 · 관리하고, 주방바닥, 환풍기, 벽, 기기 등을 청소하여 조리사들이 업무를 수행하는데 지장을 주지 않도록 주방 내의 청결을 유지한다.

Stillroom {스틸룸}
식료품의 저장실이라는 뜻도 있지만, 이곳에서는 간단한 스낵류나 음료, 차, 커피, 빵, 버터, 주스류, 샐러드, 치즈, 과자류, 과일, 샌드위치, 아이스크림 등을 준비하고, 호텔의 룸서비스와 커피숍에서 주로 사용하며 24시간 운영하고 있다.

Stirring {스터어링}
칵테일 제조방법의 하나로 유리제품인 Mixing Glass에 얼음과 술을 넣고, 바 스푼으로 빨리 휘저어서 조제하는 방법이다.

Stock {스톡}
수프를 만들어내는 기본적인 재료로, 고기뼈, 야채, 고기조각 끓여낸 국물을 말한다. 또한 스톡은 모든 소스의 기본으로 쓰이는 재료이다.

Stock Card {스톡카드}
스톡카드는 Bin Card와 의미는 비슷하나, 스톡카드는 재고량을 기록할 뿐만 아니라, 저장된 내용의 변화까지도 기록한다는 점에서 차이가 있어 일명, Store Ledger Card라고도 한다.

Stock Ledger {재고원장}
호텔의 재고원장은 주로 창고(F & B Store 또는 General Store)에 저장되어 있는 식음료 및 집기류 등 재고원장으로, 효과적인 재고관리를 위해서는 재고원장이 필요하다. 재고원장에는 물품을 출고기록과 입고기록을 하며, 재고원장의 잔고는 실제 재고수령과 동일해야 한다.

Stock Rotating {재고순환}

재고순환이란, 입고 순에 의하여 판매하는 것을 말하는 것으로, 오래 저장하여 그 맛과 향취를 잃게 해서는 안 된다. 따라서 선입선출법(FIFO)을 사용하여 신선도를 유지하여야 한다.

Stool {스툴}

등받이와 팔걸이가 없는 둥글고 푹신한 의자를 말하며, 화장대 앞에 있다.

Stopper {스토퍼}

현관문이 자동으로 닫히는 것을 방지하기 위한 것으로, 객실정비 시 룸메이드가 많이 사용하고 있는데, 이를 Stopper라고 한다. 또한 다량의 와인이나 샴페인을 제공할 경우 코르크 마개 따는 시간을 절약하기위하여 미리 마개를 따서 잠그는 역할을 하고, 마시다 남은 샴페인을 탄산가스가 누출되지 않도록 보존하는 역할을 한다.

Store Issue Cost {저장출고 원가}

조리부에서 필요한 재료를 구매부에 신청을 하게 되면, 먼저 검수를 통해 입고된 재료는 식음료 창고에 보관되고, 필요시기에 불출신청을 하게 되면 창고에서 조리장 앞으로 출고하게 되는데, 이때의 출고 시 재료원가를 말한다.

Stout {스타우트}

상면 발효맥주의 일종으로 약 6℃의 알코올도수를 가진 살균맥주를 말하는데, 보관은 냉장보관하지 않고 실온에 보관되며 영국인이 즐겨 마신다.

Straight-line Method {정액법}

정액법은 직선법, 균등상각법이라고도 하며, 고정자산의 내용연수 동안 매기가 동일한 금액을 감가상각비로 비용화하는 방법이다. 가장 간편하고 이해하기 쉽기 때문에 널리 이용되는 방법이다. 감가상각비는 매년 감가상각 기준액을 내용연수로 나누어 계산하거나, 감가상각 기준액에 감가상각비율(정액 상각률)을 곱하여 계산한다.

Strainer {여과기}

믹싱글라스에서 칵테일을 글라스에 따를 때 속에 들어있는 거름막으로, 얼음이

글라스 밖으로 흘러나오는 것을 방지할 때 사용한다.

Stras Bourgeeoise {스트라스 보우그}
스트라스 보우그식으로 거위간을 갈아서 파테형으로 만든 것이다.

Straw {스트류}
음료나 칵테일 등을 빨아 마실 때 사용하는 관이다.

Studio {스튜디오}
객실에 침대가 없는 것같이 보이지만, 낮에는 사무실로 사용하고, 밤에는 침대로 전환할 수 있는 소파를 스튜디오라고 한다.

Studio Bed {스튜디오 베드}
호텔에서 사용하는 베드 중 낮에는 벽에 밀어붙이고 베개를 빼면 베드커버를 걸어놓은 채 소파로서 이용할 수 있는 것도 있는데, 이것을 스튜디오 베드라고 한다.

Studio Single {스튜디오 싱글}
호텔객실의 종류로 1인용 소파, 베드뿐인 객실을 말한다.

Studio Twin {스튜디오 트윈}
2인용 베드와 소파가 있는 호텔객실의 일종으로, 낮에는 넓은 객실을 사용할 수 있다

Stuffing {스터핑}
생선, 닭, 오리 등 가금류의 내부에 다른 부재료를 채워 넣고 조리하는 것으로 삼계탕이나 오리구이 등이 있다.

Sub-total {소계}
호텔 객실료에서 10%의 세금과 봉사료 또는 레스토랑의 계산서에 고객이 주문한 식음료 및 기타 요금의 합계를 말한다. 즉 소계에는 봉사료와 세금(VAT)이 부과되기 전 단가의 합계를 말한다.

Suburban Hotel {서버반 호텔}
도시를 벗어나 교외에 건립된 호텔이다.

Suite Room {스위트룸}
스위트룸은 2실 이상의 객실을 1실로 사용하는 것으로, 욕실이 딸린 침실과 거

실 겸 응접실로 구성되어 있다. 때로는 침실이 두 개 이상 있기도 하고, 거실과 응접실이 따로 분리되어 있기도 하다.

Suggestion Card {제안서}

호텔을 이용하는 동안에 느꼈던 불편한 점에 대한 개선사항, 서비스의 문제점, 시설의 문제점 등을 지면을 통해서 접수받고, 이 내용을 월 단위로 취합하여 실사 후 조치한다. 고객의 제안서는 객실 내 책상 위, 레스토랑, 기타 부대시설 내에 비치하기도 하고, 고객의 눈에 잘 보이게 프런트나 당직데스크, 벨 데스크에 비치해 놓는다.

Suggestive Selling {제의 판매}

호텔상품의 판매촉진을 통한 이익률 증가를 위한 경영전략으로, 직원이 고객에게 새로운 상품이나 메뉴 등에 대한 정보를 제공하여 판매증진에 노력하는 방법이다.

Suki Yaki {스키야키}

일본요리로 고기, 야채, 소금, 후추 등을 넣고 끓인 다음, 설탕이 약간 들어간 요리를 말한다.

Sundae {선데}

과일 등에 시럽을 얹어 만든 아이스크림과 같은 종류이다.

Sundry {잡수입}

장부에 두드러진 명목의 계정 없는 잡수입 또는 정상적인 수입 외에 생긴 수입으로, 프런트 캐셔가 손님에게 현금을 빌려주고 받은 이자의 경우 가끔 발생하는 잡수입으로 Miscellaneous와 같은 의미이다.

Sunny Side Up {선니 사이드 업}

프라이드 한 계란요리의 일종으로, 프라이팬에 깨트린 계란을 뒤집지 않고, 한 쪽면만 살짝 익힌 모양인데, 해가 뜨는 모양 같아서 붙여진 이름이다.

Super Dry Beer {서퍼 드라이 비어}

일반맥주보다 1도가 높은 맥주로, 단맛이 거의 없는 맥주이다.

Supper {서퍼}

Supper란 Formal Dinner, 즉 격식 있는 정식만찬을 의미하였으나, 근래에 와서는 저녁 늦게 먹는 밤참의 의미로 사용되고 있다.

Supplemental Accommodation {보조 숙박시설}
단체로 숙박을 하는 경우, 숙박시설이 모자라 보조적으로 사용가능한 숙박시설을 뜻한다.

Supplementary Correction {서포리멘터리 컬렉션}
Miscellaneous, Midnight Charge, Cancellation Charge, Over Charge, Part Day Use 등이 발생할 경우, 고객원장 및 관련보고서에 새로 발생된 금액을 추가하여 수정하는 업무를 말한다.

Supplies {소모품}
소모품이란, 한번 사용하면 재사용이 안 되는 문구류와 같은 사무용품이나 청소용품, 포장용지 등의 물품을 말한다.

Swedish Punch {스위디시 펀치}
Rum주의 향이 나며, 연노랑색의 스칸디나비아 리큐어이다. 이 술은 바타비아 아라크 럼, 차, 레몬 그리고 기타 향료들을 만든 것으로, 일명 Arak Punch 혹은 칼로리 펀치라고도 한다.

Sweet {스위트}
술의 맛을 표현할 때 쓰는데, 드라이의 반대되는 말로, 칵테일을 만들 때는 Sweet Vermouth나 시럽을 사용한다.

Sweet Bread {스위트 브레드}
송아지 목에 있는 일종의 목젖으로, 어미소가 되면 없어지는데, 송아지 목젖으로 만든 얇고 부드러운 요리도 있다.

Sweet Jelly {스위트 젤리}
젤라틴으로 만든 투명한 젤리과즙이나 향을 넣은 것인데, 굳지 않고 액체상태이지만 저어서 거품을 내주면 그대로 굳는다.

Sweet Roll {스위트 롤}
빵 종류 중 하나로서, 여러 종류의 내용물과 모양에 따라 다양한 종류 만들어지며 제품의 모양에 따라서 이름 또한 달리 불린다. 일반 빵과 다른 점은 설탕과 유

지가 많이 사용하기도 한다.

Swing Shift {오후 교대}

제 2교대를 말하며, 보통 오후 3시부터 밤 11시까지 근무하는 교대인데, 3~4시 사이에 이루어진다.

Switch Board {전화 교환대}

장거리직통전화(Direct Distance Dialing), 국제자동전화(International Subscriber Dialing, Home Country Direct) 등의 등장으로 교환실 업무가 매우 간소화되었다. 객실에서 교환을 거치지 않고 장거리전화나 국제전화를 걸 수 있다. 따라서 이와 같은 전화는 특별한 경우를 제외한 교환대를 거치지 않고 직접 통화가 가능하다. 더욱이 최근에는 휴대전화가 일반화되어 객실에도 휴대전화가 비치되어 있으며, 사용 시는 요금이 자동으로 입력되어 퇴숙할 때 정산을 하면 된다.

Swizzle {스위즐}

셰이커를 사용하지 않고 휘젓기 기법으로 저어서 만든 칵테일을 말한다.

Syrup {시럽}

Sirop(프랑스어), Syrup(영어)은 물에 설탕을 지속적으로 넣어 끓여 만든 것으로, Plain Syrup은 백설탕을 물에 넣어 끓인 것이고, Gum Syrup은 Plain Syrup에 아라비아의 Gum 분말을 가해서 만든 것이다. Grenadine Syrup은 당밀에 맛을 가한 적색의 시럽을 말하며 칵테일에 많이 사용하며, Raspberry Syrup은 당밀에 딸기의 풍미를 가한 시럽, Blackberry Syrup은 당밀에 딸기의 풍미를 가한 시럽, Maple Syrup은 미국, 캐나다 등지에서 재배되고 있는 사탕 단풍나무의 수액을 넣어 만든 것 칵테일에는 사용하지 않는다.

T

Tavern {태번}

'선술집, 여인숙'을 뜻하는 단어로, 이라크 메소포타미아 지역에 거주했던 수메르인에 의하여 건설되었다고 하는데, 이들의 거주지역에서 최초의 숙박시설로 간주되는 Tavern이 존재하였다고 한다.

T-bone Steak {티 본 스테이크}

소의 안심과 등심 사이에 T자형의 뼈 부분에 붙어 있는 것이라 붙여진 T-bone은, 안심과 등심을 한 번에 맛볼 수 있어 많은 사람들이 선호하는 부위이다.

T-shape {T자형 배열}

연회장에서 사용하는 테이블 배열로, 이 배열은 다수의 사람이 헤드 테이블에 앉을 때 유용하다. 헤드 테이블을 중심으로 T형을 길게 배열할 수 있으며, 상황에 따라서 테이블의 폭을 더 늘릴 수도 있어 연회장에서 자주 사용되는 테이블 배열 중 하나이다.

Tabasco Sauce {타바스코 소스 : Chili Sauce}

Hot Sauce와 비슷하나 더 매운 맛을 내는 것으로, 치킨요리와 멕시코요리에 사용되는 소스이며, 음식을 따듯하게 만드는 역할을 하기도 한다.

Table Calling Machine {테이블 콜링 머신}

무선호출 시스템으로 고객이 웨이터를 호출하는 과정에서 발생하는 불편 요소를 제거한 장비이다. 격식이 있는 호텔 레스토랑에서는 사용하지 않지만, 많은 고객이 이용하는 대중식당에서는 일반화 된 시스템이다.

Table Cloth {테이블 클로스}

테이블 클로스는 반드시 백색 린넨을 사용하는 것이 원칙이지만, 최근에는 유색 린넨을 사용하기도 하며, 여러 가지 유형으로 무늬가 다양한 린넨 종류를 사용하는 경향이 많아졌다.

Table d`hote {테이블 디호트}

요리의 종류와 순서가 미리 결정되어 있는 차림표를 가리켜 Table d'hote이라고 말하며, Appetizer, Soup, Fish, Sherbet, Entrée, Salad, Dessert, Beverage 순으로 서비스된다.

Table Game Drop {테이블 게임 드롭}

드롭 박스에서 수집한 통화 Coin의 총액을 뜻하고, 고객예치금 인출 등의 결과를 대장에 기록한 금액의 총계이다.

Table Game Win or Loss {테이블 게임 윈/로스}

게임에서 고객에게 Win하여 얻은 Cash Plague, Gaming Chips 등의 총액에서 고객에게 Lose한 Gaming Chips Plague, Cash의 총액을 제한 것이다.

Table Inventory Slip {테이블 인벤토리 슬립}

카지노에서 사용하는 양식으로, Gaming Table에서 Game Chip Coin, Plague 등의 재고를 기록하는데 사용하는 서식이다.

Table Manner {테이블 매너}

식사 시에 다른 테이블에 있는 사람들에게 불쾌한 감정이나 느낌을 주지 않기 위하여 식사 시에 지켜야 될 예의와 범절을 뜻한다. 공식적인 연회는 물론 그 밖의 격식을 갖춘 식사 시에 타인들에게 실례가 되지 않도록 하여 즐거운 식사를 하는데 목적이 있다.

Table Service {테이블 서비스}

테이블 서비스는 가장 전형적이고 오래전부터 유래되어온 서비스 형태로, 레스토랑에서 웨이터나 웨이트리스가 서비스를 제공하는 것이다. 테이블 서비스는 대개의 경우 손님의 오른쪽에서 식사를 서브하고, 손님의 오른쪽으로부터 빈 그릇을 철거하는 것이 상식이다.

Table Skirt {테이블 스커트}

오르되브르(Hor d'oeuvre) 테이블이나 뷔페 테이블의 경우, 한 단이나 옆 부분이 보이지 않도록 장식으로 식당용 치마로 원색으로 된 주름치마를 많이 사용한다.

Table Turn Over Rate {객석 회전율}

한 개의 테이블에 하루 몇 명의 고객이 앉는가를 의미하며, 미국이나 유럽의 호텔레스토랑에서는 좌석 당 고객수를 산출할 뿐 아니라 좌석 당 매상고를 분석한다. 좌석 당 매상고를 산출할 때에는 자본의 수익성을 고려해 당연히 좌석 당 투자액을 계산한다.

Table Wine {테이블 와인}

주로 식사 중에 마시는 와인을 말한다. Red Table Wine은 고기나 로스트 요리, White Table Wine은 생선요리와 함께 마시는 것이 일반적이나 최근에는 음식과 관계없이 고객의 선호도에 따라 와인 선택하는 경우도 있다.

Taco {타코}

고기, 치즈, 상치 등을 넣고 튀긴 봉투 모양의 옥수수빵으로 멕시코 요리이다.

Tacos Carne {타코스 카르네}

봉투 모양의 옥수수 빵에 고기를 넣고 상치, 토마토, 치즈를 곁들인다.

Tai-sai {타이-세이}

이 게임은 주사위 3개를 이용하여 고대부터 내려온 중국의 전통 게임이다. 게임 방법은 유리용기에 3개의 주사위를 넣고, 3회 또는 4회를 진동시킨 후 3개의 주사위가 표시한 각각의 숫자 또는 구성되어 있는 종류에 Chips를 올려놓고 맞히는 게임이다. 딜러는 용기의 뚜껑을 열고 3개의 주사위 숫자가 나온 스위치를 누르면 레이아웃 위에 나온 숫자 또는 구성되어 있는 장소에 램프가 들어오기 때문에 게임의 이기고 짐을 쉽게 알 수 있다.

Take-out Menu {테이크-아웃 메뉴}

고객이 레스토랑에서 음식을 주문하여 레스토랑 외부로 음식을 가지고 나가는 메뉴로 Carry Out Menu라고도 한다.

Tanch {탄치}

잉어과에 속하고 잉어와 비슷하나 비늘이 조금 많은 편이다.

Tangerine {탠저린}

오렌지와 비슷하나 크기는 좀 작고 껍질이 유연하다. 일명 감귤이라 한다.

Tangble Product {물적인 상품}

물적인 상품 또는 유형의 서비스로, 호텔에서 제공하는 서비스는 호텔 객실 및 그 외 부대시설 그리고 건물 자체를 포함하는 상품, 즉 눈에 보이는 만질 수 있는 상품을 제공하는 물적인 상품의 서비스를 말한다.

Tapioca {타피오카}

Cassava의 뿌리를 잘라 액즙을 빼내서 식용전분으로 사용되며, 남미 브라질 등에서 생산되는데 소화가 잘되어 포도당, 수프 등의 원료로 쓰인다.

Tariff {공표요금}

공표요금이란, Rack Rate 또는 Full Charge, Full Rate라고도 하며, 할인되지 않은 브로슈어에 공시한 가격을 말한다. 이 요금은 호텔기업이 객실요금을 설정하여 담당 행정기관인 시청이나 구청에 공식적인 신고를 마치고 호텔에서 제시하는 요금을 말한다. 공표요금은 Full Charge 혹은 Full Rate으로서 할인되지 않은 정상적인 요금인 정찰가격을 말한다.

Tarragon {타라곤}

타라곤은 아니스와 같은 향미를 가진 향료이다. 소스, 샐러드, 닭, 달걀, 토마토 등에 쓰이며 토스트 치킨에는 최적의 향료이다.

Tart {타트}

페스트리 케이스에 과일, 잼, 마카롱 등을 채워서 구운 것으로, 영국에서는 과일 파이, 미국에서는 속이 보이는 작은 파이로 만든다.

Tartar Sauce {타르타르 소스}

생선요리에 곁들여 제공되는 소스로, 마요네즈, 파, 피클 등을 혼합하여 만등 소스이다.

Tax-invoice {세금계산서}

과세업자가 부가가치세를 징수하고, 그 징수를 하였다는 사실을 증명하기 위하여 교부하는 계산서이다.

Tea {티}

티는 카멜리아과에 속하는 식물의 둥근 잎들에게 붙여진 이름의 차 종류에는 홍차, 녹차, 우롱차 등이 있고, 보관하는 방법은 항상 서늘하고 건조한 곳이어야 한다.

Tea Spoon {티스푼}

조리에서 재료의 양을 잴 때 사용하는 용어로, 1tsp는 약 1/8oz 가량이다. 1테이블스푼은 3/8oz의 분량이므로 그 양을 계산할 수 있다.

Tea Table {티 테이블}

객실 내에 있는 가구로서 소파 중간에 놓는 간단한 테이블이다.

Tele-tourist Service {텔레투어리스트 서비스}

관광객용 전화안내서비스로, 일본인 고객이 투숙하는 객실전화라면 일본어로 응답을 하는 전화서비스라고 한다.

Tele-marketing {텔레마케팅}

기업이 고객을 직접 만나지 않고도 전화나 컴퓨터 등 정보통신 수단을 이용해 매출액을 늘리고 고객 만족을 실현하려는 종합적인 마케팅 활동이다. 호텔에서는 멤버십 모집에 전화 또는 팩스를 이용하기도 하는데, 전화는 대표적인 텔레마케팅 수단이다.

Telephone Call Sheet {텔레폰 콜 시트}

Morning Call 또는 Wake Up Call을 원하는 고객이 객실번호, 성명, 접수시간, 모닝콜 시간을 기록하는 양식이다.

Telephone Switchboard {텔레폰 스위치보드}

PABX(Private Automatic Branch Exchange) 또는 자동전화교환대라고도 하며, 고객의 전화 연결시켜 주는 교환원을 뜻하기도 한다. 최근에는 서비스센터라고도 하는데, 호텔에 대한 전반적인 안내서비스를 담당하는 부서이기도 하다.

Telephone Traffic Sheet {전화통화량 기록표}

전화 통화수와 요금을 기록한 통화량 기록명세서인데, 요즈음은 프런트 캐셔에 자동으로 요금이 포스팅되어 교환실에서는 전체적인 기록표만 보관하고 있다.

Tender {텐더}

Tenderloin을 축약하여 표현한다. 부드럽고 연한 음식을 묘사하는 말로, Tenderloin은 소의 안심부위의 연한 고기를 말한다.

Tender Void {완전 취소}
지급까지 등록된 상태의 Bill에서 품목을 변경해야 할 사유가 발생 시 빌 전체를 취소시켜야 하는 업무를 말한다.

Tenderloin {안심}
소고기 중 가장 부드러운 부위로 안심을 뜻하며, 소 한 마리에 2개씩 있고 평균 4~5kg 정도로 생산량이 적은 편이다.

Tequila {테킬라}
멕시코의 토속주이며, 테킬라의 원료는 선인장의 일종인 용설란(Mescal Plant : Agave의 즙)이다. 그리고 용설란의 수액을 발효시킨 것을 Pulque라고 하며, 이 Pulque를 다시 증류해서 Tequila를 만든다.

Terminal Hotel {터미널 호텔}
고속버스 또는 기차역 종점에 위치한 호텔을 뜻하는데, 기차 역전에 있는 호텔을 스테이션 호텔이라고 말하며, 기차를 이용한 손님은 일정 수준의 할인요금을 적용하기도 한다.

Terrine {테린}
단지에 담은 식품이나 요리를 단지채로 판매하는 질그릇 단지를 뜻하며, 냉육 보존용 단지, 항아리에 넣어서 보존한 고기 등을 나타내기도 한다.

The Duplicate System {대조시스템}
레스토랑 판매관리의 한 방법으로, 금전등록기(Cash Register Machine)나 레스토랑 체킹 머신과 주문서 내용과 같은지를 확인하는 방법이다. 최근 프런트 데스크에서는 객실 키를 카드키로 전환되면서, 일회용 키 또는 2인 이상 투숙 시 다수의 키를 복사하여 사용할 때 사용하는 시스템을 Duplicate System이라고도 한다.

The Engineering Department {시설부}
호텔 건물과 시설의 보수 및 유지를 위한 기술적 업무를 수행하는 부문을 호텔에서 시설부라고 부른다. 일부 호텔은 영선부라고도 부르고 있으나, 그 의미는 동일하다. 시설부는 크게 전기실, 기계실, 건축실 등으로 편성되어 있으며, 호텔

에 따라 약간의 구조가 다르기는 하지만 호텔의 방화통제실, 안전관리실도 시설부에 소속되기도 한다.

The Gault Milleau Guide {더 칼 밀러 가이드}

레스토랑에 대한 전반적인 안내를 하는 미슐랭 안내는 레스토랑의 이름, 주소와 등급만을 지적한 반면에, 프랑스의 칼 밀러 가이드 협회는 보다 자세한 안내, 즉 레스토랑의 서비스 및 주위 환경 등을 소개하고 있다.

The Guide Michelin {더 가이드 미슐랭}

지금은 레스토랑의 등급을 표시하는 안내서이지만, 미슐랭이라고 하는 타이어 회사가 자사 고객들이 자동차 여행을 하면서 맛있는 요리를 즐길 수 있도록 레스토랑을 소개하는데서 시작된 등급표시는 별(Star)로 표시하고 있다. 1개의 별은 수준급의 음식 제공, 2개의 별은 훌륭한 요리가 제공되어 자동차를 U턴 해서라도 가볼만한 곳이며, 3개의 별은 최고의 요리가 제공되는 곳으로 이 음식을 위해 특별한 여행을 할 만한 가치가 있다고 판단되는 레스토랑을 뜻한다.

The New Letter {뉴스레터}

호텔과 관광업체가 분기별, 월간, 격주간, 주간 등으로 발간하는 사업홍보와 사내 뉴스를 내용으로 하는 기관지이다.

Theater Style {극장식 배치}

연회 테이블 및 의자 배치가 극장식으로 배치하는 것을 뜻한다.

Thick Soup {틱 수프}

조미료인 리어잔을 사용하여 탁하고 농도가 진하게 만든 수프이다.

Third Person Rate {서드 퍼슨 레이트}

호텔의 객실은 대부분의 객실이 2인을 기준으로 설비되어 있다. 그러므로 2인 이상이 한 객실에 숙박을 원할 경우 적용되는 Extra Charge 요금을 말한다.

Third Sheet {서드시트}

Bed Spread라고도 하며, 담요 보호용으로 이용되는 이불덮개를 뜻한다. 그리고 객실청소가 끝나면 Spread를 덮어 놓기 때문에 객실청소가 완료된 객실을 뜻하기도 한다.

Thousand Island Dressing {사우전 아일랜드 드레싱}
마요네즈 소스에 삶은 달걀, 토마토케첩, 양파, 피클, 핫소스 등을 넣어서 만든 드레싱의 일종이다.

Three Main Elements of Cost {원가의 3요소}
재료비, 노무비, 경비(감가상각비, 이자비, 혼합비 등의 일체)를 원가의 3요소라 한다.

Thyme {다임}
꿀풀과의 백리향속 식물의 일종으로, 지중해가 원산지인 다임은, 백리향의 어린 싹이나 잎을 둥글게 말려서 가루로 만든 것으로 육류요리, 닭이나 어패류 등 여러 종류의 요리에 사용된다.

Tia Maria {티아 마리아}
Rum(럼주)을 Base(기주)로 한 커피 리큐르이다.

Tidy-up {타이디 업}
고객이 퇴숙한 후 객실을 청소하고 판매가능을 뜻하는 것으로 Make-up과 같다.

Tiffin {티핀}
영국에서는 간단한 점심식사를 Tiffin이라고 한다.

Tilsit {틸지트}
가벼운 신맛이 나면서 자극적인 맛이 나는 경질치즈로 독일, 스위스 등에서 생산되며 압착하여 만든다. 모양은 중형의 원반형이나 각형이고 불규칙한 구멍이 뚫려 있으며 부드럽고 탄력성이 있다.

Timbales {팀발레스}
팀발레스는 모양이 악기의 탬버린 같이 생겼다 해서 붙여진 이름으로, 카스타의 형체 안에 마카로니를 채워 넣고 가운데에 갖가지 저민 고기를 넣어서 찐 요리이다.

Time Card {타임카드}
호텔 직원의 근무시간 관리를 위해 만든 카드로, 개인의 출근시간과 퇴근시간이 기록된다. 이 카드는 인사부에서 관리되며, 확인 후 급여담당 직원에게 보내져

급여계산의 자료가 되는 카드이다. 뿐만 아니라 직원에 대한 근태관리의 기초 자료가 되기도 한다.

Time Stamp {타임스탬프}
날짜와 시간이 인쇄되는 장치로, 인쇄물의 배달시간을 정확하게 증명하기 위하여 사용된다. 한때는 투숙 시는 등록 카드 앞면에, 퇴숙 시는 뒷면에 인쇄하였지만, 최근에는 영수증 프린터 시 자동으로 날짜와 시간이 프린터된다.

Tip {팁}
팁의 원래 뜻은 신속을 보증하기 위하여(To Insure Promptness)의 약어이지만, 서비스를 받고 만족할 때 지불해야 할 금액보다 일정비율 더 지급하는 금액을 팁이라고 한다.

Tip-ons {팁 온스}
메뉴카드에 덧붙이거나 삽입하는 조그마한 카드로서(일종의 Post It), 가끔 남는 재료로 만든 특별 품목을 선전 판매하기 위하여 짧은 시간 사용되나, 그 품목이 다 팔리면 즉시 제거되어야 할 것이며 때로는 매진된 품목을 가리는데 사용되기도 한다.

TLX {Telex}
호텔에서는 비즈니스센터에서 다루어졌으며, 문서를 테이프에 천공하여 보내는 기계로, 인터넷이 일반화되기 전에는 텔렉스를 많이 이용하였지만, 근래에 들어서는 거의 사용되지 않고 있다.

Toast {토스트}
식빵을 1cm 정도의 두께로 잘라 살짝 구운 것으로, 버터나 잼 같은 것을 발라먹는다.

Toasting {토스팅}
음식 표면이 갈색으로 변할 때까지 열을 가하는 것이다.

Today's Reservation {당일예약}
당일 예약을 하여 호텔에 투숙을 원하는 고객은 일반적으로 예약부서에서 통제하는 것이 아니라, 프런트에서 당일의 객실 상황을 파악하여 판매 가능한 객실

이 있을 때 당일의 예약을 접수하게 된다.

Today's Special {오늘의 특별요리}
오늘의 특별요리는 호텔 레스토랑이나 음식점에서 손님을 끌기 위해 조리장이 추천하는 요리로 당일 지정해서 판매하는 경우에 쓰는 용어이다.

Toddy {토디}
동남아지방의 야자수 즙액을 발효시켜 만드는 양조주이다. 사탕야자의 씨가 덜 익었을 때 단맛의 즙이 나오는데, 이것을 대나무통에 받는다. 이때 자연 발효가 시작되는데 흰거품이 일어나고, 이것을 모아 용기에 넣고 발효를 계속시킨다. 알코올분은 5도 정도이며 이것을 증류하면 Arrack이라는 술이 된다.

Toilet {화장실}
화장실 또는 세면실을 뜻하며, Bath Room이라고도 한다.

Toilet Tissue {토일렛 티슈}
욕실이나 공공 화장실에 이용객을 위해 비치시켜 놓는 화장지로, 일반 화장지와 구별된다.

Toll-free Telephone Lines {발신자 무료전화}
호텔에서는 여행사나 VIP 고객에게 편의를 제공하기 위하여 발신자 무료전화를 개설해 놓고 있다.

Tom Collins {탐 콜린스}
진에 레몬즙, 설탕, 탄산수를 섞어 만든 칵테일 일종이다.

Tom Collins Glass {탐 콜린스 글라스}
긴 원통 모양 잔으로 용량은 12온스 정도이다.

Tomato Catchup {토마토케첩}
토마토, 식초, 소금, 양파, 파우더, 향초 등을 재료로 하여 만들어진다.

Tomato Sauce {토마토소스}
토마토소스는 적색 소스로서 주로 밀가루 음식에 많이 쓰이는데, White Stock에다 Tomato Paste와 야채 등을 Brown Roux(Roux Brun)와 함께 넣고 끓이면서 스파이스를 넣은 후 2시간쯤 끓인 다음 설탕을 첨가한다.

Tongue {텅}
소, 양 따위의 혓바닥 요리로 혀를 훈제 또는 소금에 절인 것이다.

Tonic Water {토닉워터}
영국에서 처음 개발한 무색투명한 음료로서 레몬, 오렌지, 라임, 키니네의 껍질 등의 엑기스에다 당분을 배합하여 만든 것이다. 산뜻한 풍미를 가지고 있으며, 무색투명한 색깔을 하고 있으며, 주로 칵테일용으로 쓰인다

Torchon {토션}
글라스를 닦는 천으로서, 와인 마개인 코르크를 뽑기 전이나 뽑은 후 병 언저리를 깨끗이 닦는 천이다.

Toriseni {토리스테니}
유럽의 대표적인 부드러운 과자 빵으로, 유지와 과실류를 많이 넣는다.

Tourist Hotel {관광호텔}
관광객의 숙박에 적합한 구조 및 설비를 갖추어 이를 이용하게 하고 음식을 제공하는 숙박업소이다.

Tourist House {투어리스트 하우스}
'사랑채, 영빈관, 접대소'라는 원래의 뜻이 있고, 침실 제공을 목적으로 방문객이니 여행객에게 대여할 수 있는 객실을 갖추고 있는 건물로 Guest House라고도 한다.

Tourist Menu {투어리스트 메뉴}
관광지를 찾아오는 고객을 위하여 그 지방의 독특한 요리를 맛볼 수 있게 하기 위하여 관광객을 위한 메뉴로, 비교적 저렴한 요금으로 만들어진 메뉴이다.

Tourner {뚜르네}
야채 등을 이용하여 모양을 내고자 할 때, 당근과 같은 것을 돌리면서 깎아 모양을 내는 것이다.

Tournedos {뚜르느도스}
작고 둥글게 저민 살코기 스테이크로 필레의 끝을 잘라서 버터를 바르고 베이컨을 감아서 조리한다.

Towel Type {타월의 종류}

첫째, Wash Cloth(Hands Towel)은 손을 씻을 때나 면도할 때 사용하는 작은 타월이다. 둘째, Face Towel은 얼굴이나 손등을 닦을 때 또는 샤워할 때도 사용할 수 있는 타월이다. 셋째, Bath Towel은 목욕 후 몸을 닦고 감싸는데 사용한다. 넷째, Foot Towel은 발을 닦는데 사용한다.

Towel Hanger {수건걸이}

욕실에 설치하여 Bath Towel, Face Towel, Wash Cloth 등의 타월을 걸을 수 있다.

Tranche {트랑슈}

요리 시에 크기, 모양, 길이 등을 똑같이 자르는 방법이다.

Transcript {대조시산표}

이것은 계정대조시산표로 각 부문별 발생한 수익계정으로, 프런트 나이트 오디터가 사용하는 것으로, 고객원장에 전기된 금액을 다시 체크하고, 각 부문의 수익 합계와 고객원장에 전기된 금액의 총합계를 일치시키기 위한 것이다.

Transfer {트랜스퍼}

보통 폴리오 사용에 있어 계정을 다른 계정으로 옮기는 것을 말한다.

Transfer Credit {대면대체}

고객계정 간의 잔액을 이체할 때 사용되며, 이체계정 간에 상호 상대계정 번호가 각각의 고객원장에 기록됨으로써 상호추적을 가능하게 한다.

Transfer Debit {차면대체}

고객계정 중 City Ledger 또는 Credit Card로 계산이 이루어질 경우가 여기에 해당된다. 또한 외상매출금 계정에서 고객으로부터 미리 받은 선수금계정을 처리할 때도 이 계정을 이용한다.

Transfer Folio {원장이월}

장기체류 고객의 경우, 투숙 당시 고객원장에는 더 이상 누적 계산을 할 수가 없어 새 원장으로 옮기는 것을 말하는데, 새 원장에는 원장 일련번호가 따로 주어지지 않는다.

Transfer From {트랜스퍼 프럼}
계산서 또는 원장 간의 차변 이월분을 뜻한다.

Transfer Journal {대체분개장}
다른 계산서 또는 다른 원장 사이로 옮기는 코드를 사용할 때 쓰는 프런트 오피스 양식으로 대체분개장이라 한다.

Transfer Ledger {트랜스퍼 레저}
단기숙박 고객에 대해 인명으로 된 원장이다.

Transfer To {트랜스퍼 투}
계산서 또는 원장 간의 대변 이월분을 뜻한다.

Transfer Sheet {양도전표}
부서와 부서 간에 상품 또는 재료가 이관되는 경우, 계정변경 상 소요되는 전표를 양도전표라 한다.

Transfer Transactions {대체거래}
대체거래는 현금의 수입이나 지출이 전혀 수반되지 않거나, 부분적으로 현금의 수입이나 지출을 수반하는 거래이다.

Transient Guest {단기체류객}
단기 숙박고객을 말하며, 일반적으로 1박 또는 2박을 하는 고객을 말한다.

Transient Hotel {트랜지언트 호텔 : Destination Hotel}
다른 목적지를 가기 위하여 잠시 머무는 단기 체류객을 위한 호텔로, 공항주변에 있기도 하지만 최근에는 공항 내에 있는 경우도 있다.

Transmittal Form {트랜스미탈 폼}
호텔 고객으로부터 누적되어 있는 신용카드 후불을 우송하거나 기록하기 위하여 신용카드 회사로부터 제공받는 양식이다.

Traveler's Check {여행자수표}
여행자수표는 여행자가 가지고 다니면서 사용하는 자기앞수표와 같다. 여행자가 직접 현금을 지참할 경우 위협을 느끼지 않도록 현금과 같이 사용할 수 있도록 하기 위한 하나의 수표이지만 현금과 같이 사용 가능하다. 사용할 때마다 서

명을 해서 사용하기 때문에 타인은 사용이나 위조가 불가능하다.

Tray {트레이}
쟁반이라고 할 수 있으며, 호텔 식음료부서에서 접시 등 기타 서비스에 필요한 물건들을 안전하게 운반하기 위한 기물로 레스토랑에서 가장 많이 사용하는 것 중 하나이다.

Tray Service {트레이 서비스}
음식이나 기물을 트레이에 실어서 운반하고, 테이블 옆에 있는 서비스 테이블 위로 옮겨 놓는다. 이 트레이 서비스는 다른 서비스 방식에 비하여 간단하기 때문에 최근 들어 많이 사용하고 있다.

Trial and Error Pricing Method {시험적 가격결정방법}
새롭게 영업을 시작하게 되면 일정한 시험기간을 정해 놓고, 그 기간에 시험적 판매활동을 하는 것이다. 일정기간이 지나서 적정가격을 도출해 내기 위하여 시험적 판매라고 할 수 있다. 이후 가격이 오르게 되면 이용객 불평이 야기된다.

Trial Balance {시산표}
계정별 차변 및 대변의 합계액 또는 잔액을 모아 놓은 표를 말하며, 계정 집계표라고 하는데, 차변에 기입된 금액의 합계와 대변에 기입된 금액의 합계를 산출하여 합계액의 차액(잔액)을 계산하여 모아 놓은 일람표라고 할 수 있다.

Triple Sec {트리플 섹}
칵테일 부재료로 많이 쓰이며, 세 번 증류를 거듭하여 제조하였다는 뜻으로 정성들여 만든 큐라소(Curacao : 오렌지로 만든 리큐어)의 대표적인 제품으로, 오렌지향을 가진 무색투명한 리큐어이다.

Trolley {트롤리}
레스토랑에서 음식을 운반할 때 쓰는 바퀴 달린 Wagon으로 고객에게 음식 및 음료를 보다 원활하고 신속하게 서비스하기 위해 기물 및 사전준비물을 잘 갖추어 놓은 보조테이블로서 테이블을 치울 때도 편리하게 이용된다.

Tropical Coffee {트로피칼 커피}
남국의 정열적인 무드가 살아 있는 커피이다. 설탕과 함께 커피를 컵에 따른 후,

위에다 레몬을 띄우고 화이트 럼이 들어간 커피이다.

Truffle {트러플}
송로의 일종(버섯, 조미용)의 뜻과 동그란 모형의 초콜릿 과자의 일종이다.

Trunk Room {트렁크룸}
큰 가방이나 짐을 넣는 장기체류자의 수하물을 보관하는 방이다.

Tumbler {텀블러}
손잡이가 달리지 않은 글라스로, 하이볼 글라스라고도 한다.

Tumbler Cover {컵싸개}
손잡이가 달리지 않은 컵의 뚜껑으로, 청결을 위해 사용하는 것으로, 객실 내에 침실용과 욕실용 두 가지가 있다.

Tuna {참치}
최대 무게 500kg까지 나가는 대형 물고기로, 살은 붉은 색이며 다양한 조리방식으로 조리된다.

Turbot {터벗}
광어, 넙치과에 속하며 해수어로 육질이 희고 단단하여 저장이 용이하다.

Tureen {튜린}
수프 등을 담는 뚜껑이 달린 움푹한 그릇을 뜻한다.

Turkish Coffee {터키시 커피}
터키풍의 커피로 알메니안 커피라고도 한다. 터키에서는 용기에 물과 커피, 설탕을 넣고 불에 올려 끓으면 불을 끄고 난 후 다시 올려놓기를 세 번 반복하고, 액이 가라앉으면 잔에 따른다.

Turmeric {터메릭}
터메릭은 심황이라고도 하며, 인도가 원산지이고 동아시아, 아프리카, 호주 등에 재배되며, 생강과에 속하는 식물로 강한 향과 뿌리의 노란색은 착색제로 사용하며 건위제이기도 하다. Curry Poser, Mustard를 만들 때 사용하며 단무지의 착색제로 사용된다.

Turn Away {턴 어웨이}

호텔객실이 만실이 되어 들어오는 고객에게 객실을 제공하지 못한 경우에 다른 호텔로 고객을 예약한 후 안내 및 제반 서비스하는 것을 말한다.

Turn Down Service {턴다운 서비스}

고객이 투숙한 객실에 대하여 매일 저녁 6시 이후 고객의 취침 직전에 제공하는 서비스로, 베드 스프레드가 씌워진 채로 있으면 고객이 베드를 사용할 때 불편함으로 간단한 객실의 청소 · 정리 · 정돈과 잠자리를 돌보아 주는 서비스를 말한다.

Turn-in {턴인}

호텔에는 다수의 영업장이 있는데, 각 영업장 교대시간에 따라 영업장 Cashier로부터 General Cashier에게 입금되는 총금액이다.

Turnde Over {턴드 오버}

Fried Egg의 요리방법 중의 하나로 턴드 오버는 Fried Over Easy, Fried Over Midium, Fried Over Hard 등이 있다.

Turnip {순무}

겨자과에 속하는 2년생 무의 하나로 뿌리는 통통하고 길며 물이 많다. 잎과 뿌리는 중요한 채소로 비타민을 많이 포함하고 있다.

Tuxedo {Dinner Jacket}

남자용 약식 Evening Dress이며, 연미복(Swallow-tailed Coat)의 대용으로 입는다.

Twin Double {트윈 더블}

호텔의 객실 형태로 4인이 이용할 수 있는 객실로 Quad라고도 하는데, 더블베드가 2개 들어간 객실이다.

Twin Studio {트윈 스튜디오}

주간에는 소파로 사용되며, 저녁에는 스튜디오 베드로도 사용되는 투윈룸이다.

Twist {트위스트}

레몬, 오렌지와 같은 과일의 안쪽부분을 제거하고 껍데기만 꼬아 놓은 상태를 말한다.

U

U-shape {U형 배열}
U형 배열은 테이블 형태를 U자 형으로 배열하는 것으로, 테이블크로스는 양쪽이 균형하게 내려와야 하며, 헤드테이블 앞쪽에는 Drape's를 쳐서 다리가 보이지 않게 하여야 한다.

U.B.R {Unit Bath Room}
호텔객실의 욕실구조를 말하는데, 세면대, 욕조, 타일 등을 각각 세팅하는 것보다는 하나의 세트로 구성된 일체식 단위 욕실은 보온 및 단열성이 뛰어나며 부식이 되지 않아 반영구적이다.

UHT {Ultra Heat Tested}
우유 등을 살균할 때 많이 사용하는 살균법으로, 고온에서 135°C에서 2초간 살균하는 것을 말한다.

Ullage {얼리지}
알코올성 주류나 음료는 자연발생적으로 증발하는 경우가 있는데, 이와 같은 현상으로 손실되는 양을 말한다.

Uncollected Bill {언콜랙티드 빌}
식음료 정산 시 Posting은 되었으나 분실 등 여러 가지 사유로 회수 불능한 계산서를 뜻하며, Open Check이라고도 한다.

Under Cloth {언더 크로스}
레스토랑이나 현회장 등에서 테이블 크로스와 함께 사용되는 것으로, 언더 크로스는 보통 펠트(Felt : 털로 다져서 만든 천), 플란넬(Flannel : 면) 또는 얇은 스펀지로 만들어지며, 테이블 위의 소음을 줄이기 위하여 사용한다 하여 Silence Cloth 또는 Table Pad라고도 부른다.

Under Heat {언더 히트}
조리과정 중 하나로 오븐에 굽는 방법이며, 팬이나 트레이에 스테이크 등을 담

아서 굽거나 버섯요리, 토마토, 베이컨류를 조리하는 법을 말한다.

Under Stay {조기 퇴숙}

고객의 업무상 또는 개인적인 사정으로 퇴숙 예정일보다 앞당겨 퇴숙하는 경우를 말한다.

Underliner {언더라이너}

보울이나 컵 및 핑거볼 등을 받치는 접시로, Saucer라고도 한다.

Undesirable Guest {불량고객}

호텔의 품위에 손상을 주고 손해를 입히는 고객, 즉 호텔 영업에 악영향을 미치는 바람직하지 못한 고객으로, 불량고객으로 Ugly Guest라고 표현하기도 한다.

Unexpected Arrival {Early Arrival}

고객이 호텔객실을 예약을 하였지만, 고객사정으로 예약한 시간 또는 날짜 이전에 도착하는 경우를 말한다.

Uniform Service {유니폼서비스}

유니폼서비스는 호텔 유니폼을 입고 서비스를 제공하는 것을 의미하며, 현관에 근무하는 Front Desk Receptionist, Bell Man, Door Man, Carjocky 등이 여기에 속한다.

Uniform System of Account for Hotel {호텔표준회계 형식}

호텔표준회계 형식은 호텔의 전문용어와 이용방법을 일관성 있게 다루기 위한 회계용어로, 특징으로는 첫째, 업장의 다원화로 발생장소와 시점이 다른 거래를 고객별로 회계처리하며, 둘째, 판매가 완료된 수익의 기록을 부문별로 회계 처리하되 손익계산서에 기록한다. 셋째, 호텔의 모든 거래기록은 프런트오피스에 전기되어 고객원장에 기록된다. 넷째, 고객이 투숙하여 퇴숙할 때까지 판매한 외상거래는 일관성 있게 장부에 기록하여 누락을 방지한다는 점이다. 한편, 영업부문의 구분에 의해 열거하면 Rooms, Food and Beverage, Casino, Telephone, Garage-parking Lot, Golf Course, Golf Pro Shop, Guest Laundry, Swimming Pool cabanasbaths, 기타 Rentals and Other Income 등으로 나누어진다.

Uniformed Service {유니폼서비스}

호텔의 유니폼서비스는 호텔프런트에서부터 고객과 동반하여 고객의 객실까지 수행하는 중요한 직무로 Bell Desk의 대표적인 서비스 업무이다. 즉 고객의 프런트 오피스에 등록을 마치면, 고객의 짐을 운반하면서 고객을 인도하여 배정된 객실로 안내하는 일, 객실의 정돈 상태, 나이트 테이블(시계, 라디오, 전화, 램프), 전등, 텔레비전 외의 필요한 가구나 비품이 제대로 기능을 발휘하는 지를 속히 점검하고 객실 내에 객실열쇠를 놓고 나오는 일, 호텔을 떠나는 고객의 짐을 운반하고 각종 고객의 세탁서비스 및 일반 심부름을 하며 메시지 전달을 담당한다.

Unit {유니트}

기업이 여러 사업장을 경영하고 있는 경우 각각의 사업장을 뜻하며, 숙박, 콘도미니엄 등을 일컫는다.

Unit Rate System {단일 요금제도}

호텔의 객실요금 정책으로서 객실 당 투숙객수에 따라 가격이 결정되는 것이 아니고, 객실 1실에 투숙객이 1인이든 2인이든 관계없이 동일한 요금을 고객으로부터 지불하도록 하는 제도로, 우리나라에서 실시되고 있는 객실 당 가격이 적용되는 운영제도이다.

Up Grade {업그레이드}

호텔측의 사정에 의해 고객에게 예약한 객실을 제공하지 못할 경우에 고객이 예약한 객실보다 가격이 비싼 객실에 투숙시키고, 요금은 고객이 예약한 객실요금으로 처리한다. 또한 호텔이 고객을 대접하기 위한 수단으로 예약된 객실보다 값비싼 고급객실을 제공하고 요금은 예약되었던 객실요금을 받는 경우도 있는데, 이것 역시 업그레이딩이라고 한다.

Up-grade Sale {업그레이드 세일}

호텔에서 판매촉진을 위해 이미 예약된 객실요금보다 높은 가격의 객실을 선택하도록 권유하는 마케팅 방법으로 Selling Up이라고도 한다.

UPS {무정전 전원공급장치}

정전이나 소음이 없는 깨끗한 전기를 공급하여주는 장비로 '정전압 정주파수 전원장치(Constant Voltage Constant Frequency; CVCF)'라고 불리기도 한다. 컴퓨터의 전원이 끊어지거나 에러, 불량을 막아주는 필수보호기기이다.

Up Selling {업 셀링}
예약된 고객에게 또 다른 상품을 보충 설명하여, 더 높은 가격의 상품을 살 수 있도록 유도하는 것으로, 일반객실을 예약한 손님에게 EFL 객실을 판매하는 것과 같다.

Urgent Telegram {긴급 전보}
한동안 많이 이용했던 긴급 전보는 이메일, 스마트기기가 일반화되면서 사용빈도가 거의 없다고 할 수 있다. 하지만 예전에는 가장 빠르고 확실하게 전달되어 통신시스템이었다.

Utensil {유텐실}
주방 및 바에서 사용되는 기물을 총칭하는 말이다.

Utility Man {유티리티 맨}
유틸리티 맨이란, 말의 원래 뜻은 엑스트라 배우, 단역 배우 등의 뜻이지만, 호텔용어로는 공공구역의 청소원을 의미한다. 특별한 기술이 필요하지 않은 호텔의 로비나 화장실, 호텔 주변, 주차장 등의 청소를 담당하는 단순직이라는 의미에서 유틸리티 맨이란 호텔용어가 탄생한 것으로 생각된다.

V

Vacancy {베이컨시}
호텔에서 보유하고 있는 객실이 모두 판매되지 않은, 즉 만실이 아닌 상태로 판매 가능한 객실이 아직 남아있는 상태를 말한다.

Vacant and Ready {베이컨트 앤 레이디}
투숙했던 고객이 퇴숙을 하고 다음 고객을 위해서 청소가 완료된 상태를 의미한다.

Vacation & Holiday Village {휴양촌}
정부가 지정한 국립공원이나 온천지역과 해변 또는 호수 주변에 휴양소나 숙박시설을 건설하여 일반대중이 저렴한 경비로 사용할 수 있는 곳으로, 휴양하면서 필요한 것들은 그 지역 내에서 구입할 수 있다.

Vacation Home {별장}
특별한 계절이나 휴가기간 동안 단기간 사용되는 2차적인 주거지를 뜻한다.

Vaccum Cleaner {진공청소기}
카펫을 많이 사용하는 호텔에서는 진공청소기가 많이 사용되는데, 진공청소기의 강한 흡인력으로 카펫바닥에 떨어져 있는 각종 이물질과 소파 또는 의자 등의 먼지를 제거하는데 사용된다.

Vacuum Cooking {진공포장요리}
모든 양념과 식재료에 간을 맞추어 요리별로 진공 포장하여 손님이 원하는 시간에 Poaching하거나 Microwave에 넣었다가 서브하는 방법이 있으며, 요리를 완성해서 진공 포장하여 놓았다가 손님이 원할 때 워밍해 주는 방법이다.

Valentine Day {성 발렌타인 축일}
성 발렌타인(서기 3세기 로마의 크리스트교 순교자) 순교 기념축제일(2월 14일)이며, 애인에게 선물이나 편지를 보내는 날, 애인이 선택되는 날이다.

Valet Parking {발렛 파킹}
호텔의 현관 서비스의 일종으로 호텔고객의 차가 도착하면 직원이 직접 운전하여 전용주차장에 주차해 주는 서비스이다. 또한 고객의 신속한 호텔 출입을 위한 주차대행 서비스로 Jockey Service 또는 Car Jockey Service라고도 한다.

Valet Service {발렛 서비스}
호텔의 주차장에서 고객을 위하여 주차를 대행해 주는 서비스를 말한다. 또 다른 뜻으로는 세탁소에서 손님의 옷을 세탁, 드라이클리닝하거나 수선하여 주는 서비스를 발렛 서비스라고도 한다.

Vanderhum {반더훔}
리큐어의 일종으로 남미에서 생산되는 여러 가지 향료를 가미한 귤향(Tangerine Flavored)이 특징이다.

Vanilla {바닐라}
난초과에 속하는 열매로 그대로 사용하지 않고, 에센스로 만들어서 소량씩 첨가하게 되어 있다. 초콜릿, 아이스크림, 과자류에 사용된다.

Vat {베트}
커다란 양조통을 뜻하는데, Vat는 위스키 등을 숙성시킬 때 사용되는 커다란 오크통을 뜻하기도 한다.

VAT {Value Added Tax}
부가가치세란, 물품이나 용역이 생산 유통되는 모든 단계에서 매출금액에 대하여 과세하지 않고, 기업이 부가하는 이익에 대하여만 과세하는 세금을 말한다.

V.D.Q.S {우량지정 포도주}
와인의 원산지 명칭을 뜻하는 말로, 우수한 품질의 와인이라는 의미이다. 품질분류상 A.O.C 와인의 다음 급에 속하며 규정 항목으로는 포도생산지역, 포도품종, 재배법, 양조법, 최저 알코올도수 등을 규제하고 있다.

Veal {송아지고기}
송아지는 생후 12주를 넘기지 않는 것으로, 어미의 젖으로만 길러, 지방층이 많지 않고 육질이 부드러운 것이 특징이다.

Veal Cutlet {송아지 커틀릿}
뼈를 제거한 송아지고기를 얇게 저민 후 소금, 후추를 뿌리고 밀가루에 계란, 빵가루를 입힌 다음 버터에 소테하여 Veal Sauce와 함께 제공한다.

Vecchio {베치오}
2년간 숙성시킨 파르메산 치즈를 말한다.

Vegetable Stock {베지터블 스톡}
수프나 소스를 만들기 위한 것으로, 양파와 대파를 먼저 기름으로 볶은 후 양파, 셀러리, 토마토, 마늘, 월계수잎, 소금, 향료 등을 함께 끓여서 천으로 걸러낸 국물이다.

Veloute Sauce {블루테 소스}
야채를 버터에 볶은 후 White Roux(Roux Blanc)를 넣고, White Stock를 부어 끓인다. 여기에 생선스톡을 넣고 끓이면 Fish Veloute가 되고, 치킨 스톡을 넣고 끓이면 Chicken Veloute가 된다.

Vendemmia {벤뎀미마}
이탈리아어로 빈티지 와인을 뜻한다.

Vending Machine {벤딩머신}
간단한 식료, 음료, 담배 등을 판매원 도움 없이 판매하는 기계를 말한다.

Venison {벤즌}
사슴고기 또는 사냥에서 잡은 새, 짐승의 고기를 말한다.

Ventilator {통풍구}
객실이나 주방 등 실내의 나쁜 공기를 외부로 뽑아내는 장치이다.

Veranda {베란다}
베란다를 뜻하며, 발코니나 스페인식 주택 정원, 테라스가 있어 강이나 바닷가를 조망할 수 있고, 리조트 호텔에서 볼 수 있는 객실 형태를 말하는데 Lanai라고도 한다.

Verification {재확인}
객실예약, 신용카드 사용여부 등을 증명하는 재확인 과정을 말한다.

Verjus {베르쥬}
익지 않은 포도즙으로서, 신맛이 강하여 많이 사용하지는 않는다.

Vermicelli {버미셀리}
이탈리아 음식 중 파스타의 일종으로, 매우 가늘고 둥근모양의 파스타이다.

Vermouth {베르뭇}
베르뭇은 버무스라고도 표현하며, 이는 와인을 기주로 하여 약재를 가미한 혼성주이다. 명칭은 독일어의 베르무트 혹은 앵글로색슨어의 Wermod에서 유래되었다. 베르무트의 가장 중요한 요소는 기주로 사용되는 백포도주이며, 다음은 여러 가지 약초들과 향료이다. 이 향료들은 정확한 처방이 제조회사마다 비법으로 되어 공개되지 않고 있다.

Vermouth Dry {베르뭇 드라이}
단맛이 없는 방향성 아페리티프 와인으로, 주로 칵테일 조주시에 사용된다. 일명 프렌치 베르뭇이라고도 한다.

Vermouth Sweet {베르뭇 스위트}
단맛이 있고 방향성이 높은 적색 아페리티프 와인으로, 주로 칵테일 조주시에 사용된다. 일명 이탈리안 베르뭇이라고도 한다.

Vertical Travel {승강기}
레스토랑과 주방이 다른 층으로 나누어져 있는 곳에서 많이 사용하는 리프트로 이해될 수 있고, 운반이나 편의시설의 개념에서는 모든 고층건물이나 건조물 내부에 설치하여 각각 다른 용도로 다양하게 사용할 수 있는 수직이동 시설물을 말한다.

Very Hard Cheese {경질치즈}
경질치즈는 단단한 치즈를 뜻하는데, 수분함량이 낮고 딱딱하기 때문에 분말로 식용할 수가 있다.

Vichy {비시}
프랑스의 지방명이며 요리의 이름으로, 봄철에 나는 야채를 물에 삶아서 버터로 조린 다음 당근과 같이 내는 요리이다.

Vichy Water {비시워터}
프랑스 중부의 Vichy시에서 용출되는 광천수로, 로마시대부터 음용되어 왔다. 중탄산석회, 이온 등이 함유되어 있는 광천수이다.

Vichyssoise {비시스와즈}
찬 감자 수프로 차게 하여 서브한다.

Vienna Breakfast {비엔나 식조식}
비엔나식 조식은 계란요리와 롤 빵 그리고 커피 정도로 간단힌 먹는 아침식사를 말한다. 이때 커피 1/2, 밀크, 1/2 정도 타서 먹는데, 이것을 멜랑즈라고 한다.

Vienna Coffee {비엔나커피}
컵에 커피를 따르고 여기에 휘핑크림을 듬뿍 넣고 스푼으로 젓지 않고 마시는 커피이다.

Villa {빌라}
부호의 별장에서 유래된 말고, 피서나 피한, 휴양, 레크리에이션 활동 등을 위한 휴양지의 숙박시설로 개인소유자가 대부분이다.

Vin {빈}
프랑스어로 '포도'를 뜻한다.

Vin Blane {백포도주}
프랑스어로 '화이트 와인'을 뜻한다.

Vin de Liqueur {빈 드 리큐어}
프랑스어에는 두 가지 뜻을 가지고 있는데, 매우 스위트한 와인(A Very Sweet Wine)이라는 뜻과 브랜디의 첨가로 알코올도수가 약 18도의 강한 와인이다.

Vin de Pay {뱅 드 빼이}
프랑스남부의 지중해지역에서 생산되는 와인으로 각 지방의 특성을 갖고 있는 생산지역의 와인을 말한다. 프랑스 정부는 1973년 와인품질 상 3급으로 분류하였다. 라벨에는 산지명과 생산자 보증마크가 기재되며 산지명 와인으로 하여 판매된다.

Vin Mousseux {빈 무스}
프랑스 상파뉴 지방 이외에서 생산되는 포말성 와인을 뜻한다.

Vin Rose {빈 루즈}
프랑스어로 '로제 와인'을 뜻한다.

Vinaigrette Dressing {비네그레트 드레싱}
비니거 드레싱이라고도 하며, 오일과 식초에 삶은 계란과 케이퍼 향, 양파, 파슬리 등을 넣어서 만든 드레싱이다.

Vineger {비네거}
조미료의 일종으로 4% 가량의 초산이 들어 있는, 시고 약간 단맛이 있는 식초로, 양조초와 합성초가 있다.

Vino {비노}
이탈리아어로 '와인'을 의미한다.

Vino tinto {비노 틴토}
스페인어로서 '레드 와인'을 뜻한다.

Vintage Chart {빈티지 차트}
와인의 상태를 한눈에 판단할 수 있도록 만든 빈티지 차트는 포도주의 생산연도와 장소 등을 알기 쉽게 표시해 놓은 표라고 할 수 있다.

Vintage Wine {빈티지 와인}
빈티지란, 포도의 수확 혹은 포도의 수확기를 말하는데, 특별히 잘된 해의 포도로 만든 와인에 생산년도를 상표에 표시하며 이것을 '빈티지 와인'이라 한다. 샴페인이나 포트와인에 빈티지라고 쓰여 있을 때는 'A Very Good Year'라는 문자의 뜻을 내포하고 있다. 와이너리에서는 포도주의 질을 10등급 혹은 5등급으로 구분하여 차트를 만들고 소비자에게 제공하고 있으나, 일반적인 상표에 빈티지를 표시 할 때는 'The Great Years' 이상의 것에만 표시하는 것이 일반적이다.

VIP {Very Important Person}
중요한 인물 또는 지명도가 높은 사람으로, 특별한 주의 및 관심을 요하는 고객을 뜻하는데, CIP(Commercial Important Person)의 경우는 상업적인 거래상으로 중요한 영향력이나 역할을 하는 귀빈을 뜻하기도 하며, VIP와 같은 의미로 표현하기도 한다.

Vodka {보드카}
감자를 주원료로 하여 만든 무색투명하고, 무미에 가까운 증류주로 슬라브 민족의 국민주이다. 그 어원은 러시아 Voda로서, 영어의 물과 같은 뜻이며 무색, 무미, 무취의 특성을 이용하여 칵테일의 기주로 많이 사용하고 있다.

Void Bill {보이드 빌}
계산서 처리 시 고객이나 직원에 의하여, 정정 혹은 수정 등 기타 훼손으로 불가피하게 무효화된 계산서를 말한다.

Voiture {브와튀르}
고객을 위해 오드볼이나 케이크 등을 진열하거나 나르는 Wagon 또는 Trolley를 말한다.

Vol-au-vent {볼오방}
닭고기, 생선 등을 넣어 만든 일종의 고기파이를 뜻한다.

Voucher {바우처}
고객이 사용 요금 대신 지급하는 보증서 개념으로, 여행사와 항공사에서 발행하는 것이다. 즉 이것은 호텔이용 전에 식사, 관광, 객실 등의 비용을 사전 지급하여 계산서와 같이 유통되는 양식이다.

W

Wafer Paper {와퍼 페이퍼}
'먹을 수 있는 종이'를 뜻한다.

Wagon {웨건}
짐을 옮길 때 사용하는 것으로, 4개의 바퀴가 달려 있다.

Waffle {와플}
덴마크 음식의 일종으로 밀가루와 버터, 설탕, 계란, 이스트, 우유, 소금, 바닐라 향 등을 반죽하여 틀에 넣어 구워내는 케이크 종류로 꿀이나 시럽, 버터를 발라 먹는다.

Wagon Service {Cart Service}
웨곤 서비스는 프랑스 레스토랑에서 많이 하는 테이블 서비스로, 손님이 보는 앞에서 플래밍(Flaming : 고기를 굽는) 또는 카빙(Carving : 고기 등을 자르는)을 하기도 한다.

Wake-up Call {Morning call}
고객으로부터 깨워 달라는 부탁을 받고, 교환원이 부탁받은 시간에 고객의 객실로 전화를 하여 일어날 시간을 알리는 것을 말한다. 하지만 최근에는 컴퓨터에 입력하게 되면 자동으로 알람이 되며, 손님이 전화를 받지 않을 경우는 교환실로 되돌아와 벨맨 등을 직접 보내 고객이 일어났는지 확인을 한다.

Waiter / Waitress {웨이터 / 웨이트레스}
일반적인 업무는 메뉴주문, 서빙 및 정리 정돈, 영업 준비 등이 주 업무이므로, 주문을 받기 위한 다양한 지식 등을 숙지하고 있어야 한다.

Waiter Knife {웨이터 나이프}
레스토랑 직원들이 서비스를 할 때 휴대하는 기물로서, 와인의 코르크를 오픈할 때와 병목을 싼 납종이를 오려내는데 사용하는 칼이다.

Waiting-line Theory {웨이팅 라인 이론}
관리측면에서 고객의 흐름에 따라 최적의 요금을 산출하기 위한 수학적 관리시스템이라고도 한다.

Waining List {대기명단}
이미 예약된 인원이 만원이라 취소를 기다리고 있는 고객의 대기 명단이다.

Waldorf Salad {월도프 샐러드}
사과, 셀러리, 호두 등 과일을 주로 사용하여 만드는 샐러드를 말한다.

Walk in Guest {워크 인 게스트}
사전 예약을 하지 않고 당일에 호텔에 직접 와서 투숙하는 고객을 말하는데, 이러한 경우 고객에게 객실료의 2배 되는 선수금을 받고 있다.

Walk Out {워크아웃}
공식적인 퇴숙절차 없이 호텔을 떠나는 고객을 말하는데, 고객이 정해진 기간에 객실을 사용하고 프런트를 거치지 않고 떠난 경우이다.

Walkie-talkie {Walky-talky, Two Way}
메시지를 받고 응답할 수 있는 무선전화기시스템이다.

Wall Skirt {웰 스커트}
벽의 아랫부분인 하바퀴를 뜻한다.

Walnut {월넛}
호두나무의 열매로 껍질이 얇은 호도는 디저트로 좋으나, 부패되기가 쉽다.

Wardrobe Shelf {옷장 선반}
옷장 안에 있는 선반을 뜻하며, 객실에서 추가고 사용되어지는 담요나 베게 등을 넣어두기도 한다.

Warm Plate {웜 플레이트 : Warming Stand}
고급 레스토랑에서 음식이 담긴 접시가 식지 않도록 밑에 받쳐 놓은 뜨거운 철판을 말한다.

Wash {워시}
제품을 굽기 전에 계란, 우유, 물을 바르거나 구운 후 그레이즈한다는 뜻으로 사

용되는 어휘이다.

Wash Base {Wash Basin}
세면대를 뜻하며 더운 물과 찬물이 나오는 수도꼭지가 있다.

Wash Basin {워시 바신}
욕실에 설치된 세면대를 뜻한다.

Wash Cloth {Hands Towel}
핸드 타월이락도 하며 손을 씻을 때나 면도할 때 사용하는 작은 타월이다.

Wastage {웨이스티지}
식음료 창고(Food & Beverage Storage)나 조리 준비과정 또한 요리과정에서 생기는 불가피한 일정한 소모량을 말한다.

Watch Work {당번근무}
아침에 출근한 룸 메이드가 퇴근 후 오후시간과 밤늦은 시간까지 근무하는 것을 말한다.

Watercress {워터클래스}
물냉이 또는 물냉이 잎을 뜻하며, 샐러드용으로 쓰인다.

Water Jug {워터 저그}
손잡이가 달린 물병을 뜻한다.

Watering Hole {워터링 홀}
칵테일 라운지, 바 또는 술집의 속어이다.

Weekly Bills {주간 청구서}
주별로 고객의 모든 거래 내용을 계산 합계하며, 청구서의 잔액은 새로운 회계코드에 전기 이월한다.

Weekly Rate {위클리 레이트}
호텔에서 1주일 장기체재 하는 고객에 대하여 실시하는 특별 할인요금을 말한다.

Welcome Envelop {환영 봉투}
단체숙박(Group Check In) 시 객실 열쇠와 등록카드 등이 넣어져 있는 봉투이다.

Well-done {웰던}
스테이크를 구울 때 쓰는 용어로 속까지 완전히 익히는 것을 의미한다.

Well or Bucket {원장 보관함}
고객원장이 프런트 캐셔에 의해 객실번호 순으로 정리 보관된 것이다.

Wet Mop {웨트 맙}
젖은 자루걸레를 뜻한다.

Wet Vacuum {웨트 베큠}
물청소용 진공청소기를 뜻하며, 바닥에 있는 물을 짧은 시간에 흡입한다.

Wheat Cake {밀가루 케이크}
아침에 주방에서 즉석으로 굽는 밀가루로 만든 케이크로, 서브할 때에는 Better와 Honey 또는 Maple Syrup을 곁들여 제공한다.

Whey {훼이}
우유의 성분에서 단백질과 지방을 빼고 남은 성분으로, 치즈를 만들 때 우유가 응고한 뒤 분리되는 액체이다.

Whey Cheese {훼이 치즈}
치즈 제조의 부산물이며, Lactose(락토오스 : 유당)를 주성분으로 하는 유장(Whey)을 이용하여 만든 것이다.

Whey Off {훼이 오프}
Curd(엉겨 굳어진 것)를 가온할 때 유장을 배출시키는 것이다. Curd는 1/2로 수축된다.

Whipping {휘핑}
빠른 동작으로 저어 부풀게 하는 것을 말한다.

Whipping Cream {휘핑크림}
거품기를 이용하여 빠른 동작으로 우유를 저으면 거품크림이 발생하는데, 이 크림을 휘핑크림이라 한다.

Whisky {위스키}
위스키는 보리, 호밀, 밀, 옥수수, 귀리 등 곡물은 원료로 하여 발표 양조하고 이

것을 증류하여 알코올을 만들어 낸다. 일반적으로 위스키는 스카치, 아메리칸, 캐나디안으로 나뉘어져 있다. 스카치는 스코틀랜드에서, 아메리카에서는 위스키(버번)를 바로 마시며, 직후 다른 컵으로 한 잔의 냉수를 마시는 방법을 아메리칸 스타일이라 한다. 또한 위스키 중에 가장 마일드 한 맛의 캐나디안은 1920년대 아메리카의 금주법 시대에 급성장하였으며, 아메리칸인이 술을 구하러 캐나다에 간 것이 기초가 되었다.

White Cabbage {화이트 캐비지}

양배추의 일종으로 엷은 초록색이 가미된 회색의 양배추이다.

White Coffee {화이트 커피}

커피와 우유가 들어간 프랑스 풍 커피로, 보통 커피의 40% 정도 진하게 추출한 후 설탕과 커피, 우유를 부어 만든 커피의 한 종류로, 카페오레라고도 한다.

White Day {화이트 데이}

3월 14일로 이날은 남성이 여성에게 사랑을 고백할 수 있는 날이다.

White Fish {화이트 피시}

연어과에 속하며 호수에 서식한다. 작고 두꺼운 지느러미와 꼬리의 끝을 가지고 식별할 수 있는데, 건조시킨 살은 흰색이다.

White Meat {화이트 미트}

소스의 사용을 구별하기 위하여 미트를 구분한 것으로 송아지, 새끼양, 새끼염소, 새끼돼지, 토끼고기, 계란 등과 흰생선, 가금류의 복부고기가 화이트 미트에 속한다. 대개 연한 고기로서 노년층이나 어린이들이 선호한다.

Whire Rum {화이트 럼}

백색 또는 무색으로 실버 럼이라고 불리며 칵테일용으로 사용된다.

White Sauce {화이트소스}

흰색 육수 소스로 대표적인 것으로는 크림 모양의 진한 베샤멜소스가 있다.

White Stock {화이트 스톡}

소뼈나 송아지 뼈에 파슬리 줄기, 양파, 셀러리, 당근, 부추 등에, 월계수잎, 향초 등의 향기를 넣고 소금과 통후추를 가미하여 찬물에 넣어 서서히 3~4시간 정도를 끓여 위로 뜬 찌꺼기를 걷어낸 것을 화이트소스라고 한다.

White Truffle {화이트 트러플}

주로 이탈리아 Piedmond 지방 등 중부 유럽에서 자생하며, 표피는 단단하고 혹이 없으며 보통 오리알 만한 크기도 있다. 초기에는 회백색이고 쪼개진 금이 있으면 나중에는 황갈색으로 변한다.

Whiting {명태}

대구과의 일종으로 지방이 적으며, 살집은 부드럽고 조각살로 구성되어 부스러지기 쉽다.

Who {후}

프런트 컴퓨터에는 비어 있는 객실로 나타났지만, 객실에는 미확인 고객이 투숙하고 있는 것을 말한다.

Watering Hole {워터링 홀}

칵테일 라운지, Bar 또는 술집의 속어이다.

Wild Bear {멧돼지}

어린 멧돼지의 등과 다리고기는 인기가 높으며, 나머지 부분은 Ragout(라구 : 프랑스 스튜의 일종)로 사용된다.

Wild Duck {야생 오리}

야생에 서식하는 오리를 뜻한다.

Will Call for Service {윌 콜 포 서비스 : By Hand}

숙박하고 있는 고객이나 퇴숙 예정 고객이 외부인에게 물품을 전달할 경우에 보관했다가 외부인에게 전달하는 서비스이다.

Window Sill {윈도우 실}

창문의 턱을 의미한다.

Wine {와인}

포도주란 양조주의 대표적인 술로서 포도를 원료로 하여 만들어지는데, 오랫동안 주식처럼 마셔온 포도주는 약 5,000년의 역사를 가지고 있다.

{성질에 의한 분류}

- Natural Still Wine : 순수한 자연 그대로의 포도만을 가지고 양조한 비포말성 와인이다.
- Sparklinf Wine : Still Wine에 대응하는 와인으로 발포성 와인을 뜻하며, 그 대표적인 것이 샴페인이다.
- Fortified Wine : 중성주정이나 브랜디 등 기타 재료를 가미하여 알코올도수를 높인 와인이다.
- Aromatized Wine : Natural Wine에 여러 가지 향료를 착향시킨 술로써 대표적인 것은 버무스이다.

{색깔에 의한 분류}

- White Wine
- Red Wine
- Rose Wine
- Yellow Wine

{맛에 의한 분류}

- Dry Wine : 맛이 강한 와인으로, 식욕촉진에 적합하다.
- Table Wine : 식사와 함께 제공되는 와인이다.
- Sweet Wine : 단맛을 가지고 있는 와인으로, 주로 소화촉진을 돕는데 적합한 와인이다.

{용도에 의한 분류}

- Appetizer Wine(식사 전 와인) : 식욕촉진을 위하여 오르되브르(Hors d'oeuvre)와 함께 마시거나 식전에 위를 자극, 위액을 분비시켜 입맛을 돋우기 위하여 마시는 와인이다.(Dry, Sherry, Vermouth)
- Dessert Wine(식사 후 와인) : 식사 후 케이크와 같은 달콤한 디저트와 함께 제공되는 와인이다.(Port Wine, Cream Sherry)
- Sparkling Wine(식사 중 와인) : 식사 중 어떠한 코스에도 잘 소화가 되는 와인이다. 코스 메뉴에서는 메인 디시가 주로 육류이기 때문에 통상 레드 와인, 생선류일 경우는 화이트 와인이 된다.

Wine Butler {와인 버틀러}

와인 버틀러는 와인 전문가로서 Sommelier, Wine Waiter라고도 하며, 와인주문, 와인 생산연도, 와인 추천, 요리와 적합한 와인 추천, 와인창고 관리, 와인 진열과 고객으로부터 주문을 받고 직접테이블에 서브하며, 와인 시음과 테스팅하는 사람이다.

Wine Cradle {와인 크레이들}

와인을 서브할 때 사용하는 것으로, 와인을 뉘어 놓은 손삽이가 달린 바구니 혹은 와인 바스켓을 말한다.

Wine Cellar {와인 저장실}

와인 저장실은 실내온도가 섭씨 10도 정도가 적당하며, 습도는 75%가 이상적이고, 빛이 너무 많으면 안 되며, 저장실은 오직 술 종류만 보관하여야 한다. 왜냐하면, 와인은 외부의 냄새, 즉 페인트, 가스, 식초 등의 냄새를 접하면 안 된다.

Wine Decanting {와인 디캔팅}

와인 디캔팅이란, 침전물이 있는 레드와인을 그대고 서브하면 와인 침전물이 글라스에 섞여 들어갈 염려가 있으므로 와인병을 1～2시간 똑바로 세워둔 후에 촛불 또는 전등을 와인병 목 부분에 비춰놓고 Decanter로 옮겨 붓다가 침전물이 지나가면 정지하여 순수한 와인과 침전물을 분리시키는 작업을 말한다.

Wine Label {와인 라벨}

와인 브랜드와 생산자의 이름, 생산지, 포도품질 등급, 포도를 수확한 연도가 상세히 기재되어 있다.

Wine List Number {와인 리스트 넘버}

와인의 종류는 많으므로 각각 종류별로 번호를 붙여 관리하기 편리하도록 한 것이다.

Wine Taste {와인 시음}

와인은 온도에 따라 맛과 향이 좌우 된다. 화이트 와인과 샴페인은 반드시 섭씨 10도 이하가 되어야 되고, 레드 와인은 18도의 실온이 적당하다. 어떤 종류의 와인이든지 반드시 투명한 글라스에 부어 마시고 와인은 맛뿐만 아니라 빛깔도 함께 즐기기 때문이다. 와인은 술잔을 입에 기울일 때 나오는 향기를 깊이 들이마시며 마실 때는 술을 한 입 가득히 마셔서 입안의 모든 부분으로 술을 테스팅한다.

Wine Waiter {와인 웨이터}

와인 웨이터는 와인 전문가로서 Sommelier, Wine Butler라고도 하며, 와인주문, 와인 생산연도, 와인추천, 요리와 적합한 와인 추천, 와인창고 관리, 와인 진열과 고객으로부터 주문을 받고 직접테이블에 서브하며, 와인 시음과 테스팅을 하는 사람이다.

Worcestershire Sauce {우오세스타셔 소스}

한국의 간장과 비슷한 서양의 조미료이다.

Work Station {워크스테이션}

호텔 직원이 근무하는 영업장 개념과 음식을 생산하는 조리실을 뜻하기도 한다.

Working Sheet {정산표}

일정기간의 경영성적과 결산일, 현재의 재무상태를 하나의 표로 표시하기 위하여 작성한 표로, 정산표라 한다. 정산표의 종류는 손익계산서, 대차대조표, 현금흐름표가 있다.

Working Schedule {근무 계획표}

호텔은 24시간 영업을 하므로, 그에 따른 근무계획표가 작성되어 있어야 한다.

World Tourism Organization {세계관광기구 : WTO}

세계관광기구는 제2차 세계대전 후 국제관광사업의 급진적인 발전에 따라 1947년 영국 여행휴가협회의 제창에 의해 파리회의에서 정식으로 발족된 국제관광기구이며, 세계최초의 국제관광기구이다.

Writing Desk {사무용 책상}

객실 내에서도 사무를 볼 수 있도록 한 책상으로, 호텔 객실 내에 비치된 가구이다.

Yachtel {요텔}

요텔은 Yacht의 'Yach'와 Hotel의 'tel'을 합성하여 만들어진 합성어로, 요트를 즐기는 여행객들을 대상으로 하는 숙박시설이다. 요텔의 적합한 위치로는 마리나 사업을 위한 요트를 계류 또는 정박하기 안전한 곳이어야 하고, 그 밖에 수리, 주유, 교통 등 시설이 갖추어진 곳이어야 한다.

Yeast {이스트}

빵을 만들 때 사용하거나 맥주의 원료로 맥아즙 속의 당분을 분쇄하고, 알코올과 탄산가스를 만드는 작용을 하는 미생물, 즉 효모균이다.

Yield {수득률, 표준산출량}

실험의 반응을 통해 실제로 얻는 생성물의 양과 이론상의 반응식에 따른 양에 대한 비율이라 할 수 있는데, 메뉴의 원가로 예를 들면, 원상태의 식품재료에서 메뉴량을 말한다. 원재료를 조리하는 과정에서 방생하는 정상적인 감소는 산출당 가격이 변경되는데, 원래 단위의 비용보다 사용 가능한 단위의 비용이 높다.

Yield Management {수익관리}

항공산업에서 사용하던 수익관리를 호텔산업에 도입한 것인데, 하루에 8만 번씩 가격이 변동되는 자동식 가격변동 방식에 따르면 할인율은 수요의 변동 및 예약상황에 따라 다르게 적용된다. 즉 호텔고객들은 그들의 예약시점에 따라 같은 객실에 대하여 다른 객실요금을 지급한다. 가격은 매일 시간단위로 변하여 예정객실 투숙일의 주요 상황이 모든 가격조정을 조절하는 것이다. 따라서 이 시스템의 수요예측 기능까지 구비하고 있으므로, 세분 시장에 따라 예약 우선순위 및 가격이 다르게 책정된다. 수익관리의 장점은 판매수익의 증대, 이익의 극대화, 세분시장 효율성 향상, 마케팅 전략 강화, 수요의 안정화 등 무수한 장점을 가지고 있다.

Yield Test {수득률 / 산출량 실험}

식품의 원재료가 구매되어서 일정 수량을 조리하여 판매할 수 있는 완제품의 상태로 만들었을 때의 수량이나 무게, 양을 실험하는 것이다. 산출량 실험을 하기 위해서는 구매한 무게, 먹을 수 있는 무게, 요리시 발생하는 낭비율, 손실률 등을 고려하여야 한다.

Young Pigeon {새끼비둘기}

검은색 고기로 분류되나 비둘기 새끼는 육질이 희고 연하지만, 성숙한 비둘기의 육질이 붉다.

Young Wine {영 와인}

포도주를 만들어지고 나면 오랜 기간 숙성하지 않고, 1~2년 저장하여 5년 이내에 마시는 포도주를 말한다.

Youth Hostel {유스호스텔}

유스호스텔은 청소년들의 수용을 위한 숙박시설이다. 이는 일반 호텔처럼 기업적인 차원에서의 영리추구가 주된 목적이 아니고, 공익성을 추구하는데 목적이 있다. 즉 청소년들에게 저렴한 비용으로 편리하게 숙박하도록 해 주는 일종의 사회복지시설에 속한다고 볼 수 있다. 국제유스호스텔연맹에 회원으로 가입한 모든 국가의 청소년들은 세계 어느 나라든지 유스호스텔을 자유롭게 이용할 수 있게 되었으며, 우리나라에서도 1967년에 한국 유스호스텔연맹이 생겨났다. 유스호스텔은 1991년 12월 31일 「관광진흥법 행령」에 따라 유스호스텔업을 폐지하고, 단체관광객 수용에 적합한 시설을 갖춘 국민호텔업을 신설하였다. 이에 유스호스텔들은 국제 유스호스텔연맹의 상표권을 사용하면서 국제적인 숙박장소로 인정받게 되었다.

YTD {연 누계}

연 누계는 Year To Date의 약자로 금년도의 누계를 뜻한다.

Z

Zakuska {자쿠스카}

러시아어로 애피타이저란 뜻으로, 풍미 있고 새콤달콤한 소량의 식욕 촉진제를 말한다.

Zedoary {제도어리}

생강과의 약초로 뿌리를 건조시켜 약용, 향료로 쓰인다.

Zero Defects {무결점 운동}

무결점 운동으로 근로자 개개인이 자발적으로 추진자가 되어, 일의 결함을 무결점으로 나가려는 관리기법이다.

Zero Out {지로 아웃}

고객이 퇴숙 시 회계균형을 맞추는 것이다.

Zest {제스트}

오렌지나 레몬의 껍질을 뜻한다.

Zinn {진}

Gin과 같은 뜻이며, 이는 대맥을 비롯한 여러 가시 곡물로 순도 높은 곡물 중성주정(Neutral Grain Spirits)을 만들고, 이것을 다시 두송자 열매(Juniper Berry)를 사용하여 착향시킨 술이다. 무색이며 주장에서 많이 사용되는 칵테일의 기주이다.

Ziger {지거}

이탈리아가 원산지인 Whey Cheese로 우유나 탈지유를 10% 첨가하기도 하는데 이것이 Ricotta Cheese이다. 이를 독일에서는 Ziger라 한다.

Zip Code {우편번호}

우편물 배달을 용이하게 하기 위하여 각 지역에 지정한 번호를 말한다.

Zombie {좀비}

칵테일 이름으로 남태평양제도에서 Don이라는 백인에 의해 만들어졌으며, 그

뜻은 마법으로 죽은 사람을 되살아나게 한다는 초자연의 힘이 있는 사람을 의미한다.

Zubrovka {지브로카}
유럽 지역에서 자라는 'Buffalo(물소)의 풀'을 보드카에 담아 연한 황색과 향을 가미한 술로, 용도는 보드카와 동일하게 사용된다.

Zuppa {추빠}
이탈리아 요리에서의 '수프'를 말한다.

Zuppa di Crema {추빠 디 끄레마}
'크림수프'를 뜻한다.

Zuppa di Pesce {추빠 디 페스쎄}
'생선수프'를 뜻한다.

Zuppa di Verdura {추빠 디 베르두라}
'야채수프'를 뜻한다.

Zuppa Inglese {추빠 인글라제}
이탈리아 음식의 후식으로, 바닐라 소스를 곁들여 서브한다.

호텔실무 용어사전

References

강인호 · 김상호 · 김광철(2005), 식음료경영과 실무, 기문사.

권동극 · 김영식(2008), 호텔객실관리실무, 백산출판사.

권봉헌(2010), 호텔경영론, 백산출판사.

김경환 · 차길수(2002), 호텔경영학, 학현사.

김권식 · 박민규 · 조준수(2009), 호텔객실실무, 한올출판사.

김기영 · 추상용 · 채영철(2002), 호텔외식사업 식음료 실무론, 대왕사.

김상진 · 안치호 · 유행주(2005), 호텔경영의 이해, 백산출판사.

김성혁 · 유도재 · 김명수 · 이재형 · 이상경(2011), 현관객실론, 백산출판사.

김시중 · 박정하(2010), 호텔경영론, 백산출판사.

김영준 · 민덕기 · 김영화(2006), 최신 호텔현관객실실무론, 대왕사.

김왕상(2004), 호텔객실실무관리론, 대왕사.

김왕상 · 신강현(2001), 호텔객실실무관리론, 대왕사.

김일채 · 박대환(1994), 호텔용어사전, 형성출판사.

김재민 · 신현주(1999), 신 호텔경영론, 대왕사.

김정근(2002), 호텔경영론, 대왕사.

김진강 · 원유석 · 최우성(2010), 호텔객실실무론, 백산출판사.

김진섭 · 김혜영(2002), 호텔경영학, 대왕사.

김철광(2003), 호텔객실 경영과 실무, 대왕사.

김충호(2002), 호텔경영학, 형설출판사.

김홍일(2014), 호텔경영론, 새로미.

남택영 · 김영욱 · 김홍일(2011), 프런트 · 객실실무론, 새로미.

레저산업진흥연구소(2000), 호텔용어사전, 백산출판사.

민혜성 · 이승연(2005), 호텔객실관리론, 대왕사.

박대환 · 박동균 · 조보경 · 전우혁(2010), 호텔객실영업론, 백산출판사.

박영기 · 안성근(2013), 호텔객실관리, 기문사.

박영기 · 하채헌(2012), 호텔식음료경영론, 한올.

손재근 · 하채헌(2007), 연회실무론, 세림출판.

송대근 · 강용관(2011), 호텔객실서비스 실무, 대왕사.

송성인 · 김영식(2007), 새로운 호텔경영학, 새로미.

신형섭 · 강종천 · 신동렬(2003), 호텔경영서비스실무, 백산출판사.

안광호 · 김영식 · 송필수 · 전용수(2012), 호텔객실서비스 실무, 기문사.

안광호 · 김영식 · 이완로(2007), 호텔객실서비스 실무, 새로미.

안종윤(1985), 관광용어사전, 기문사.

오흥진 · 강찬호(2012), 실전 호텔객실서비스론, 기문사.

원융희 · 임병설 · 이보연(2003), 최신 호텔실무론, 백산출판사.

유노재(2014), 호텔경영론, 백산출판사.

유정남(2003), 호텔경영학, 기문사.

이선희 · 송대근(2007), 호텔객실실무론, 대왕사.

이세일 · 정호권(2003), 호텔실무개론, 한올출판사.

이재섭(1996), 호텔용어, 기문사.

이정학(2008), 호텔식음료실습, 기문사.

전홍진 · 김홍일(2004), 호텔객실실무론, 학현사.

정종훈 · 한진수(2004), 호텔 프런트 & 객실관리론, 학현사.

정호권(2008), 최신 호텔경영론, 한올출판사.

차길수 · 윤세목(2006), 호텔경영학원론, 현학사.

최복수 · 김원태(2011), 호텔객실 및 하우스키핑 실무, 대왕사.

하동현 · 황성혜 · 김윤형 · 김효경(2013), 호텔경영론, 한올.

허용덕(1995), 호텔회계, 백산출판사.